奉天省长
王永江

王国栋　霍忠钦◎著

人民东方出版传媒
People's Oriental Publishing & Media
东方出版社
The Oriental Press

图书在版编目（CIP）数据

奉天省长王永江 / 王国栋，霍忠钦著 . -- 北京：
东方出版社，2025. 9. -- ISBN 978-7-5207-4528-4

I. K825.3

中国国家版本馆 CIP 数据核字第 2025GQ4740 号

奉天省长王永江

FENGTIAN SHENGZHANG WANG YONGJIANG

作　　　者：王国栋　　霍忠钦
策　　　划：王金伟
责任编辑：王金伟
责任审校：曾庆全
出　　　版：东方出版社
发　　　行：人民东方出版传媒有限公司
地　　　址：北京市东城区朝阳门内大街 166 号
邮　　　编：100010
印　　　刷：北京联兴盛业印刷股份有限公司
版　　　次：2025 年 9 月第 1 版
印　　　次：2025 年 9 月第 1 次印刷
开　　　本：880 毫米 ×1230 毫米　1/32
印　　　张：11.5
字　　　数：256 千字
书　　　号：ISBN 978-7-5207-4528-4
定　　　价：68.00 元
发行电话：（010）85924663　85924644　85924641

图 1：王永江（1872—1927 年）

图 2：王永江（中年时期）

图 3：王永江（1926—1927 年间）

图 4：奉天省政府旧址

图 5：奉天省财政厅旧址（九一八事变之后）

图 6：奉天省公债债券

图 7：奉天省大洋汇兑券

图 8：东北大学北陵校区开工典礼（居中着深色马褂浅色长袍者为王永江，其左首着军装者为张学良，右首着西装者为刘尚清），来源:《东北大学校史展》。

图 9：东北大学北陵校区正门旧址，来源：《东北大学八十年：1923—2002》。

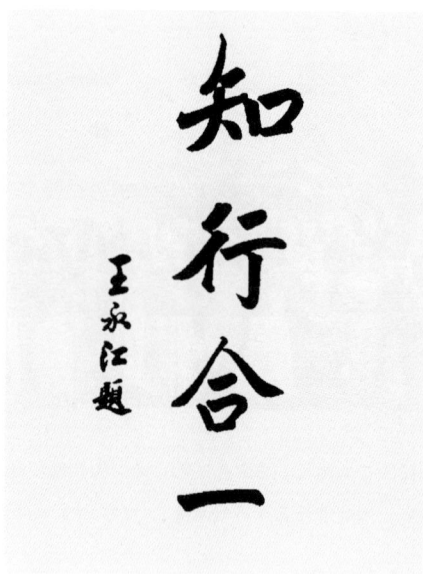

图 10：王永江在东北大学建校之初为该校题写的校训，来源：《东北大学校史展》。

图 11：东北大学工厂正门旧址，来源:《东北大学八十年：1923—2002》。

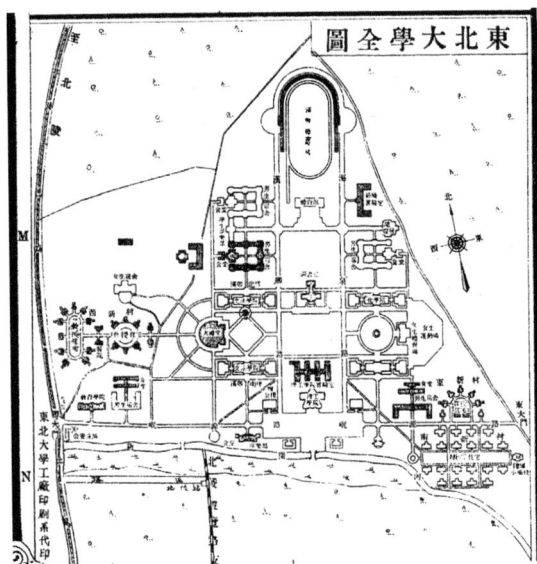

图 12：东北大学全图——东大门至西大门:"岷源路"，来源:《奉天省城街市全图》1931
年增订版。

图 13：奉天纺纱厂旧址（沈阳）

图 14：奉天纺纱厂产品注册商标

图 15：奉海铁路奉天站旧址（沈阳）

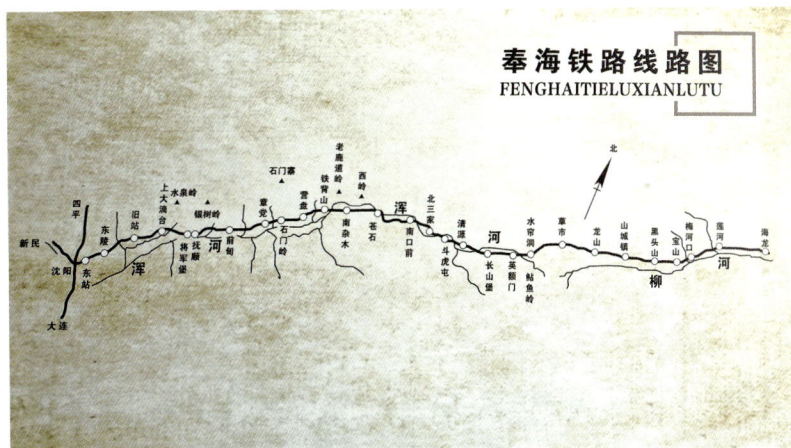

图 16：奉海铁路线路图

图 17：旧宅，来源：《铁龛公园落成志》。

图 18：王永江出殡时（1927 年 12 月 7 日）的金州城内南街，来源：《铁龛省长哀挽录》。

图 19：王永江出殡时（1927 年 12 月 7 日）的金州城外东南，来源：《铁龛省长衰挽录》。

图 20：位于金州城外的铁龛公园正门，来源：《铁龛公园落成志》。

图 21：铁龛公园内王公铁龛纪念碑，来源：《铁龛公园落成志》。

图 22：铁龛公园内的王公祠，来源：《铁龛公园落成志》。

夫山藏美玉光照廊
庑之间地蕴神剑

气浮星汉之表是
为毛遂脱颖平原

孙惠文词来�331东
海顾循寒薄吾怀

毫彦藉甚清风而日
久矣

岷源王永江

图 23：王永江墨迹，来源：《铁龛公园落成志》。

图 24：2022 年 8 月 14 日，"王永江生平研讨会"于大连开发区举办。
左起：高同庆、张立聪（后排站立者）、孙平、王国栋、张永庆、霍忠钦、岳密娜。

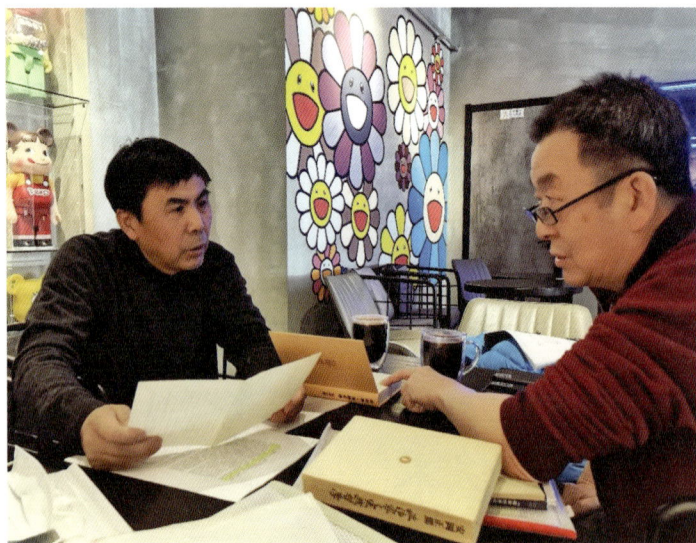

图 25：2022 年 3 月 1 日，大连开发区。王国栋（左）、霍忠钦（右）讨论文稿内容。

图 26：2021 年 12 月 30 日，旅顺博物馆"半生仕宦 不改儒风——王永江生平及书画交游展"。王国栋、霍忠钦与策展人阴会莲老师合影。

图 27：2023 年 10 月 7 日，大连开发区。王国栋、霍忠钦讨论书稿内容。

图 28：2023 年 9 月 11 日，沈阳。霍忠钦看望王云英老人（王永江三子王贤漂之女，时年 89 岁），右一为王云英之女王澄。

图 29：2023 年 9 月 16 日，沈阳。王国栋夫妇、霍忠钦夫妇应邀参加东北大学建校百年纪念盛典。（左起：张永庆、王国栋、霍忠钦、岳密娜）。

图 30：2023 年 9 月 16 日，沈阳。王国栋、霍忠钦参观东北大学校史展。

图 24—30，摄影或照片提供者：岳密娜。

序

2020 年，沈阳市委宣传部、沈阳市文化旅游和广播电视局、沈阳日报社共同主办了"托举沈阳历史，见证非凡之人"具有影响力的100 位沈阳历史人物评选活动。这项活动轰动了全城，成为当年沈阳市的热议话题之一。

活动由市民投票评选，历时一个月，最后得票最高的历史人物前三名是：

吕正操、何长工、王永江。

王永江的票数是 665066。

天哪！100 年前的奉天省省长，今天竟然还有这么多人记着他，为他投票，这完全出乎我的意料。

同时，我也感到非常自豪，因为王永江是大连金州人，跟我是"老乡"。

吕正操原是张学良东北军里的一个团长，西安事变后加入中国共产党，南征北战，屡立战功，是开国上将；何长工是井冈山时期的老革命家，解放战争时期他曾担任中共中央东北局军工部部长、军械部部长，也是沈阳建筑大学的名誉校长，对沈阳的工业发展作出过很大的贡献。

在吕正操、何长工两人之后就是王永江。

沈阳市委宣传部的同志在介绍这项活动的宗旨时指出，这对增强沈阳人的历史记忆、文化记忆、精神记忆，延续中华优秀传统文化的盛京脉络，推动中华优秀传统文化传承创新，提升人民群众文化素养，增强沈阳文化软实力、影响力、竞争力，具有重大的现实意义和深远意义。

说得好！非常赞同！

1

也许有人会质疑，民国时期的王永江真的有那么大的影响力吗？也许有人会说，过去听说过张作霖和张学良的故事，可没听说过王永江啊！

那么，王永江在奉系军阀里，到底是一个什么角色，做过哪些事情呢？

我们还是先讲一段历史往事吧。

1925 年 12 月 29 日，时任东三省保安总司令张作霖在奉天大帅府办公厅召开了一个东三省军事善后会议。

为什么要开这个会呢？此时正是张作霖在与郭松龄之战取得胜利

之后，战乱初平，创痛正深，政治、军事都是百端待理之际。在战争期间，张作霖迫于危急形势，曾承认他年年进关参战影响了东北的国计民生，表示此次战争结束后，他将引咎辞职，还政于民。

老张之所以说要引咎辞职，是因为当时郭松龄的军队马上就要打过来了，兵临城下，情势危急，而郭松龄起兵的原因之一就是连年战乱影响了东北的发展。在这种形势下，老张就赌咒发誓，用一些狠话和过头的话来安稳军心。没想到，形势反转太快，由于日本人插手，加之黑龙江吴俊升部骑兵的出击，战局转瞬间出现大逆转，郭松龄兵败被杀了。

战争虽然结束了，但是老张也知道，当初说出去的话，犹如泼出去的水，怎么能说了不算呢？堂堂东北张大帅，说话要算数。

因此，他不得不有所表示，不得不找一个台阶下。

参加这次会议的有张作相、吴俊升、汤玉麟、杨宇霆、王永江、袁金铠、王廷五等奉系大佬，以及奉天省政府各厅处长数十人。

张作霖入场后，先把貂皮衣帽放在大案上，环视会场一周，然后用低沉无奈的语气说："今天这个会，虽然还由我主持，但我是出来向大家做交代的。"随后他让秘书长袁金铠先把通电宣读一下，说准备明天就发表。

袁金铠高声朗读张作霖通电的电文，大意是：本人才疏德薄，招致战祸，引咎辞职，还政于民。今后，将东北政治交王公岷源（王永江）、军事交吴公兴权（吴俊升）两人主持，请中央派贤能前来主持东北大局，本人甘愿退位让贤。

这意思，就是老张宣布要下野，以谢东北父老。

在场的奉系官员全都一愣，这是唱的哪一出呢？当然，大家互相递了个眼色，马上也都明白了，不过是演戏而已，老张怎么可能会真的下野？

就算老虎上树、母鸡打鸣，老张也不会主动下野的。

大家心照不宣，既然要唱戏，那就得按照剧本套路来了。老军头吴俊升首先表态，他结结巴巴地说道："东北离不开大帅，必须有大帅来作主。"吴俊升虽然绰号叫吴大舌头，吐字不清，但话说得很诚恳也很动情。

然后是王永江发言，他说："永江代理一省政务也不称职，但有大帅在，我可以随时请示，才不致误国误民，现在吴督军不肯负责军事，我又不胜任政治，东北大局，实不堪设想啊！倘国人招致内忧外患，大帅实有负国家人民倚托之重。"

这里先不说张作霖的这一出戏演得如何，只是说他在这种关键时刻，选择把东北政治这一摊事交给王永江，也从侧面说明了王永江的能力早已得到奉系军阀的认可。

军事接班人，张作霖选择的是黑龙江督军吴俊升，当然还可以是吉林的张作相，或者杨宇霆；而政治上，当时只有王永江可选，这也是实情，王永江是最没有争议的人选。

这就是王永江在奉系里的地位。

2

说起来，在奉天省早有人慧眼识珠，并且不是在王永江当省长之际，而是在他刚刚崭露头角之时。

1909 年 3 月，晚清名臣锡良继徐世昌之后接任东三省总督之职，他在奉天干了一年多就回京了。那时，王永江在辽阳改革警政，其间，王永江表现出严峻精明、勇于任事、不避嫌怨等品质。1910年末至1911年初，王永江在辽阳处理东北那场著名的鼠疫传播事件时表现出的指挥才能和敢于担当的勇气，令当权者印象深刻。

因此，锡良在保荐王永江的奏稿中称：

> 该员心知其意而游刃于虚，事不辞难而成功以渐，条理秩然，群推为全省警务之冠。似此心细才长，办事精实，求之侪辈，殆鲜伦比。[①]

这是锡良对王永江的客观评论，这个评价是很高又很中肯的。

1913年，袁世凯根据奉天省的推荐，曾在北京召见过王永江，袁世凯对王永江的印象很好，于是他特令"王永江为内务部存记道尹"。什么是存记道尹？说白了就是道尹这个级别的后备干部，等有职位的时候再递补上去。但王永江早在弟弟王永潮所经历的事上就知道候补是怎么回事了，他知道这是老袁画了一张大饼在钓他，所以就以要回家为母修墓为由，辞而未就。

1924年，冯玉祥发动"北京政变"后，以黄郛为总理的临时内阁又曾任命此时已经担任奉天省省长的王永江为内务部总长，当然这里有分化张作霖势力的意图，王永江同样辞而未就。在旧社会官场之中，如此不为高官职位所动之人，确实不可多得。当然，王永江不入京做官，这里面是有很多方面的考量的。

[①] 中国科学院历史研究所第三所主编：《锡良遗稿·奏稿》（第二册），中华书局1959年版，第1322页。

　　此前，张作霖和他的一帮马匪兄弟组成的奉系部队不过是乌合之众罢了，缺乏有头脑、能把握时局、高瞻远瞩制定远大目标的人物。王永江以及杨宇霆、郭松龄等人的加入，才使这支队伍开始有了"头脑"，有了主见，有了一些策略，使这群乌合之众逐渐变成了一股路线比较正确、方针恰当的新兴政治力量。在当时北洋直、皖、奉三大军阀力量格局中，奉系军阀迅速成长为第一大武装力量。

　　民国时期东北著名历史学家金毓黻曾这样评价王永江：

　　　　立东北大学、造沈海铁路、设奉天纺纱厂，行区村制、辟修公路，皆匠心独运，开东省未有之局。

　　　　曩论近三十年东北政治人才，应以永江为巨擘，以其手眼明敏，长于裁断，具有近代政治家之风度为足多也。

　　　　论者谓作霖不偏听杨宇霆之言，信任永江始终如一，则必不穷兵黩武，重遭挫折而终饮倭人之一弹。又谓民国二十年之顷，使永江而在，且执奉政，则九月十八日之变，可以不作。藉令变作，亦必有术以弭之。诗云：人之云亡，邦国殄瘁。斯固吾华之不幸也。盖永江以一身系全局安危，至于如此。①

　　金毓黻指出，如果张作霖不偏听偏信杨宇霆的话，而始终信任王

---

① 参见金毓黻：《王永江别传》，载政协大连市金州区文史资料委员会、大连市文物管理委员会编：《王永江纪念文集》，大连出版社1993年版，第30—37页。

永江，就一定不会穷兵黩武，遭遇挫折，最后被日本人谋害。而且如果有王永江在，1931 年的九一八事变可能不会发生，就是真的发生了，王永江也一定有办法处理好。

所以金毓黻认为，王永江是身系东北全局之安危的重要人物。

3

我和大连人乃至辽宁人聊起王永江，很多人是听都没有听说过的，包括 2023 年秋我去参加东北大学百年校庆典礼之时，在校询问了一些师生，他们竟然也不知道东北大学的第一任校长是王永江。

还有一些人仅仅是笼统地知道王永江在民国时期担任过奉天省省长，是"东北王"张作霖的左膀右臂，或者知道他是老张的财神爷，仅此而已。

至于王永江的一些经济发展举措和成就，例如创立东北大学，兴办奉海铁路、奉天纺纱厂等，知道的人就少之又少了。

据此可知，现代人大多对王永江缺少全面的认识。不仅在大连如此，在辽宁、在东北更是如此，甚至在国内图书市场上都很难找到有关王永江的图书和资料。最多，就是一些只言片语或零星的论文研讨而已。

最早专门论述王永江事迹的著作，竟然是一个叫田岛富穗的日本人撰写的，他在 1944 年就出版了《王永江》一书。这本 242 页、开本又很小的日文书，是在长春"满洲公论社"出版，在大连印刷的。

1945 年日本投降后，田岛富穗被遣返，回到日本。1963 年，他竟然又新写了一本《王永江》，其执着精神令人敬佩。

在田岛富穗的第一本《王永江》中，还有日本著名学者安冈正笃写的序言，他对王永江的评价更高。

那么，安冈正笃是何许人也？

安冈正笃一生致力于用中国文化经典去教育日本的管理者，他成立的旨在弘扬中国文化经典与儒家教育的日本"全国师友协会"，成员达一万多人，会员几乎囊括了日本政治、军事与财经界的所有高层管理者，甚至日本战后四任首相都先后向他学习汉学。他因此被称为"昭和的教祖"。

他的序言是这样写的：

> 长久的"人类与灵魂"时代已然过去，取而代之的是"组织与机械"。然而这次世界大战让"组织与机械"的大地化为了一片荒凉的废墟，社会再次呼吁起"人类与灵魂"。整个东亚都在期待着能够有不逊色于历史先贤的伟人现世，盼望着将相们为天下苍生掩泣，并施展经纶手腕扭转乾坤。
>
> 我常与从"满洲国"或中华民国来日造访的诸君论及此事。每当他们问我假如不谈远古，只从近世之人中选取，当今适合主政大陆者为谁时，我总是毫不犹豫地回答非如王永江之人不可。
>
> 王先生系清末金州人，年轻时为时任东三省总督赵尔巽所识。赵窃视王先生为小诸葛亮，且这一评价在后来也得到印证。可惜天妒英才，这位金州诸葛亮未能如历史上的诸葛亮一般遇到如鱼水之交的刘备。辛亥革命之后，张作霖独揽"满洲"大权，他与王先生就好比桓温、符坚与王猛一般。王先生任全省警察厅长时，打击了汤玉麟等嚣张跋扈的绿林军阀；任奉天财政厅长时

成功让混乱不堪、穷困潦倒的财政扭亏为盈；还肃正纲纪，改革社会风气。此等王佐之才自无法见容于张作霖，他不听先生保境安民、建立王道国家的大策，空使斯人高卧金州，自己盲头苍蝇般地冒进，终迎来了惨淡收场。要是张先生聪明一点，老天爷多眷顾一下王先生，那么"满洲事变"或许就不会发生，东亚局势将会与现在大大不同吧。

王先生在诗集中屡屡提到王猛，又常痛惜英雄末路，由此亦可推知其心中所思。王先生与岩间德也先生私交甚笃，两人可谓形影不离。大正末年，我在岩间先生的引荐下得以拜访王先生在金州的住处，一见即可感到其非凡气度。短短半天，相谈甚欢，其间论诗歌，谈到王先生屡屡提及王猛一事，先生不觉脸色一改，然后破颜一笑，微微摇了摇手，我也会意一笑，不复言。

昭和二年秋，此去王先生隐居金州未过几何，先生欲游日本，岩间先生为其诸般斡旋。莅临我的学院期间，岩间先生正与我对谈之际，得悉王先生身患重疾，遂仓皇归去。

未几，王先生的讣告传来，不禁深感叹息。此后，我一直期待岩间先生能够为王先生写一份传记，可惜岩间先生也已经作古。就在这失意之际，未料接到飞报，云田岛富穗先生接手了本传的写作，真可谓空谷之处闻跫音，喜不自胜，因而不自量力，效毛遂自荐草就此文赠之。

旁观者清，读这篇序言可知日本学者安冈正笃对王永江的评价非常之高。比如，他认为王永江可以主政全国而非东北一域；如果王永江寿高一点儿，九一八事变可能就不会发生。

但是田岛富穗这本书一般读者也读不到，甚至当代的绝大多数大连人、辽宁人都没有听说过。

中国学者中也有人早就想写王永江。

民国时期的北大校长、著名史学家傅斯年，他生前曾准备撰写一部民国史，在《循良传》一章中，开出的目录里仅仅准备收录3人，王永江位列第一。

自《史记》之后，各朝代史书，大多有为循良之吏立传的传统。循良之吏，用当下的话来说，就是清正廉洁、为民造福的好官。可惜傅斯年只拉了一个提纲，还没来得及撰稿，就突然病逝了。

当今流行的《辽宁读本》《辽宁大历史》《辽宁传》等图书中，读者也读不到王永江的名字。

更令人汗颜的是，一位美国学者薛龙（Ronald Suleski），在2002年出版了一本《张作霖和王永江》，后来这本书被两名中国学者翻译过来并在中国出版。这种墙里开花墙外香的现象屡见不鲜，想不到，对于王永江的研究也是如此。

薛龙的这本书，堪称王永江考古学术版的"盗墓笔记"。

为什么这么说呢？

因为薛龙是在日文报纸资料库里，翻出了古老的资讯，在报纸的一条条简讯和新闻资料中犹如拼图一样写出了这本书。

薛龙最大的贡献，是利用他在日本工作期间的便利，查阅了大量日文报刊资料，得到了很多第一手有关王永江的史料，因此这本书堪称王永江研究的奠基性著作。

这也让我想到了一个奇怪的现象：关于大连乃至东北的很多历史资料，如影像、文字档案等，最详细的记载却在日本的报刊及图书中。改革开放之后，很多人到日本的一些大学和东京神保町书店一条街淘回来一批又一批史料。我们一方面咬牙切齿地痛骂当年的日本侵略者，另一方面又不得不怀着复杂的心情到日本去搜集查阅有关史料。

再说薛龙，听名字，你也许会误以为他是美国的华裔学者；实际上，他是一个地道的美国白人、美国哈佛大学费正清东亚研究中心前副主任、美国萨福克大学（Suffolk University）罗森伯格东亚研究所所长、世界著名汉学家。在美国，研究汉学的美国人都喜欢取一个中国名字，他们多是根据自己名字相近的译音来取中文名，这种现象在西方汉学界非常普遍。

薛龙愿意花时间费精力来研究王永江，而且研究得非常仔细、非常到位，实属难能可贵。让我想不明白的是，薛龙当年在日本，为什么要研究一个很生僻的中国人物，而且还是民国年间的东北人物呢？研究中国炙手可热的历史人物，不是有更多选择吗？

在中国，王永江现在仍属于很生僻的、还在坐冷板凳的历史人物之一。

当然，近年来国内关于王永江和民国时期东北经济的论述文章也多了起来，人们开始研究王永江，认真思考和评价王永江。这首先会让大连金州的家乡人感到十分欣慰。

但关于王永江的论述，还多局限于某一个方面，尤其是其理财手段或者诗词探微居多。而薛龙这本书，则比较全面地论述了民国时期奉天省的经济状况和王永江的一些经济改革措施及发展民生的作为。

2010年，东北师范大学王凤杰博士的《王永江与奉天省早期现代化研究》也是颇见功力的一本书。近些年来，网上关于王永江的文章渐多，这是一件好事。

还有一篇关于王永江的回忆文字，说起来结局是最可惜、最令人遗憾的。

且说当年金州城内有一个老知识分子叫金万春，金家一家人都是京剧票友，三个儿子四个女儿都会唱，梅派、程派和青衣、老生样样全，一家人可以唱下来一整出戏。

中华人民共和国成立之初，有一年金州为山东蓬莱赈灾，组织义演京剧《二进宫》，金万春一家人都上场了，二女儿金琦反串老生，结果唱完戏，人就失踪了，家里人也不知道她到哪里去了。很久以后，金家人才得知金琦和她所爱的司马桑敦（也是金州人，本名王光逊，著名作家和记者）一起出走到了日本，后来从日本又到了美国。

金琦晚年时写了一篇很长的关于王永江的文章，因为金家论起来也是王永江亲戚圈里的人。金琦把稿子寄给了台湾地区著名的《传记文学》杂志，《传记文学》是刘绍唐先生于1962年创办的杂志，在海峡两岸影响很大。不料，金琦的文稿寄去之时，刘绍唐却突然病逝，杂志也一下子就停刊了。再后来，金琦也在美国病逝了，于是文稿不知所终。

有些事情，就是这样巧合又无奈。

2020年12月，沈阳出版社出版了王永江的《铁龛诗存；铁龛诗余》，把王永江生前撰写的651首诗词再版于世。

2021年12月30日—2022年3月30日，旅顺博物馆举办"半生仕宦　不改儒风——王永江生平及书画交游展"，精选王永江与友人往来的书画作品四十余幅。策展人阴女士说，旅博早就有举办这个展览的想法，也做了很长时间的准备。此展设了两个展室，想不到竟然会有这么多王永江的相关文物，例如民国大总统徐世昌给王永江题写的大条幅，气势恢宏，还有一些文人墨客赠送给王永江的字画；同时，王永江自己的书法也非常漂亮，尤其是行草，写得真好。

我说不出来他的书法师从哪个大家或者是何体例，但没来由地感觉好，有二王（王羲之、王献之）之风。

看展期间，我发现不断有一些年轻人进来。尽管当时是新冠疫情防控期间，进博物馆要预约、要扫码而且须戴着口罩，但依然有人进来参观，这种景象令人欣喜。

都说民国时期出了一些大师。在动乱的时代、民不聊生的时代，恰恰是很多知识分子、有为之人挺身而出的时代，所以人们感觉大师会多一些，他们的思想更让人振聋发聩。

从作为、成就来说，王永江要比我们熟知的一些大师高出很多，但是知名度却没有他们那样高，例如几十卷本的《民国人物传》里都没有王永江，这似乎有一些不公平。

还有一个回望的角度，就是今天人们都在反思东北为什么会落后？经济发展渐缓，人口逐渐流失，难道仅仅是因为地理和气候因素吗？这里曾经是清朝的龙兴之地，从这里走出去的马背民族，几次统一中原或者统一北方。当年那种气吞万里如虎的气概，如今哪里去了？共和国的长子，老工业基地，现在仅仅剩下这些名号而已。所以，在这样的大背景下，我们应该回过头来，看看当年的王永江如何为我们奉天、为东北打下一些现代化发展的基础。

目 录

捌 与张作霖分道扬镳

玖 大星陨落，死因谜团

拾　诗词文字见境界见精神

壹

进入奉系核心圈

轰动一时的奉天军警之争

写王永江，从哪里开始呢？

王永江从出仕到进入奉系军阀的核心圈，时间轴线可以大致概括为两个十年。

第一个十年，1907 年到 1916 年末，王永江的主要活动范围是辽阳、铁岭、安东、营口等地区。他曾任辽阳警务长，铁岭知县，奉天民政使，兴凤道尹，辽阳、康平、牛庄、海城等地及省城税捐局长，以及全省官地清丈局局长兼军署顾问等职。

第二个十年，1916 年 11 月到 1926 年 2 月，这是王永江进入奉系军阀核心圈的十年。这十年他从警察厅厅长到财政厅厅长再到奉天省省长，是他人生中波澜壮阔的十年、大放光彩的十年，也是现代语境里所说的人生"高光时刻"。

1916 年 11 月，张作霖任命王永江为奉天省警务处处长兼省会警察厅厅长，这就是他从政生涯第二个十年的起点。

话说 1916 年，张作霖被民国中央政府任命为奉天省督军之初，也是踌躇满志，想干一番事业的。他虽然出身马匪，懵懂中却也有着安境保民的责任感。因此，他非常担忧省城混乱的警政，也有意进行一些改革，正逢此时，奉天两署秘书长袁金铠向他推荐了一个人，这个人就是王永江。

原来的奉天府（今辽宁省沈阳市）警察厅厅长宋文郁是张作霖的连襟，有了这一层关系，宋文郁与军队里诸多高级军官都很熟悉。张作霖感觉宋文郁在维持省城秩序和纠察军队风纪上，常常碍于情面而不能严格执行命令，所以也早有换人的想法。

同年 11 月，张作霖乘宋文郁调任安东税捐局局长之机，任命王永江为奉天省警务处处长兼奉天府警察厅厅长，委之以改革警察行政之重任。

省警务处原处长张宏周实际是一个空架子。奉天府的警务实权是在警察厅厅长手里。张作霖给王永江安排的职位大概相当于现在的省公安厅厅长兼沈阳市公安局局长。

接到任命时，王永江就向张作霖提出了两个条件：一是独立自主改革警察行政，二是严禁外界尤其是军队高官来干涉警政。

张作霖拍胸脯满口答应。

王永江上任伊始，即召集警务处各科科长、科员及各关警察署署长和巡官等来参加会议，明确奉天的警察职责为"调查户口以清匪患""取缔赌博以清盗源""整顿警装以壮观瞻"。随后，王永江采取了一系列措施，开始大力整顿警政内务。

1902 年，奉天省城率先设立警察总局，试图借此恢复因义和团运动而紊乱的地方社会秩序，加强对城乡的控制力。奉天警察制度建立初期，未能发挥出应有的作用。日俄战争之后，奉天警政才初具组织规模。当时的警察除了维护社会治安、缉拿案犯，还负责对城乡的管理和控制，社会功能要更多些。

张作霖主政初期，奉天省的社会治安状况很是混乱，省城周边胡匪活动猖獗。例如，开原县"胡匪猖獗蔓延全境"，抚顺的警所甚至遭到过胡匪的围攻，而边远县区匪患问题更为复杂严重。就是奉天省城，也由于汤玉麟等驻军目无法纪，社会秩序处于混乱之中。

王永江在张作霖的强力支持下，仿照日本警政的一些办法开始改革奉天警政，同时也结合实际情况推出了一些新措施。例如在省城各处设警察派出所，严格执行检查制度。王永江要求："遇有兵弁违警，悉绳以法，无所回避。"

可以说，东北的警察派出所制度始于王永江。

但是，王永江接手的毕竟是个烂摊子，警察从那时开始就被人称为"狗子"，本都是土匪出身的军人们横行霸道，打骂警察的事时有发生。所以，几乎所有人都有理由怀疑，你王永江毫无根基，且手无缚鸡之力，岂能改变这一现状？

例如，张作霖奉军二十七师属下五十三旅旅长汤玉麟。他在家里排行老二，所以人称"汤二虎"。但张作霖、张学良父子又常称他为"汤大虎"，说法不一。有传言说，早年在赌局中，汤玉麟曾经在翻滚的油锅里手捞秤砣，皮肉枯焦而面不改色，还曾经用烧红的铁条烫自己的肋骨，眉头不皱，谈笑自若。

总之，这个人在奉天就是一霸。

1915 年，奉天府曾出过一个大案子：一个山西人的钱号派一名青年学徒去商家拿钱，学徒拿到钱走到大街上时，被汤玉麟的一个士兵把钱给抢走了。钱号报警之后，这个士兵在小西关被警察抓住，被带到了警察署。没承想，警察署长正在审问时，汤玉麟带着十几个士兵闯进来，不由分说，强硬地将抢钱的士兵带走了。警察署长把这事报告了奉天府警察厅厅长宋文郁，宋打电话质问汤，汤大大咧咧地回复说，那个士兵已经被枪毙了，于是这个案子也就不了了之。

仗着自己是张作霖的把兄弟和奉系军阀老臣，汤玉麟一向有恃无恐。他曾屡次向省内各行政机关强行安插自己的亲戚朋友，这些行政机关的长官又不敢向张作霖报告实情，致使其越发无法无天。

当时在奉天省，官场中人所共知的三大肥缺是县长、税捐局长和警察所长。

不料，新上任的王永江却完全不理会汤玉麟的那一套，你想往我的警察局塞人，想弄个某某县警察所长的职务干干？

对不起，门都没有！

汤玉麟安排人的要求没得到满足，自然十二万分地不爽。同时汤玉麟还身兼奉天省城密探队队长一职，这个密探队与王永江的警察厅在职权上有些重叠交叉，因此汤玉麟除了认为王永江态度傲慢、目空一切、不买自己的账之外，还觉得王与自己争权，抢了他的风头。

王永江认为"缉捕案犯，责属警察，今非战时，何需军探"，并指出密探在省城"多有敲诈情事"。张作霖因此下令"密探勿得出外办案"，只准许他们在张作霖外出时暗地保护。于是王汤两人之间的矛盾越来越大。

1917 年初，汤玉麟手下一个宋姓团长公开在省城设赌场抽头，并且不服从警察管理，殴打警察。之前，这个人谁都不敢管，王永江闻讯后断然下令将其逮捕送警务处关押。

汤玉麟认为，自己救过老张的命，又是老张的把兄弟，便带领一大群士兵闯进警务处，他把手枪往桌子上一拍，责令王永江立即放人。

军阀时代，有枪的人说话声音都要高三分，自然就是横。

汤玉麟以为，你这个书生来当警察厅厅长，连枪都没放过吧？还敢和我们叫板？！

在汤玉麟的观念中，警察厅厅长应该由军人来担任，因为奉天的天下是军人们用生命换来的，你王永江凭什么功劳本事，能高高在上监管我们军人？

说起来，张作霖、汤玉麟他们都是土匪出身，练就了一身骑马作战的真本事、硬功夫，也确实是从枪林弹雨中杀出来的，所以他们有理由、有信心地认为：只有别人怕他们，没有他们怕别人的份儿。

在民国初期，"士"的时代早已经过去了，那时是兵痞的时代，所以"汤玉麟"们横膀子晃——谁敢惹我！！

没想到，王永江却毫不示弱，也是一拍桌子，厉声说道：巡按使叫我整顿警政，我就要秉公办理，坚决不能放人。

汤玉麟面子上挂不住，立即回去集合了部队，荷枪实弹地将警务处的楼围得密不透风。王永江也大怒：谁敢包围我的警务处，我就和他拼命！

王永江命令警察持枪严阵以待，并在警务处大院里架起了小钢炮，随时准备反击。

奉天的警察过去常受这些兵痞欺负，现在看王永江敢来真的，于是士气大涨，蓄势待发。

见此情景，汤玉麟也不敢轻举妄动了。

经过此事，奉系军阀里的大佬们才知道，王永江绝不是个手无缚鸡之力的文弱书生。这事情闹大了，奉系的高级将领多是汤玉麟的把兄弟，如孙烈臣、张作相等人也纷纷出面，要求老张撤换王永江来息事宁人。

张作霖对这件事的处理非常地道，值得称道。他有自己的主意，完全不理睬这些人的谗言。

1917年春节过后，为了缓和与汤玉麟的矛盾，王永江在奉天一家酒楼准备了丰盛的酒席，提出要宴请第二十七师属下的旅、团、营长来聚一聚。此举一方面是为了解除军警之间的误会和嫌隙；另一方面，王永江也有向军方大佬们示好和致歉之意。

但二十七师的高级将领们在汤玉麟的串联下均未赴宴。张作霖获悉后大为恼火，痛骂汤玉麟等："枪杆子能打天下，但不能治天下，你们懂什么？你们给王岷源牵马扶镫都不配。"

老张要求他们向王永江道歉，汤玉麟却坚决不肯，并纠集众军官想要挟张作霖：如不辞退王永江，他们就一起辞职。但当汤玉麟领着一干人去见老张时，尚未开口，就又遭到老张的一顿臭骂，他们几人的辞职书也被老张撕了个粉碎。

此时，处于风暴中心的王永江，考虑到汤玉麟一派多系绿林土匪出身，野蛮透顶，无所不为，非常有可能加害自己，遂以老父亲患病为由，独自一人返回金州。

行前，王永江派秘书许泮香向张作霖递交了一份辞呈。

张作霖在这件事上做得很仗义，他当即说："王永江想辞职不成问题，但现在绝对不行。此端不可开，此风不可长……说什么现在也不准他辞职，赶快把他请回来，事过之后，再随他尊便。"

为了王永江，张作霖的奉系集团内部爆发了第一次内讧，而且内讧的主角竟然是自己往日的铁哥们汤玉麟，足见张作霖对王永江等文人贤才重视到何种程度。

奉系这场著名的军警之争，一度闹得沸沸扬扬，全城皆知，媒体也有报道，最后于 1917 年 6 月结束。

当时汤玉麟因为与老张闹脾气，一怒之下投奔了老张的对头——二十八师师长冯德麟，后来他俩都因参与了短命的张勋复辟，而丢掉了全部政治资本。

此后，汤玉麟虽然也厚着脸皮重返奉系，但气势再也不如从前了。而王永江却频频受到重用，这说明，张作霖的决心是何等之大。

1934 年 2 月 11 日，胡适听人说到这个故事，还在日记中喟然叹曰：

> 老张宁愿自己的老弟兄造反，而不肯减轻他对王永江的信任，这是他最不可及之处。

在这场军警之争中，王永江展示了他既坚持原则又灵活机变的改革者形象，使之在奉天的威望大增。

这也是王永江在奉系集团站稳脚跟的第一次精彩亮相。

因此，王永江最早出名是在警务界而不是财经界。虽然后来他被人称为"民国的财神"、张作霖的"财神爷"，使奉天的经济状况得到了彻底改变，让人们大为赞叹他的理财手段和执政方针，但实际上，王永江在警界的手段似乎更胜一筹，他不仅仅是一个所谓的幕僚和账房先生的角色。

同时，在这一舞台的大幕尚未完全落下时，王永江华丽转身，又走上了一个新的大舞台。

1917 年 5 月 2 日，张作霖任命仅上任半年的警察厅厅长王永江转任省财政厅厅长兼烟酒公卖局局长。

由警察厅厅长转任财政厅厅长，没听说过这样的跨界吧。

张作霖掌权时期，基本是不按常理出牌的，所以只有你想不到的，没有他做不到的。

1916 年，张作霖当上奉天督军兼奉天巡按使之后，同时也接手了奉天省陷于困境的财政烂摊子。

俗话说，钱不是万能的，但没有钱是万万不能的。

1917 年，奉天省政府就面临着 8 项未结贷款，总额达到 1000 万元，这些贷款，都是以前的省府长官从外国人控制的银行财团里借来的。每年这些贷款的利息再滚动起来，像滚雪球一样变成了省财政的一个大包袱。同时，省里的税收又在减少，省政府发行的纸币不断贬值，窟窿越来越大，问题越来越多，这让初上任的老张非常苦恼和头疼。偌大的奉天省，怎么会没有钱？

张作霖怎么也想不明白。

到哪里去弄钱呢？这是张作霖执掌奉天后面临的一大难题。

奉天省财政窘困由来已久

1

奉天省的财政问题，应该上溯至清朝末期。

清朝定鼎中原之后，东北就成了清朝的"龙兴之地"，也是所谓的封禁之地，汉族人被禁止移住于此，因此此地人烟稀少，财政亦贫困。迨及清朝中叶，虽然由于外患打破了封禁，汉民族之移住渐多，此地也开始征税，然而奉天省的财政状况总体上仍是入不敷出的。奉天省的行政经费每年要仰赖朝廷即中央国库百余万两的补助金。到了清晚期，时任盛京将军的崇实和增祺两人都曾经采取过种种措施，力求改善经济状况，然而财政窘状却一直未见有大改观。

1905 年，即光绪三十一年，户部尚书赵尔巽改任盛京将军。赵尔巽是清末名臣，有能力也有魄力。任职期间，他对奉天省的制度进行了翻天覆地的变革。

首先，裁撤盛京五部和奉天府尹，整合了财政机构。

奉天省作为清政府的陪都所在地，政治体制相较于其他地方而言更加复杂，不仅有陪都体系存在的盛京内务府及盛京五部，还有盛京将军衙门、奉天府等盛京地区管理组织。

在官员设置方面也相当烦冗，有奉天府尹、将军、总管内务大臣等。

1905 年 7 月，赵尔巽奏请将奉天原有的粮饷处、税捐总局、盛京户部金银库合为一处，成立奉天财政总局，作为全省的财政机关。

随后部分撤销原有各县税捐总局，设立隶属于财政总局的统捐局，将其作为征收捐税的专门机构。到 1907 年，奉天省革除了原来财政机关重叠的弊端，形成了一套由财政总局、统捐局所组成的相对完整的财政机构。

其次，改革旧税制。清代东北田赋不分等级，土地无论肥瘠，每亩征税额相同，与税法公平原则相背离。赵尔巽把耕地分为上、中、下三等，上等每亩年纳捐 1 角 5 分，中等每亩年纳捐 1 角 1 分，下等每亩年纳捐 6 分 6 厘。显然，以土地的纯收益为征课标准更符合税负合理负担原则。

再次，增加新税种。税收的首要目的是满足财政的需要，当政府财政陷入困境时，开征新税往往成为解决问题的主要途径之一。从 1905 年 7 月到 1906 年 6 月，赵尔巽先后增设了烟酒税、房屋税、牛马税等多项交易税种，税收在该财政年度里的增长"超过历年一两倍甚至三四倍，全省共计收银 382.5 万两，较往年多 200 万两"[1]。

随后，赵尔巽又改革了人事制度，裁撤了一大批吃空饷的贪官污吏和渎职官员。

赵尔巽还通过一系列举措振兴地方经济。他整顿地方财政，并开始在东北地区大力发展牧养公司、渔业公司以及轮船公司等实业团体，推进相关产业发展。

赵尔巽治理有方，为官清廉，他在任两年，就使奉天省的财政状况大有改观。当 1907 年（光绪三十三年）3 月，赵尔巽转任四川总督，徐世昌接任之际，奉天省金库藏现金达六百数十万两之多。

---

[1] 来源于《大公报》1906 年 11 月 25 日。

徐世昌上任东三省总督之初也认为："欲治三省，必先于整顿财政入手；欲整顿财政，必先以开拓银行入手。"他首先将奉天官银号改组为东三省官银号，"使其成为三省之中央金库"；又在奉天省城设立大清银行。但徐世昌在实施新政过程中，政府承担的社会职能越来越多，公共财政支出也日趋增加。结果到 1908 年时"奉天省入款共 530 余万两，出款共 780 余万两"，徐世昌来奉天仅两年，就将省库积存挥霍一空，为奉天省财政留下了满目疮痍。

当然，徐世昌也是晚清名臣之一，当年是袁世凯的军师级人物，他在经济发展上也下了很多功夫。由于徐世昌的政策导向，东三省工矿业发展迅速，如营口的机器榨油厂到 1911 年已发展到 14 家，大连、奉天、安东等地的油厂资本，均在万两以上，雇工达千余人之多。东北工业如此规模、如此发展速度，同徐世昌的努力是分不开的。当时世人甚至称东北三省新政为"徐世昌新政"。

1909 年 3 月，锡良继徐世昌之后接任东三省总督。他上任后虽采取了极度的紧缩政策，设奉天清理财政局，大刀阔斧裁汰冗员达一千一百余名，然而岁入仅百八十余万两，而岁出达九百四十万两。锡良见财政状况挽救无术，乃辞职而去，继之而来的，仍为前盛京将军赵尔巽。

赵尔巽于 1911 年 5 月来到奉天就职清朝最后一任东三省总督。此番的赵尔巽也风光不再，当时的大清国库亦一贫如洗，对地方也再无力补助。赵尔巽无法，于是向日本正金银行（日本在奉天的银行）借款二百万两。赵尔巽之后是民国政府任命的张锡銮、段芝贵，两人相继就任奉天省都督，均无法破解奉天省的财政困境。

1916 年 4 月，张作霖掌握了奉天省的军政实权，他也改变了过去奉天省首脑从北京空降的惯例。同年6月，袁世凯死后，北洋政府命各省军政首脑改变称呼，张作霖遂被改任为奉天督军兼省长。

入主奉天，军政大权一肩挑煞是风光。但令老张头疼的是，奉天省的财政状况却徘徊在崩溃边缘，省级财政除欠外债一千余万元外，每年还继续亏累二百余万元。

怎么办呢？

1916年4月20日，张作霖以奉天省财政厅厅长张原璟因病请辞为由，请王树翰暂代财政厅厅长。

2

王树翰，清末举人，记忆力超强，据说有的文章看过一遍即能背诵，很早便以"长于案牍"而闻名。

东三省前总督锡良曾设立奉天清理财政局，那时的王树翰曾在局里历任科员、科长，从中积累了一定的理财知识和经验。

他出任财政厅厅长后，召集有关部门又成立了一个财政研究会，针对奉天省的财政危机，提出了"筑堤叠坝"的应急办法。

当时奉天省流通的货币十分混乱。而且困扰东北财政最严重的问题之一就是由省府发行并在当地流通的货币的贬值问题。

民国时期，除了中央政府印制发行的纸币外，在全国还有许多种由各地方或省政府发行的通货。如果一个省府可以发行自己的纸币，保证其价值稳定并使其在本省得到广泛接受，那么该省经济的稳定运行便有了保障。省政府发行纸币的同时把贵金属（例如金银）储藏在自己的金库里。平时用纸币来流通交易，用储存的贵金属作抵押向外国银行贷款，或进口在当地市场买不到的商品（例如军火）。

纸币的稳定流通，与人们从它那里所感觉到的价值有关。如果人们普遍认为省政府储备有足够的贵金属来支撑纸币的票面价值，那么这些纸币便会被公众接受并流通。但和所有的纸币一样，一旦有不利的流言，那就会引起纸币贬值，引发民众恐慌。

在这种情况下，一个陷入困境的政府必须给出明确且有说服力的解释，来说明它发行的纸币价值仍是稳定的。否则，就会导致经济崩溃。

1916 年，国内外局势动荡不安，东三省官银号因垫支政费，滥发钞票，已经造成金融恐慌，奉票不断贬值。

在奉天、吉林、黑龙江三省，那时最常用的是一种叫"小洋票"的纸币。之所以称之为"小"，是因为它不是以"元"为单位，而是以"角"为单位发行的纸币。纸币的面值有 1 角、2 角和 5 角。1906年的发行初期，10 角的纸币价值等同于一块银圆。

查阅当年大连的《泰东日报》，在一些启事或广告上，就有需要小洋票 ×× 角等字样，说的就是这种货币。

时至 1917 年，在奉天省，无论是传统的铜钱还是小洋票，都已在民众中自由流通了。其中小洋票最受欢迎，因为它最适合于普通大众的日常需要。那时在奉天府西南角的大东门和小南门之间有一个劳工市场，每天早晨都有人聚集在那里找活儿干。1921 年，奉天省的一个劳工，稳定工作一个月能赚 18 元，他的工资如果用小洋票支付是 180 角。他像许多没钱娶老婆、养孩子的劳工一样，如果租一间房自己住，一个月的房租约 60 角。如果他买面自己做馒头，一斤半面粉约花 1 角 5 分钱。所有这些交易数额都很容易用小洋票来计算，也很方便使用小洋票来支付。而当时的银圆，就像今天的百元大钞一样，老百姓交易时常常不好找零，这时就看出了小洋票的方便之处。

同时，收入较高的人也觉得小洋票很实用。例如一个木匠一个月稳定工作 30 天，大约可赚 360 角，这个数目约是一个没技术的普通劳务工收入的两倍，仍适合用小洋票结算。对普通民众来说，小洋票以及中间有孔可以被穿在一起的铜钱，足以应付日常花费，所以小洋票和铜钱当时在整个东北最常用。

1917 年，东北发行的小洋票总量估计已达 1530 万元。由于市场上银价不断高涨，一些小钱庄看有空可钻、有便宜可占，便以低价收买奉票，然后再到银号去兑换"现大洋"，以便从中渔利。说白了，就是用纸币去兑换银币，于是银币开始升值。

发现这一情况后，官府紧急严令取缔，不准商民持票挤兑。可是，历来都是上有政策，下有对策，一些不法商人自己不敢明目张胆出头搞，就买通或与在奉天的日本人合伙，让日本人代替他们去进行兑换，从而掀起了新的挤兑风潮。

王树翰认为，只有首先稳定奉票（即纸币）价格，财政危机才有缓解的可能。从 1916 年 6 月 12 日起，他按照"筑堤叠坝"之法，对奉天金融市场实施行政干预，下令奉票每日公兑以四万元为上限。这样一来，就算是日本人来挤兑，忙上一天，也只能零零散散地兑到几万元。但依然有人来挤兑。

张作霖也急眼了，派人暗中对挤兑小洋票的日本人进行跟踪调查，结果查明有很多日本人都是由中国钱庄买通的，尤其让张作霖感到震惊的是，奉天的兴业银行副经理刘鸣岐也是参与者之一，他本人从中得到的好处不下十几万元。

张作霖怒不可遏，把刘鸣岐叫来，冷笑着说："现在财政秩序混乱，外面流言四起，所以我想借先生一样东西用用。"

刘鸣岐还稀里糊涂地问："将军要借什么？"

张作霖说："今天要借你的脑袋用用！"

听到张作霖要杀他，刘鸣岐连喊冤枉。张作霖说："如果你觉得冤枉，可以到阎王爷那里告状去。"

说完，即让人将刘鸣岐拉出去枪毙了。其他几家涉案的钱庄人员也全部被抓了起来，张作霖下令严加审讯，不得宽纵。

最后，涉案钱庄的老板一律被判处死刑，张作霖还特地让钱庄的伙计以及在钱庄的学徒都去陪绑，在刑场上亲眼看着他们的老板或掌柜的被枪毙。

经过这次血腥味极重的打压，短时间内，奉天各钱庄皆噤若寒蝉，无人再敢以身试法，同时张作霖通过幕僚兼高级顾问于冲汉去和日本方面进行沟通，最后双方达成协议，官银号和兴业银行向日本朝鲜银行存放三十万日元，作为兑换"奉小洋"的准备金，而手中持有奉票的日本商民只要有证明书，可直接到朝鲜银行兑换金票（奉天当时流行的一种日本纸币，由朝鲜银行发行，由于正面印着伊藤博文的老年像，所以被俗称为"老头票"）。

此后，便几乎没有日本人再去兑换"奉小洋"了。

挤兑没有了，原先混乱的金融秩序也得到整顿，但让张作霖沮丧的是，这些措施有如扬汤止沸，还是无法使奉天省的财政危机得到根本解决。比如，1917 年，东三省官银号开始发行兑换券，亦称"奉大洋"或"大洋票"。奉大洋发行后，各银行曾收回并销毁小洋票，但实际上小洋票仍长期流通，直到 1922 年才退出流通领域。[①]

王树翰与王永江之上下

王树翰上任之后，奉天省财政紧张的情况一直没有得到缓解，而且每月一到开饷的日子，即文武机关、各界八方领取公俸之时，发钱的时间都是刻不容缓的，哪家发得稍迟些，财政厅就会遭到辱骂。毕竟在那个时候，按时发放饷银关乎各方的正常运转和生计。

王树翰之所以没到发不出工资的地步，是因为当时可以向外国银行借贷，可以寅吃卯粮。

所谓向外国银行借贷，其实就是向日本商人借钱。

不借钱不行啊！军政两署都等着开饷呢，各家的公务机构都是嗷嗷待哺之势。于是王树翰以奉天省的契税及酒税之全部为担保，向日本朝鲜银行奉天支店借款，年利六分五厘，限期两年。

如此高昂的利息，足见日本人的贪婪。

然而，这笔借款只是杯水车薪。不久后，王树翰又进行了第二次借款，为期三年，年利率仍是六分五厘，这次是以奉天电灯厂、电话局以及商埠地之土地房屋为担保，向日本朝鲜银行奉天支店借款 100 万元。

向日本银行借钱，不是想象的那么简单。民国时期曾经任职四洮铁路局局长的卢景贵在《东北铁路十年回忆》一文中曾写道：

---

① 参见姚会元：《奉系军阀统治时期的辽宁纸币发行》，《中国钱币》2002 年第 4 期，第 12—15 页。

1915 年，中国北洋政府财政部、交通部同日本正金银行订立了中日四郑铁路借款合同，款额为 500 万元，由正金银行发行公债，年息 5 厘，除去回扣及经理费外，实收 405 万元。

合同上是借了 500 万元，但到手实际上是 405 万元。

借助外债，本是发展经济的一个途径。但近代中国自有外债以来，一直陷于借债还债的恶性循环之中，财政负担日益沉重。王树翰也没有跳出这一窠臼。每次借款日本方面都附加许多苛刻条件，导致借款不仅没能从根本上解除危机，反而让日本进一步控制了奉天省的金融市场，其实这正是日本人想要的效果。

为解决财政困难，王树翰还推行了一些财政兴革计划，但都未能产生预期的效果。探寻其原因，一是奉天省财税金融沉疴由来已久，短期内很难得到解决；二是王树翰理财和做事都秉持老庄"自然无为，藏富于民"的理念，本身执行力不够，与此同时，地方军政费用却在不断增加。

据说古代鲧治水时使用了堵塞河道、修筑堤防的办法，历时九年而以失败告终。王树翰的"筑堤叠坝"似乎也与此类似，属于治标不治本的方法，到头来一场空。王树翰也深感自己理财无方，于是萌生退意。

加之张作霖当时在委任营口、牛海、安东（丹东）、省城、新民等处税捐局局长人选时，也不与身为财政厅厅长的王树翰接洽相商，而是越俎代庖插手委派。王树翰认为，这是省长对财政厅的不信任，因而他干了仅仅一年就坚决辞职了。

王树翰第一次来面见老张提出辞职，张作霖未准；第二天，王树翰再来请求辞职，于是张作霖照准。这也是当时官场的一个潜规则，第一次一般都要挽留一下，互相给个颜面，第二次再来请辞那就是真的了。

在收到王树翰辞呈之时，张作霖也挺无奈，毕竟理财跟过去当"胡子"不是一码事，就算你再舍命再发狠，钱也不会自动跳到你的口袋里。

王树翰不想干了，那么财政厅厅长谁来当呢？

一抬头，张作霖正好看到有事来请示的警察厅厅长王永江，他就对王永江说：东北这么大，为什么会穷得没钱花？你去接任财政厅厅长，看看毛病出在哪儿？

说这句话时，其实张作霖心里是完全没底的，因为他只知道王永江先前在辽阳改革警政时富有经验并做出了成绩。试想，连王树翰那样公认的理财专家都束手无策，你让一个新手去把脉诊断，怎么可能马上就查出病因，治好病？

让老张颇感意外的是，王永江脸上未露出丝毫难色，他当即对张作霖说：我接任财政厅厅长可以，只要巡阅使（虽然那时巡阅使已改称省长，但王永江仍沿用了旧称）信任我，两三年内，奉天财政便可自给自足，外债亦可还清，但财政厅的大小事项，也必须按我说的办，旁人不许插手。

王永江一开口就把话说到如此之满，让张作霖颇感惊疑，然而在治理财政亏空俨然成为烫手山芋的情况下，王永江敢于接过重任，这已令他很是满意，于是老张很爽快地向王永江作出保证：你只管干，我什么闲话也不听。

既然老张答应放权了，王永江也就毫不畏惧。同年 5 月，王永江继王树翰之后，开始担任奉天省财政厅厅长。

财政厅厅长，当然是比警察厅厅长更重要的一个位置，也正因如此，奉系军阀里最耀眼的一颗新星，冉冉升起。

当年在奉系，人们曾将王永江、王树翰并称为"二王"。而实际上王树翰初始尚视王永江为后起之辈，因为他任财政厅厅长时，王永江只是地方上牛海的税捐局局长，也可以说王树翰是厅局级干部的时候，王永江还是一个副处吧，应该算是他的部属。

然而终其一生，王树翰的成就却远远不如王永江，这不能不说是性格使然，格局所致。王树翰的优点是谨慎小心，且善于观察细枝末节；缺点是气魄不大、胸怀窘迫，他不像王永江那样勇于任事、敢作敢为。换句话说，即便王树翰在财政厅找对了问题的症结，他也不是王永江那般大刀阔斧改革的风格，所以有人评价王树翰只是一个"吏才"，意谓他以吏起家，非宰辅之器。

王永江则是有着治国理政才华的，崭露头角就始于奉天省财政厅厅长任上。

王永江上任之时，奉天省的内外债务包括：

中国银行奉大洋 50 万元；

兴业银行奉大洋 30.6 万余元；

屯垦局奉大洋 16.6 万余元；

烟酒公卖局奉大洋 12.8 万余元；

江省官银号奉大洋 2.5 万元；

殖边银行奉大洋 8.3 万余元；

东三省官银号厅库旧欠奉大洋304.2万余元；

东三省官银号金库折合奉大洋146.8万余元；

格林生公司奉大洋80万元；

大仓组（日本）日金150万元，朝鲜银行日金300万元；

呼兰糖厂借国库证券款银两折合奉大洋28.2万余元；

奉天银行蒲河工程借款奉大洋12.5万元。

总计奉大洋1195万余元[①]，而且每年还在以几百万元的速度递增。

初始，奉天省上上下下听说省府新上任了一个财政厅厅长，许多人就开始八卦。结果一打听，王永江，金州人，没来头，没关系，不知底细，很多人不看好。

财政厅厅长这把交椅，不是谁都可以坐的。

奉天府那时有一份中文报纸叫《盛京时报》，创办于1906年，一度发展为东北第一大报。虽然这份报纸是日本人中岛真雄出资兴办的，但它善于以中国人的口吻来写新闻，这是一大长项。

《盛京时报》1917年5月4日的一篇新闻是《王永江长财政之难题》，文中分析王永江当厅长，其难题至少有三：财政之支出；军界之报复；属员之辞职。

此报1917年5月5日第四版，用夸张的口吻写下一篇题为《王永江居然做财政厅长》的评论。

报纸的标题毫不掩饰地冷嘲热讽，"居然"二字背后的潜台词，即你是老几啊？敢来做财政厅厅长？

---

① 见辽宁省档案馆编：《奉系军阀档案史料汇编》（第3册），香港地平线出版社、江苏古籍出版社1990年版，第38—44页。

王永江上任伊始，就召集下属开会并发表了一篇公开讲话。他说，我本是一介书生，对于搞政治根本没有经验，但奉天省当局看得起我，让我来滥竽充数。我这个人素有爱国爱乡思想，愿意为家乡尽力做事，但对于理财之道，我是的确不具备这个能力的，因为感恩奉天省当局的知遇之恩，所以不得不接手这个职务，实际上相当于盲人骑瞎马，所以今后遇事，还希望大家多多指正，帮助我渡过这个难关。与诸位相聚一起，不胜荣幸，希望都能以国家大事为重，切不可意气用事。

这个讲话，在1917年5月6日《盛京时报》第四版上基本全文刊登：

四日上午十一时，王永江接任财政厅长后即招集全厅人员对众宣言。其大致谓，鄙人本一介懦儒，于政治一道，实鲜经验。因当轴（当局）之青睐得以滥充数，虽爱国思想为鄙人所素具，故凡有益于国家者，非有不殚精竭虑，以谋远行者也。前此之风潮其导火线为鄙人岂容讳言，其中原因谅明白事理者，必当了然（指与汤玉麟对立一事）。亦毋庸鄙人絮絮赘述。至于理财一道，鄙人果不具有此能力，因感当轴知遇之深，是以不得不有报答此事而已接手。然何异盲人骑瞎马，遇事尚冀诸公时赐南针，以匡不逮。将来奉省财政之裕，如国利民福，得诸公之助，岂浅鲜载！今日鄙人与诸公集会一堂，不胜荣幸。日后诸事尚赖诸公相助，为理务新，以国家为前提，切不可意气用事。

《盛京时报》的一些语言也很新鲜且有趣，例如王永江所说的

"当轴"就是张作霖，再配上半文半白的新闻解读词，读起来也颇有意味。

当时的省财政厅和下属官员们是一个什么状况呢？

民国初期和张作霖时代，财政厅的官员们都把下属的税捐局局长视为发财的"肥缺"。例如，有的税收人员仅收款而不给开税票，结果大批税款未入国库而流入了私囊。甚至有的税捐局局长不给下属工作人员发薪水，而且逢年过节，下属还要给局长送礼。

这岂不是咄咄怪事？尤其不给工作人员发薪水，无疑等同于公开承认税收人员贪污揩油是合法的了。

王永江由此判定："咱奉天省不是没有钱，是钱都被人下了腰包了。"

"下了腰包"是当时的语境，用现代语言说，就是钱装进了一些私人的口袋里。

王永江先是上书张作霖，提出一个以不加重百姓负担、不妨碍政务活动为前提的"开源节流"整理财政计划。张作霖用人不疑，自然支持，王永江于是立即开始了对奉天省财政大刀阔斧的整顿。

首先，重新厘定各种税章、税则，仅用三个月时间，财政厅重新制定统税章程二十九条、烟酒税章程十五条、木税章程十二条、牲畜税章程十五条等等，以使税收人员有章可循。

这里的"木税"可能读者会有些陌生，这是从清代就开始的税收之一，系地方官府对商运木料和民用柴薪所征之税。例如顺治十年（1653 年）定木税率十分取二。

其次，在调查研究的基础上，统一税务征收工作人员的薪金标准。税捐人员存在舞弊行为，与其薪金没有统一标准、没有切实生活保障有关。各税捐局所辖分局、分卡虽然工作内容没有区别，但预算和薪俸却有不同，办公杂费也多少不均，存在"畸轻畸重之弊"。王永江颁布《财政厅改变各税局经费预算》，规定各局长、委员和稽查员等的薪金按照统一标准支付，例如局长月薪分为六个等级，由高至低分别为 220 元、180 元、150 元、130 元、110 元和 100 元；委员分为三等，月薪分别为 50 元、40 元和 20 元；稽查员分三个等级，月薪分别为 24 元、20 元和 16 元。同时王永江严正告知各局"不得有克扣员役薪工及侵蚀分局、卡经费等事情"，以保证税务人员的正常薪金收入。

王永江同时对奉天省下属的县知事和税捐局局长逐一进行考察，凡是贪官污吏一律加以撤换。情节严重者，则绳之以法。

在王永江那里，"绳之以法"四个字可不是说着玩儿、吓唬人的，要知道他可是当过警察厅厅长的。因此，短短几个月的整顿时间里，全省直接枪毙了 14 个贪腐的税捐卡长。在那个时代，贪腐一旦坐实，就拉出去毙了，雷厉风行。虽然血腥味极重，但震慑力极强，而且一下子就枪毙了 14 个小贪官，不可谓不多也。

这在奉天一省的范围内，简直就是一场反腐风暴了。

破鼓敲重锤，乱世用重典。从这一件事就可以看出王永江的魄力和手段。古语说，义不理财，善不为官，慈不掌兵。老话是有其道理的。

杀一儆百，奉天省下面的县知事和税捐局局长立马人人自危，都知道了王永江这个书生是真铁腕、真黑脸，他不仅敢顶撞张作霖的把兄弟汤二虎，还真敢杀贪官。

王永江整顿财政的手段和肃杀风格，在《盛京时报》的舆论圈里和奉天省政府内部，都引起了强烈的反响。当时报刊上是用这样一个词来形容王永江的，即"秋霜烈日"。

"秋霜"即草木一片凋零，是说王永江的铁面无私；"烈日"是说他的霹雳手段，让下面官员们如在烈日下备受烤炙。

于是奉天省一改"县知事与税捐局长虚报贪污之积弊"，王永江严厉打击了贪官污吏的嚣张气焰，这就为整顿税收打下了一个坚实的基础。

不仅仅是高压政策、严刑酷法，王永江还成立了一个税务讲习所，以"养成税捐员的知识"为宗旨，来提高基层税捐局工作人员的整体业务水平。

王永江安排金州的同乡周士升来担任税务讲习所所长。周士升是财政厅总务科科员，清末奉天法政学堂最优等的毕业生之一，他从事财税工作多年，曾担任过财政厅总务科监视员、印刷处监视员。王永江任奉天省印花税处处长时，他任印花税处助理员，具有较为丰富的税捐工作经验。

税务讲习所的其他教员都由省财政厅员工兼任：财政厅征榷科科员王家驹负责核定讲义和所内文件，并规定课程；傅良弼、杨宝源、杨文栋、汪征波等人专管编撰讲义及讲解课程。

王永江亲自选定的这些税务讲习所人员，后来也都成为他属下的业务骨干，他们都受过高等教育，对税务工作的认识具有一定的理论深度；同时由于多年从事税务工作，都具备较丰富的税捐征收管理经验，在师资方面保证了讲习所的教学质量，为培养优秀税务人才奠定了基础。

掌控官银号 压缩开支 整顿税收

1

王永江整顿奉天省财政的第二步是掌控官银号。

接任财政厅厅长之后，王永江发现执掌奉天省财政真是困难重重，阻力很大，难题之一就是东三省官银号不太配合，因为官银号不是由省财政厅直接管理，所以总是感觉不得力、不顺手。

王永江时期的省财政厅与东三省官银号的关系，实际就是大财政与小银行的关系。

《盛京时报》1917 年 5 月 10 日第四版刊登的《王岷源要求兼官银号总办消息》的报道中这样说：

> 新任财政厅长王岷源，近向张军长述及财政上为难情形，谓奉省财政堪称拮据，所赖以通融者，唯官银号一处。官银号与财政厅并置联络，如收支一时不能活动，官银号又不允接济，势必无术应付。要求张军长将官银号总办一席使其兼任，使支付得以活动。

在这段新闻里，张作霖成了"张军长"，实际准确的称呼是奉天省督军；新闻里说，王永江向张作霖请求兼任官银号的总办，是为了货币收支调度方便，可以调剂周转。

官银号，是近代银行的一种称谓。前面加一官字，说明银号系官办性质。再加东三省，表明其为东北三省的中心银行，东三省官银号是在沈阳创办的最早的近代银行，曾是东北金融界的魁首。

张作霖最可贵之处，就是给予了王永江充分的信任，所以第二天的《盛京时报》便刊登了《王厅长兼任官银号督办》的报道：

> 财政厅长王岷源要求张军长令其兼任官银号总办，已志昨报。兹悉张军长以官银号现任总办刘海泉由会办升任总办，办理殊多得体，行业颇见起色，未便无故撤换，乃筹得两全之策，于总办上更设督办一席，使王永江氏兼任，关于行务之权利，由王刘二人商酌办理。如财政厅有周转为难时，王氏可向官银号挪用。已下令王氏兼任官银号督办矣。

这就是说，东三省官银号原来的会办刘海泉一直干得不错，不太好立即撤换。怎么办呢？张作霖为了平衡这件事，还真动了脑筋，于是就把刘海泉职级升格为总办，然后又在总办上面安排王永江兼任督办。

督办、总办等官职名称，是指清末时期新设置的官署或办事机构的主管，而副职则称会办，资格比会办略次、处理日常事务的则称帮办或者坐办。

至此，王永江才真正掌管了奉天的全部财政大权，等于财政厅厅长又兼任了银行行长，一肩挑。

为什么一定要掌控官银号呢？

王永江认为，奉天省市面上当时充斥着多种纸币，容易发生挤兑事件。奉天省不是资金不足，而是官银号发行的奉票难以流通到外省。于是，他采用凡商民向省城或外城贷款，不论多寡，均予以汇兑，不取汇费，只取手续费的办法。这样商民花费不多，还免去了途中携带现款的风险，又省去了往返的时间和路费。此举使商民向官银号贷款的数量大幅增加。东三省官银号一度恢复了往日繁荣兴旺的局面。

与此同时，王永江通令全省，严禁中国银行、交通银行所发吉林、黑龙江的小银圆在奉天省流通，以便统一货币。

王永江对东三省官银号的组织机构也进行了调整。增设督办一人，由王永江兼任，同时由省政府委任总办一人，会办三人。总办统管官银号一切事务，对外为官银号之全权代表。会办协助总办襄理官银号事务。官银号总号下设业务部、文书处、稽核处三大部门。王永江任命社会名流担任官银号的总办、总会计师。总办的职责是管理银行的总体运作，继续由刘尚清来担任。刘尚清，字海泉，毕业于奉天法政学堂，1913 年任奉天省财政司科长，1914 年到 1919 年 9 月为东三省官银号总办，1920 年后任黑龙江省财政厅厅长，并兼永济官银号总办，1921 年秋到 1922 年任东三省银行行长。官银号总会计师的责任则更集中于管理银行的账户和资金流动，职位也极其重要，王永江委任与其合作过多年的彭贤来担任这一职务。

东三省官银号组织结构调整以后，东三省财政管理精英济济一堂，保证了官银号的良性运转。同时，他们也都是王永江的支持者，保证了王永江的决策在官银号内得以贯彻实施。为了使奉票成为唯一的市场货币，奉天省政府发行一批新的奉票，又叫新大洋票。这批货币是委托纽约美国银行货币公司印制的，新奉票在 1924 年印制完成，于 1925 年在整个东北广泛流通。

这也是王永江掌管官银号之后的一项重大举措。

大洋票有 1 元、5 元、10 元三种面值，尺寸大小一致，但票面颜色不同。大洋票纸质厚重、色泽沉稳、印制精美、古朴大方，具有一种昭示正统的端庄，绝非一般粗制滥造的纸币可比拟。而且其票面设计匠心独运，选取秀美殊绝的医巫闾山风光作为背景图案。大洋票上医巫闾山风光的主景为白云关和观音阁。白云关是医巫闾山上的一处明长城关隘，依山垒石，居高临下，地势险要，有"一夫当关，万夫莫开"之势。观音阁是医巫闾山深处的一个辽代寺庙建筑群，明清时期修缮过，清朝多位皇帝曾到此巡游，留存大量诗文石刻。大洋票的背景图案与原貌十分接近，持币观之，但见山石草树错落有致、亭台楼阁交相辉映，在当时形形色色西方文化充斥的情况下，宛若一股中华文明古风扑面而来，让人顿生对承平盛世的怀恋之情。而且人们都知道，张作霖就是发迹于医巫闾山地区的。

2

王永江的第三步是厘定税收项目，清丈土地面积，定出税收额度，确立赏罚章程。

首先整顿赋税。民国期间，奉天省的财务税种类都有哪些呢？

国税：田赋、田房契税、户管费、执照工本费、官契纸费、新契纸费、印花税；

地方税：亩捐、车牌捐、茧捐、民房捐、蔬圃捐、铺捐、妓捐、屠宰捐、肉捐、商房捐、车辆捐、店捐、戏捐、班捐。

其次是土地清丈。土地清丈所得收入是奉天省新增的最重要收入来源之一。财政厅下面的奉天官地清丈局，是全省官地调查、丈放（丈量、出售之意）、划界的主管部门。奉天省各地的实际税收定额，是与各税捐局辖区的耕地面积和生产状况挂钩来制定的，对贪污偷漏者，按章严惩。将那些惯于浑水摸鱼、到处营私的税捐局长也尽行撤换。然后开始清理过去清室所遗留的一些官地，例如皇王庄头、伍田祭田、围场牧场，等等。清朝乾隆、嘉庆年间，由河北、山东过来的移民过去是在垦种土地三年后才开始征税的，但也有很多人以多报少、少纳赋课等，这次清理出很多之前少报、漏报的土地，这部分土地的税收也成为财政收入的一大来源。

例如当时的中等县份（当时称为乙等县），一般都多清出三四十万亩，大县（当时称为甲等县）更不止此数。未清丈、清赋之前，土地册籍所载亩数与实际情形相差颇巨，漏税数字相当之多，这就等于给了征收人员中饱私贪之空隙。

清末时奉天省政府即开始清丈土地，但由于荒地不断被开垦扩大，民地依然存在"浮多"现象。1917年6月，王永江颁发《变通奉天全省清赋章程》，规定民地所有者对自己拥有的土地先进行自查，如发现有超出部分的，在6个月之内要向官署"自行首报"。超出的土地每亩收大银圆2角作为地照工本费，全部上缴省财政厅；另外收大银圆4角，1角5分上缴省财政厅，1角5分留作县办公经费，1角作地方绅董协助费用。如果超过6个月不报，一旦查出逐月加罚一倍。

《变通奉天全省清赋章程》的实行，进一步清理了土地的产权、面积以及应纳赋税额，遏制了田赋偷漏现象，增加了奉天省民地的数额。资料显示，1916 年奉天省民地为 534843 亩，1918 年为 585588 亩，1919 年经过土地清丈则达到了 1950143 亩。

这是什么概念呢？就是说，经过土地清丈，一下子多出来近三倍的土地。

清丈过程中，"中等县份一般清丈出三四万亩，大县则更多，查出许多过去少报和未报的土地，一律核准缴纳田赋"，田赋因此大增，例如 1916 年奉天省的田赋为 4309817 元，1917 年增加到 5234517 元，增加额为 924700 元。仅仅一年，税收就增加了近百万元。

王永江推行的土地清丈措施，成效显著，既增加了政府的税捐，又进一步杜绝了过去县知事与税捐局局长虚报贪污之弊。

然而，这一举措触动了不同阶层的利益。对于占有土地的富户和一般农民而言，清丈土地是他们普遍不愿意接受的，此举自然引发了轩然大波，抱怨和谩骂之声此起彼伏。

在这场整顿行动中，从北京返回奉天任清丈局局长的曾有翼，成为王永江的得力助手。他对待工作一丝不苟，严格按照规定执行清丈任务。

民国时的官场礼仪颇为讲究，人们相互间是不可以直呼其名的，因此在公众场合、社交场合人们都称呼王永江的字，即为"岷源公"或"岷源兄"。由于土地清丈引发的民怨，一些心怀不满的人就用王岷源这三个字的谐音骂他为"万民怨"；曾有翼字子敬，也被人骂为"整之净"。

尽管怨声四起，但由于事先已得到张作霖鼎力支持的承诺，王永江便毫不动摇，顶着压力继续推行自己的税捐改革。

奉天全省官地清丈局在筹集款项、明定经界、整理田赋、充盈奉天省地方财政等方面发挥了巨大的作用。尽管在清丈土地的过程中存在一些弊端和局限性，但土地的清丈明确了奉天省的土地所有权，实现了土地制度的划一，同时促进了奉天省田赋的征收与经济的发展。

改革者，常常就是孤勇者。

王永江的第四步是裁撤省府机构人员，压缩经费，节减开支。

裁撤人员可不是喊口号、做样子，是动真格，比如裁撤全省的保卫团办事机关所有团丁。当时奉天省有常驻的团丁15800余名，各道尹所属的办事机关及团总、保董、甲长、牌长、常驻丁等分散人员则有十余万人，王永江下令将这些人员一律裁撤。由此可见其手段与力度。

从北京大学毕业回到沈阳的富维骥，当时在财政厅当科长，他还向王永江建议，每年应该向张作霖提出一个全年的预算限额，这样财政才能有办法逐步扭亏，王永江当即采纳。因此，在财政支出上，王永江本着"款归实用，勿稍虚糜"的原则，努力做到"用一款得一款之效"。为此，他建议由省政务厅召集各机关开会，要求该归并的机关要归并，该裁减的人员要裁减，该节省的经费要节省，不该用的款项必须停止，不合理的支出一律取缔，反对浪费，厉行节约。

王永江的这个做法又招致奉天省各机关部门的普遍不满和牢骚。说起来，这样大规模的机构精简，应该是省长或者督军来做的事情，一个小小的财政厅厅长，以一己之力，掀起了奉天省官场的一次大震动。

结果呢？当时报纸上的评论是"谤尤丛集"，换成白话说，就是骂声四起。如果当年他的财政厅厅长也搞民意投票、民意考核的话，王永江是一定会被"轰"下台的。但因他聚财有方，于省府有益，张作霖对他大加赞赏，全力支持。

在当时的历史环境下，有张作霖一人的支持与认可就足够了。

当然，在这项艰难的财税改革过程中，王永江也并非只会用蛮力，他也善使巧劲儿，尤其善于调动人的积极性。他规定，每个税捐局只要超额完成征收税额，就可以从超出的部分中提出若干金额作为奖金，多收多提，从局长到科员人人有份，同时财政厅的人员亦有提成。在这项规定的激励下，人人工作卖力，税捐局局长也不用再偷偷摸摸虚报贪污了，因为只要干得出色，当年光奖金就可以拿好几万，而一个普通财政厅工作人员每年拿到的奖金，也往往能超过他全年一半的薪水。

王永江除弊虽严，但只要某一项规定有存在的必要，即便有人认为是陋规弊政，他仍然会网开一面。比如商人持税单将货品由甲地运至乙地，中间经过各税捐局的关卡时，要进行查验，查验完成后关卡人员要在税单上盖一个"验讫"的戳，并征收若干费用，这笔费用叫作验讫费。

验讫费不是税种，财政厅有些人主张按陋规废除处理，但王永江坚决反对，理由也十分简单明了：若是裁去此费，哪个关卡人员还肯在冬日黑夜里跑出来，巴巴地等着商人的车辆通过并进行查验呢？

王永江深知人性，人啊，无利不起早嘛！

王永江认为税务系统环环相扣，相关人员稍有懈怠，偷漏必多，因此就算验讫费被指责为"弊政"，只要有存在的必要，"虽弊不除"。

在奉天省财税改革的过程中，王永江体现了一种"虽千万人，吾往矣"的大无畏精神，这也是他最难能可贵的品格。

说起来，王永江并不是有些人所谓的"财神"，哪有什么财神之说啊，有的只能是实干家、孤胆英雄式的一往无前的财税改革家。

据《东北经济史》记载：1919年，奉天全省共54个县，除了长白一县没有亩捐收入之外，其余各县皆有大量的亩捐收入。

张作霖以王永江来接替王树翰，本来是抱着一种死马当作活马医的想法，不料王永江居然真是一位理财能手。过去奉天省历任执政者几经努力，尚不能从根本上解决财政问题，而王永江仅用两三年就已大功告成，这岂不是一个奇迹？

截至1920年冬，除将所有外债还清之外，奉天省金库尚存一千一百万元结余。

除此之外，奉天省还广开财源，一面奖励移民开垦荒地，一面扩张商业业态。至1917年，奉天省所拥有的商会、会董、会员数量都超过了吉黑两省，为东三省之冠。

有人说：当时"东省业赋之岁增额，有如几何之累进数，库入之丰，允称奇迹"。仅五六年时间，奉天省便扭转了财政窘困局面，出现了社会治安稳定、工商百业竞起、经济空前繁荣的景象。

民国时期，整个中国的财政都处在危机之中，北京的中央政府都是靠到处借款举债度日，奉天省能够自给有余，堪为奇迹。

由此，张作霖体悟到一个结论：整理中国财政并不难，外国人常说中国穷，其实中国何尝穷，不过是钱都入了官吏的私囊。当时的中国财政问题，只要有个好人整理，官吏都奉公守法，就能得到较好的解决。

此话确有道理。

对于王永江整顿奉天省财政，东北著名史学家金毓黻曾经评论道：

> 永江不然，其理财上法刘晏，先之以剔除中饱，涓滴归公；决定税收比额，严督责之法，有犯必惩，不避权势。一时榷税之吏，皆股栗听命，税收倍于树翰时，作霖为之大乐，而侈心亦因之日增。不数年，听杨宇霆之计，日以扩展军备开疆辟土为事。永江谏之不肯听。①

就是"剔除中饱，涓滴归公"这八个字，在奉系军阀统治的大背景下，可想而知王永江当年是花费了多少心血。

而"一时榷税之吏，皆股栗听命，税收倍于树翰时，作霖为之大乐"，金毓黻的描述很形象，如见其人其景，可见王永江当时的声威如何。

金毓黻说的刘晏，是中国历史上中唐时期一位杰出的理财家。他屡任户部侍郎，主管大唐财政二十年之久，在盐政、漕运、赋税、铸币、平抑物价等方面进行了一系列财政经济改革。刘晏理财"以爱民为先"，提出了"因民所急而税之，则国用足"的理财思想。在理财过程中，他知人善任，所用官吏大多廉洁奉公、忠于职守，因此下面的官吏，虽远在千里之外，"奉教令如在目前"。刘晏主持财政时，正是唐王朝财政极为窘困的时期，他以个人的杰出才干，为中唐经济的

---

① 金毓黻：《王永江别传》，载政协大连市金州区文史资料委员会、大连市文物管理委员会编：《王永江纪念文集》，大连出版社 1993 年版，第 32 页。

恢复和振兴作出了重要贡献。

金毓黻拿刘晏来类比王永江，就知其肯定和褒奖之意了。

当时的奉天省财政厅大院，就设在沈阳故宫西侧的沈河区承德路，那里后来成为同泽女子中学的旧址。

我查看奉天府老地图时，发现当时的奉天省财政厅和省政府长官公署所在地仅一路之隔。

3

王永江担任财政厅厅长初期，还和时任段祺瑞内阁财政总长梁启超有过一段公务上的来往交锋，当然两人各为其主，唇枪舌剑互不相让。

通常来说，东三省的一部分财政收入即国税应该上缴北洋政府，但是张作霖执政时期，就把奉天省财政收入全部截留了，这样，使得东北保留了自身的财政收入并稳定了经济增长。

从中国古代开始，盐专卖的税收就是国家很大的一部分收入，张作霖把这部分收入截留之后，也曾引起外国列强的不满和干涉。

因为北洋政府曾经以盐专卖税为抵押，向国外银行大量借款，如果地方政府截留盐专卖税的话，他们的还款就得不到保证。但张作霖不惧怕这些外交风暴，仍然把盐专卖税收归入了奉天省的财政收入。

张作霖后来试图把邮运和海关税也截留下来，但这两项税收更是烫手山芋。1900 年，八国联军占领了北京紫禁城皇宫。1901 年，清政府和 11 个国家签订了《辛丑条约》，规定清政府从海关银等关税中拿出四亿五千万两白银赔偿各国。此后，这两项税收便被用于偿付战争赔款，所以外国列强一旦听到张作霖的这个计划，立刻就会以武力来威胁。

张作霖不害怕屡弱的北洋政府，但是对于外国列强则是另一回事了，因此，他在这方面保持了克制，虽然也流着口水，还是没敢动手。

王永江和梁启超的交锋也起因于此。

梁启超有近代史上的思想家、政治家、教育家、史学家、文学家等诸多头衔。那时的梁启超因为拥护段祺瑞有功，而成为其新内阁的重要成员，担任财政总长兼盐务总署督办，这样来说，他也是一位财经专家了。

任职期间，梁启超极力为段祺瑞扩充军备、巩固统治而效劳，并代表北洋政府与日本帝国主义签订了两笔以损害民族利益为代价的借款。

他和王永江的往来交涉，是因为奉天省又扣留了印花税款。

民国二年（1913），北洋政府实行"专款制度"，其中规定印花税、烟酒牌照税、烟酒税、验契费、契税等五种专款要全部上缴北洋政府。民国六年（1917），张作霖因冯德麟参与张勋复辟，夺其第二十八师兵权，统一奉天省军政，掌握了奉天的军政大权。为此，他将原本应该上缴中央政府的印花税款扣留，直接充当军费给了奉天省军署。

这时，新任中华民国财政总长的梁启超，对奉天省的印花税款交付一案提出质询，直白地说，就是想要回这笔钱。

王永江这时刚刚接任奉天省财政厅厅长，于是对于奉天省印花税款一案，王永江便在张作霖与梁启超之间进行周旋。奉天省根据财政部规定，于民国二年（1913）七月开征印花税。印花税款在奉天省的财政收入中占有一定的比例，梁启超以财政部的名义，对奉天省财政厅未将印花税款上缴中央提出《财政部为咨请事案》的咨问。

奉天省的印花税之所以没有上缴给中央政府，是因为奉督军训令已经将印花税款当作军费用了。但是按照财政部的规定，印花税款是"由各该分处收入直接解部，备中央行政各费之需"，就是要直接上缴给民国中央政府财政部，地方政府无权擅自将印花税款挪用他处。

奉天省方面解释，这是"一时权宜办法"。但是梁启超表示，还是希望奉天省能够"饬财政厅设法拨还印花税分处转解来部"。

就这样，两边开始扯皮。那时不像现在通信、交通都发达，所以借着沟通不便，奉天省财政厅有意扯皮拖延。结果 1917 年 9 月，孙中山发动护法战争。同年 11 月，段祺瑞内阁被迫下台，梁启超也随之辞职，并从此退出政坛。于是，梁启超与王永江就奉天省印花税款的交涉问题也就不了了之。

其实被扣下的不止印花税。1922 年，张作霖宣布自治后，截留了原本应上缴国库的盐税和京榆铁路的收入，转而交由奉天省自用。以 1923 年的奉天省财政收入为例，盐税约为 900 万元，京榆铁路收入 300 万元，大约占奉天省全部收入的三分之一，这两项收入也极大地提升了奉天省的财政实力。

财政厅大院里的老榆树

1

令人赞叹佩服的是，王永江在财政厅厅长的位置上，尽管事务非常繁杂，却不改文人本色，依然忙里偷闲写了不少诗词，其中就有一首以财政厅为背景，题目是《财政厅院老榆歌》[①]：

老榆当院头已秃，低头俯瞰长官屋。

长官更迭阅历多，纷纷贤否都在目。

春风荡淡老榆欢，秋风凄咽老榆哭。

欢哭春秋几百年，胶胶扰扰及不毂。

不毂风尘草草人，摩挲不觉眉频蹙。

树犹如此人何堪，老榆视我今为孰。

榆自无言心半空，卿辈数百容此腹。

过去几经荣与枯，未来不识谁司牧。

来去匆匆过眼忙，何人浩浩秋阳暴。

低徊徐发老榆歌，聊托友声吟伐木。

由此我们才知道，奉天省财政厅院子里竟有这样一棵老榆树。春天里，满树的榆钱看上去像是一串串铜钱，有财源滚滚之寓意。

---

① 说明：本书中所引用的王永江诗词均可参见王永江：《铁龛诗存；铁龛诗余》，刘竟校注，沈阳出版社 2020 年版。

但榆树也素有"榆木疙瘩"之称，言其不开窍，这又有点儿像王永江一根筋的性格。总之，老榆树见证了走马灯似的来去匆匆的官员们，也见证了王永江在这里坚守的岁月。

由这首诗我们也可以间接了解到，王永江在奉天省政府任职初期，是一直住在这个院子里的，否则时间短暂，来去匆匆，是不会注意到这棵老榆树的，更不会以类似歌行的体裁来吟咏一棵老榆树。

王永江当年的下属、九一八事变后到伪满洲国任大臣的阮振铎，在他的回忆录中也曾写到"王省长公馆在沈阳大南门里财政厅的后院"。

王永江后来兼任奉天省省长时，他也没有放弃财政厅厅长这个职位。在某种意义上说，财政厅厅长的职位也是"一把刀"。同时，在奉天很长的一段时间里，王永江就是住在财政厅公馆里的。据说，他兼任了奉天省省长之后才搬进张作霖大帅府东院外面的一栋二层小楼里。王永江辞职回到金州之后，小楼空了出来，后来赵四小姐跟了张学良，张学良原配夫人于凤至无奈之下就买下了这栋楼，重新装修后给了赵四小姐。因此1929年之后，这里就成了张学良和赵四小姐的绯闻小楼。

现在到沈阳去参观大帅府的游客，一般的路线都包括帅府外面这栋小楼。可惜导游也好，文字介绍也好，关注点都在赵四小姐的绯闻上，没有人会提及王永江半个字。

2

王永江主政财政厅期间，还在无意中帮助过金州的一名少年，没承想，这名少年后来成长为新中国开国中将，他就是万毅将军。

万毅 1907 年 8 月 8 日出生于金州四十里堡（今三十里堡街道老爷庙村杨树底屯）一个满族农民家庭。他的祖父万永禄、父亲万宝贵都曾当过清朝的八旗骑兵，后来才开始务农种地。

1914 年，万毅的父亲卖掉了四十里堡的老屋，抵押了仅剩的五亩土地，将全家由乡下迁入金州古城，并且利用贷款开了一个小杂货铺，主要卖些烟、酒、糖、果、米、面等日用杂货，字号是"万兴德"，人称万家小铺。

到金州城里后，7 岁的万毅进入天后宫的蒙学堂读书。后来蒙学堂合并到日本人在金州城东门外开办的公学堂，全称是"关东州附属地公学堂南金书院"。再后来，辍学的万毅到大连市内的一家钱庄去当小学徒跑腿。

但不久，万毅因故又回到了古城，除了帮家里干些杂活儿，闲时便读书、练习毛笔字。万家对面住的是金州城的维持会会长曹世科，曹世科是金州的乡绅，平时乐善好施，万家人因此也很敬重曹世科。

有一天，曹世科来串门，见万毅正在练字，就凑过来看了看，颇为惊讶地对万宝贵说：你这个孩子字写得还不错啊，有出息！万宝贵趁机向他诉开了苦，说自己生计艰难，又添了个吃闲饭的，孩子字写得好也没事做，等等。曹世科踌躇一下说：你舍不舍得放孩子出远门？万宝贵很坚决地说：只要有事做，有什么舍不得的？

曹世科是王永江的小舅子，但他当时只是和万宝贵说，他有个沾亲带故的外甥张韵珊在奉天省财政厅当庶务股长，可以帮忙介绍一个事情做。不久，曹世科真的写了一封信，让万毅拿信去找张韵珊。

1922 年春节后，15 岁的小万毅带着这封信独自坐火车到了奉天省城，他找到张韵珊，张将信又转给了王永江，然后在财政厅经过一个考试，万毅就被分到征榷科当上了小职员。

据万毅回忆录的记述，当时省财政厅仅有三个科：总务科、征榷科、制用科。征榷科主管田赋、征税。科长下边是股长，股长之下是科员，科员之下是雇员。

万毅属于雇员这个档级，月工资是13块奉大洋（纸币），合袁大头（银圆）六块钱左右。在这里除了工作外，万毅更注意抓紧时间找书读。科里有个五十多岁人称"老索头"的职员，也是个旗人，他很有学问，但性格古怪，人际关系不好。万毅读古书遇到不懂的问题常去请教他，看万毅好学上进，老索头对他也很爱护，乐于解答万毅提出的问题。

1925年3月，万毅离开财政厅，考入了张作霖的东北军陆军军士教导队，从此开始了军人生涯，并且在后来走上了革命道路。

贰

从财政厅厅长到奉天省省长

"岷源，省长你来干吧，我忙不过来，也真不懂。"

这是 1919 年，已经身为东三省巡阅使的张作霖，有意要将其兼任的奉天省省长职位让给王永江，张作霖当时很诚恳地对王永江说了这样一番话。

让王永江来当奉天省省长，这是怎么一回事呢？

想要的得不到，不想要的却偏给

1918 年，北洋政府大总统徐世昌发布总统令，任命张作霖为东三省巡阅使。东三省巡阅使是黑龙江、吉林、奉天三省督军的统称，又监管民政，属于东北三省军政一把手，也是当时一个超级大军阀。

中国历史上，历代官制中其实都没有巡阅使这一官职，民国的几位巡阅使实控多省军政，大概唯有清朝的总督可以与之相提并论吧。

张作霖当上了巡阅使，在这个类似小独立王国的金字塔塔尖，向下一看，奉天一省的省长就没有多大意思了。当时老张的豪华大帅府早已修筑完成，与省长官公署仅仅一街之隔。省署的官员们一向称大帅府为前院，称省公署是后院。老张兼任省长时，省署官员每日都要抱着公牍赴前院请示，请老张判阅文件。

本来识字就不多，还让老张干判阅公文的活儿，虽然公文都是秘书们为他念，但他委实感觉又苦又烦，想想过去都是骑马打枪、喝酒赌钱，快意人生，省长这个活儿就跟干苦役似的。

于是，老张有时就吩咐秘书长袁金铠来代办这些琐事，但重要的事情别人还是不敢作主，必须得由老张裁定。久而久之，老张就萌生了委任他人专司省长其事的念头。

这时，正好王永江任省财政厅厅长，奉天省的财政状况明显好转。张作霖看到奉天省仅仅两年多就还清了历史上多年积累的债务，而且做到了财政盈余。同时他还观察到，王永江这人不简单，刚正不阿，手眼明敏，长于裁断，具有政治家之风度，在奉天省官场可以说一枝独秀、能力出众。

张作霖虽然是军阀加大老粗，却能慧眼识人。所以，就有了前面的一段话。

但让老张没想到的是，王永江想都没想就推辞了。他说：财政厅的事就够我忙的了，省行政的事，巡阅使还是另委他人吧。

老张有些着急，赶紧促膝谈心式地给王永江做思想工作：岷源啊，你不为我，为东北的百姓想想也应该干，何况我们弟兄相处多年，你有什么信不过我的？我交给你去干，以后省行政事务我就不管了。

张作霖不是装的，不是玩虚的，他是真不想干。

一是他既不懂省长管辖的具体事务，也不感兴趣，更没有这方面的行政管理能力。二是他志不在此，那时的老张是得陇望蜀，想挺进关内，想进北京城里逛一逛。

区区一个省长，小儿科了。

但省长这个位置对于张作霖手下的文官们来说，可绝对是一个梦寐以求的大红包和高帽子，袁金铠、于冲汉、王树翰、刘尚清、白永桢……哪个不想坐这个位子？那可是封疆大吏，光宗耀祖啊！

"一朝权在手，便把令来行。"谁不想通过世俗的权力，制衡天下，实现自己修身齐家治国平天下的梦想呢？

但事情往往就是这样，想要的得不到，不想要的却偏要给。张作霖眼光也很独到，在这些文官里面，包括早就在他身边服务的袁金铠、于冲汉等人，他看好的就只有王永江。因此，他几次想让王永江来担任奉天省省长，可王永江都推辞了。最后不得已，王永江郑重其事地对老张说：

论友谊，论私情，我都应履任艰巨，去为桑梓勉尽义务。张将军既然如此器重我，我就接任省长的事吧，但我不任省长之名，省长仍是你兼任。我代理你办省长事务。

1921 年 7 月，王永江开始以代省长名义来管理奉天政事。

从盛京到奉天，细说前世今生

1

说到奉天省省长，就应该先说说奉天省的前世今生。

"奉天"，这个名字是很特别的，是历史上曾经设置过的几个行政区域名称的专名。其中，奉天有府名、县名、市名和省名之区分。

天命十年（1625 年），清太祖努尔哈赤把都城从辽阳迁到沈阳中卫，并在沈阳着手修建皇宫。沈阳由此迎来了历史性转折，从明朝的一个军事卫所，一跃成为盛京皇城、清代两京之一，并逐步发展为东北的中心城市。

盛京，是清朝（后金）在 1625 年至 1644 年时的都城，也是 1644 年至 1912 年间的陪都。广义上，盛京地区还包括今辽宁、吉林、黑龙江三省在内的整个东北地区。狭义上，才是作为陪都的盛京城，即今辽宁省沈阳市。

天聪八年（1634 年），清太宗皇太极正式尊沈阳为"盛京"，意为"天眷盛京"，满语称穆克敦。

崇德元年（1636 年），皇太极在盛京称帝，改国号为大清，中国历史上最后一个大一统王朝由此建立。

清朝初期的词人纳兰性德曾经为盛京写过一首五言诗：

拔地蛟龙宅，当关虎豹城。

山连长白秀，江入混同清。

庙社灵风肃，豪强右族更。

明明开创业，休拟作陪京。

顺治元年（1644年），清朝迁都北京后，盛京成为留都或者叫陪都。

顺治十四年（1657年），清朝以"奉天承运"之意，在盛京城设奉天府，因系"龙兴重地"而定为京府，相当于省级行政建置。该府设府尹，辖有治中、通判等官职。从这时起，盛京就开始改称奉天了。

说到奉天府，你可能还听说过中国历史上出现过的应天府（南京）、顺天府（北京）等建置名称。这里的"天"即天子的意思，"天府"就是与帝王有直接关系的地方，或简言之，是某位君王的龙兴之地。

奉天，作为政区名称第一次出现在沈阳，也是盛京改称奉天的开端。

奉天府先后管辖过的厅、州、县有辽阳州、复州、承德县、开原县、铁岭县、海城县、盖平县、辽中县、本溪县、抚顺县和金州厅、新民厅等。辛亥革命之后，按照民国政府"旧有府、厅、州一律改称为县"的通令，1913年1月，奉天府又改为奉天县。奉天府从设置到撤销，存在了256年。

奉天作为县的名称仅仅存在了4个月，1913年4月因与奉天省同名，于是将奉天县恢复旧名为承德县（与河北的承德重名），5月，又改名为沈阳县。

奉天，作为省的名称是从清末开始的。

清光绪三十三年（1907 年），清廷裁军，于是改革盛京将军官制，设置了省级行政领导机构"奉天行省公署"，奉天省从此正式设立。

奉天的省级机构名称也几经变化，在不同的历史时期或称行政公署，或称巡按使公署，或称省长公署，或称省政府。但省的名称"奉天"一直沿袭下来。

一直到 1928 年 12 月 29 日，张学良"东北易帜"。由于"奉天"这一名称的帝王色彩太浓，与辛亥革命推翻帝制的政治意义不符，经国民政府第十八次国务会议决议，并于 1929 年 2 月 5 日正式下达国民政府第 91 号训令，改奉天省为辽宁省。

辽宁，其含义就是辽河之东为辽东区域，辽河之西为宁远河区域，辽河两岸永远安宁。

奉天是当时东三省中的第一大省，奉天府（市）是奉天督军和奉天省省长的驻地，也是东三省政治、军事、经济中心，当年张作霖占据奉天府，也为以后做东三省之主打下了坚实基础。

奉天，作为市的名称是从 1923 年开始的。1923 年 5 月 3 日，省长王永江主持设立奉天市政公所筹备处，同年 8 月，奉天市政公所正式成立。成立之初，奉天市政公所的职能和管辖范围都很小，只有市长一人，下设协理、坐办等。此前，实际是省一级的政府即奉天省在直接管理奉天市一级的各种具体事务。

1929 年，随着奉天省改称辽宁省，奉天市也于同年 4 月 2 日改称沈阳市。1931 年 9 月 18 日，日军占领沈阳，11 月 20 日，又改沈阳市为奉天市。

直到 1945 年日本投降，奉天市又恢复沈阳市之名。

2

东北地区水绕山环、沃野千里，南面有黄、渤二海，东面和北面有鸭绿江、图们江、乌苏里江和黑龙江环绕，境内有大、小兴安岭和长白山系，中心部分是辽阔的松辽大平原，拥有宜垦荒地约 1 亿亩，森林总蓄积量约占全国的 1/3。

王永江认为，东北"土地之广，资源之富，均超越欧洲舍苏俄之外的任何大国。故东北为求生存于强邻觊觎之下，亟宜保境安民，埋头建设"。

从清末以来，东北三省一直共同拥戴一个最高行政长官。从清末到民国初设置在这里的官僚机构长官的称呼来说，有盛京将军、总督、盛武将军、督军等，按清朝的官员体制，多为从一品官员；行政民政方面的长官，称巡抚或者叫民政长、巡按使等，多为正二品官员，而且大都是一把手兼任，即军政一肩挑。

这就是东北的特殊性，因为东北三省位于日俄两个强大的邻国之间，设一个最高长官，便于统一军事外交政策；同时协调东三省互相依托，结成藩篱，抵制侵略，保卫边疆；又由于奉天省在东三省中实力最强，所以一般情况下，奉天的长官就是东北三省的最高长官。也许，辽老大的称号就是从那时开始的。

民国时期，张作霖是兼任军政两个方面的长官。民国五年（1916 年），老张以督军之职督理奉天军务，以巡按使之职管理民政。

袁世凯去世之后，民国总统黎元洪改称巡按使为省长。

因此，张作霖后来卸任省长一职，让王永江接任，王永江即成为奉天省第一任名副其实的专职省长。

民国时期的奉天省地域范围略大于今天辽宁省的地域空间，包括辽宁省的大部、吉林省的一部分和内蒙古的一小部分。如当时的突泉县今隶属于内蒙古自治区兴安盟；通化县、临江县、辑安县（今集安县）、长白县、安图县、海龙县（今梅河口市）、辉南县、柳河县、抚松县、洮南县、辽源县和双山县（今双辽市）、开通县（通榆县）、洮安县（今白城市）、梨树县、安广县（今大安市一部分）、怀德县（公主岭市）、镇东县（今镇赉县一部分）等现在都隶属于吉林省了。

此外，还有"东四省"的说法，就是奉天、吉林、黑龙江再加上热河，甚至后来还包括内蒙古东部地区，这才是奉系张作霖实际控制的东北地区，这片广袤的土地有 100 多万平方公里。

相比之下，日本的国土面积约为 37.8 万平方公里。如此广阔的地域，不仅是奉系军阀的根基所在，也在当时的政治军事格局中占据着举足轻重的地位。

3

奉天府沿袭的是明朝沈阳中卫城的旧址。后金天命十年（1625年），努尔哈赤从辽阳迁都到这里之后，开始大肆修建城垣。沈阳那时就分为内外两城，东西南北四面共有八个城门。

八个城门俗称为大东门、小东门、大西门、小西门、大南门、小南门、大北门、小北门。城门楼全是宫殿式三级飞檐的建筑。城墙四角，又各有护城角楼一座，护城河面广水深，在当年的冷兵器时代，想跨过护城河，可不是一件容易的事。

奉天府的城市规模就这样逐步扩展起来。

奉天省公署在今天沈阳市的盛京路上，盛京路当年叫军署街，也是奉天府的第二条柏油马路。

盛京路，在沈阳几乎家喻户晓，它位于沈河区沈阳路南侧，东起朝阳街，西至正阳街，现在是沈阳市最热闹的商业街之一。

盛京路，早在皇太极将国号改为"大清"时就存在了，如今已是三百七十多岁"高龄"。清初至民初，盛京路一直是重要的官道。

清初时，盛京路因曾设有一座金银库而闻名，因此当时这里又被称为"金银库胡同"。据《盛京通志》记载，"银库共有十八间"，但这些遗迹早已消失不见。由于该处是皇家藏金的重地，自然每日都有重兵把守，平民百姓不得靠近半步。

清军入关后，这里成为掌管东北三省军政事务的盛京将军府所在地。

清光绪元年（1875 年），盛京将军崇实开始修建盛京将军府衙门，这就是后来被称为老总督府的那栋建筑。

1907 年，徐世昌做东三省总督时，嫌弃老总督府破败狭小，便以营口盐税为抵押，向外国人贷款，在老总督府的东侧建起了一栋新总督府，也就是张作霖时代的省公署楼。也是因为修建这座总督府，奉天省的财政库存被花得精光，致使奉天省后来负债累累。

现在，这里已经成为东三省总督府博物馆，和沈阳故宫也仅仅是一墙之隔。

1907 年，清政府实施新政，东三省改制，改设为奉天省、吉林省、黑龙江省，并在奉天省设立东三省总督，第一任总督徐世昌、第二任总督锡良、第三任总督赵尔巽。由此，奉天府也成为名副其实的东北中心城市。

1918 年，张作霖被北洋政府任命为东三省巡阅使，办公地点还是东三省总督府。后来，老张自己建了大帅府，就把这东三省总督府改为了奉天省省长公署。

王永江代理省长之后，自然就在这里办公。

在偌大的盛京城内，当年，省公署楼是仅次于沈阳故宫的名闻东三省的一幢辉煌建筑。这栋楼位于沈阳故宫和张作霖大帅府中间，三个建筑一同组成了沈阳历史上最耀眼的中轴线。

据史料记载，奉天省公署楼是坐北朝南的，东、西两端的大道上，还竖立着"东辕门"和"西辕门"两座雄伟壮观的牌楼，这是盛京将军时代的产物。

东西两侧还建有高大的青砖围墙，正门上有高大的门脸，下面为大半圆形的月亮门，门脸的二层和三层墙上有砖檐，砖檐上有精美的雕刻，三层砖檐门脸形如云朵，和门脸下月亮门构成彩云拱月的建筑画面。

这里作为总督府的时候，是三进院的格局，又有主院和东西两座跨院，其中有门房、办公房、会客厅、书房、居室、家属院、车库、花园等。后面的跨院，民国初张作霖在这里办公居住时，曾做过老张马队的兵营和机枪卫队的营房。大门两侧有卫兵值守的木质岗亭。穿过月亮门，迎面有影壁遮住视线。院内建筑为砖木结构，有回廊的二层坡瓦顶的欧式楼房，东西两侧有厢楼，磨砖对缝，前出廊檐后出厦。

总之，整个建筑呈"凹"字形，门前有对狮和下马石。建筑所用材料考究，外部装饰豪华，造型颇具特色。

主楼建筑面积为 2672 平方米，分为上下两层，主楼前有 800 余平方米的院落，外部为青砖墙体，附以雕饰旋脸门窗，人字架木结构，构成一处典型的欧式建筑。

建筑内部为中间大厅、四周布设房间。大厅内 8 米长的大梁至少是直径 1.2 米的原木修整而成。但现在，主楼的前后建筑已不复存在，只有中间主楼和正面两侧的耳房还在，至于跨院，更是消失得无影无踪。中华人民共和国成立后，东三省总督府旧址交由辽宁省纺织研究所（现纺织工业非织造布技术开发中心）使用。

总督府的正门前，还有一条南北纵向的大街，这便是通天街。晚清和民国期间，通天街鱼龙混杂，也是当时著名的窑子一条街。

县知事学和推行区村制

王永江担任省长时期，奉天省在东三省里人口最多，在行政上划分为三个大的区域，即下属三个道，共 56 个县，也有一说是 58 个县。主掌道的行政官员叫道尹，道尹的意思是监督者。

奉天省的辽沈道，总部在营口，道尹先后有荣厚、史纪常、佟兆元等人。辽沈道管辖营口、盖平、海城、辽阳、沈阳、铁岭、开原、清原、镇安（今黑山县）、北镇、新民、锦县、锦西、兴城、绥中、盘山、台安、义县、彰武、东丰（今属吉林省）、西丰、西安（今吉林省辽源市）和辽中 23 个县。

东边道（后改为兴凤道），总部在安东，王永江早年就曾经在兴凤道担任过短暂的道尹，道尹先后还有陈本植、谈国楫、王立堂、钱嵘、何厚琦等人。东边道辖安东、兴京、通化、凤城、宽甸、桓仁、临江、辑安、长白、安图、抚松、抚顺、本溪、海龙、辉南、柳河、金县、复县、岫岩、庄河 20 个县。

洮昌道，总部在辽源，也叫洮南道，道尹先后是战涤尘、马龙潭、金梁、金子纲等人。洮昌道辖洮南、昌图、康平、开通、洮安、梨树、安广、怀德、突泉、镇东、法库、双山、通辽、瞻榆 14 个县。

这三个道的总部所在地，都是奉天省不同区域的行政中心。

鞍山、抚顺、本溪等，当时还没有成名。

当然，沈阳城即奉天府是奉天省人口最为密集的地区，当时城内常住人口接近 100 万，城内街道宽广、建筑整齐。奉天府的街道布局和建筑风格独特，既不是大连那种浓厚的日式风格，又不同于哈尔滨那样充满俄式欧风。沈阳城内中国古典式建筑居多，沈阳故宫便是其中的代表，同时也融合了西式建筑和日式建筑，是三种建筑风格相互交融的独特城市。

难能可贵的是，王永江在担任奉天省省长之初，在百废待兴一团乱麻的情况下，在繁忙的事务间隙中，还于 1922 年 9 月亲自执笔撰写了一篇《县知事学》。用现代话来说，就是他给下面的官员们写了一个如何当县官的教程。

为什么要耗时费力地做这样一件事情呢？

当省长，高高在上发号施令就行了，还要教下面的官员怎样当县官？他们又不是小学生。

但我认为，王永江真正抓到了官场的根本，抓到了点子上。当然，同时代的那些土军阀是理解不了的，他们认为，当官不就是为了捞钱、打牌、玩女人吗?

王永江在《县知事学》的开篇这样写道:

> 官吏之一呼一吸直接与人民之痛痒相关,且官吏如缺少道德,其一言一行,自身即不能辨别是非。若彼贪官污吏者,当无容身之地也。即偏于圆滑习性者,亦频频造成不明不白、不痛不痒之世界也。

> 用人徇私,不问才学;处事尚巧佞、缺真挚;习性偷安,处事缓慢;自以为是,耳目受蔽于婢仆,凭阿谀以定善恶;深居简出,不知民间疾苦;鼓唇弄笔,以铺陈文书而自喜;至甚者,使用奸臣,驾御污吏,暗中操纵,形成恶习;凝神于亲吏杂役之交际应酬,相摹陋习;吸吮人民之膏血,冗员闲吏日益增多,事务益愈旷废;只作一纸空文,盖不关心庶政,为民父母之官吏如斯,羞耻善恶之心何在?揣其心事,或若一事无为,则可不招人怨,易保禄位;整日处事真挚,必招众人诽谤而有蹉跌之虞也。巧宦之心,余得揣也!然尸位之咎,孰能恕之!

> 现将考核方法,列举数条,凡供职地方,为亲民之官吏者,宜速将其熏染之旧弊除掉,共同开辟新生活。

> 盖今之官治非无恩无为之官治,今之人民非不知不识之人民。政治不修,如何指导启发人民之自治耶?如举民治,官僚不贤者必失其禄位,此乃了然也。图安禄位愈切,则修明政务弥深;蹉跌之虞愈深,则当克己精励也。至于鹰裘之谤,孰杀之讥,虽古人亦终有感悟之日也。何况事实无凭毁誉褒贬,今人岂无鉴察之明乎?明不犯法,暗亦不敬神明,切望劝戒官吏,速除

诽谤。余冀望属僚自重，实乃切也。[①]

《县知事学》的全文很长，几万字的篇幅不能照录，现将该文小标题罗列于下：

敬老贤，正人心

劝财团，振兴实业

宣讲教化

整理沟渠

严禁村会苛敛诛求

开垦边境与殖民

慎重举行褒扬荣典

保存优美之旧俗

整顿义仓

监查学塾

禁止豪族交游往来

必须注意清查盗源

严谕鸦片赌博之害

广泛争取卫生利益

须经常到乡市努力平息斗议

访耆老，探民意

特殊农产品之唱导

---

① 王凤杰：《王永江与奉天省早期现代化研究》，吉林大学出版社 2010 年版，第 264 页。

修筑堤防

尚俭德

讲究农业

保护商业

奖励工艺 ①

共22条，方方面面，今天读之，亦可知王永江考虑得多么周全细致。

除了撰写《县知事学》，王永江还认为，必须加强地方行政组织建设，其中最重要的是设立区村制和保甲制。

推行区村制，在当时来说就是一场改革，一场由王永江一人发起的基层政治体制改革。

王永江之所以能推行区村制，有一个大背景是张作霖和当时直系军阀控制的北洋政府闹翻了，于是宣布东三省自治。自治的好处就在于可以推行一些新的举措而不受人掣肘。

中国自秦至晚清，国家正式官职的设置止于（州）县，县以下的乡村社会，国家一般通过非正式的代理人如里甲长以及乡绅或乡村组织等协助处理一些事务，他们虽然在事实上承担了一些基层政权的职能，但其身份并非国家承认的正式官职或机构。

1922年10月22日，王永江颁布了《奉天省区村制大纲》及其附件，共十四章，计七十六条，内容涉及区村长资格之限制、遴委之方法、功过之奖惩、职权之范围等各方面，系统而周详。同时省长谕

---

① 《县知事学》，载政协大连市金州区文史资料委员会、大连市文物管理委员会编：《王永江纪念文集》，大连出版社1993年版，第139—152页。

令中要求，除长白、开通、双山、瞻榆、安东、抚松、洮南、洮安、镇东等十县因户口无多、村落稀少，分区分村均不符例，暂从缓设外，其余各县须立即执行，开始试行区村制。

奉天省乡村基层过去是"村各为治，势如散沙，漫无统系"的状态，王永江推行的区村制，是在县级以下，再设立区村两级行政单位，分别任以区长和村长等国家行政人员，来处理区村事务的一种政治制度。

实施的过程是先在奉天省符合条件的各县中划分出区村，然后按照省政府规定的资格条件，来考核任命区村长等官吏，同时为其设置固定的办公场所和配备办公人员。

区村范围划分完毕后，区村长人选的推举便提上了日程。由于区村制的主要举措是在县以下的乡村社会里设置正式的国家基层官吏，以沟通县府和乡民，改善过去"每一政令，行至县知事而止，全境人们不知也。颓废相沿，遂至村堡，人民事事自谋，官不亲民，民不信官，上不能纳民于轨范，下不免视官如神明。民间庶事，一任村长、会首之自为。民苟不举，官即不问"的局面，因此，区村长的选任可谓区村制试行的重中之重。对于区长的人选，王永江尤为重视，有当时的报纸报道为证：

省当局颁布区村制已有多日，今闻王代长以区长一职事繁责重，选之而善，足以作人民之表率，良吏之辅弼；选之不善，则为民间之浪虎贪官之爪牙。规定中虽标明推贤举能之旨，而各知事难保无徇私徇情亲友是举者，故昨又严命各县对于区长之荐举须本其良心推贤拟荐，胸中无此项适任人物不妨出巡一次，问风察俗，劝学奖工，就便访有贤士则荐之，设有不遵斯旨，推荐非人者，该知事应负撤惩之责云。

按照规定，各县选送上来的区长要经过王永江的面试，通过之后才能正式委任。但是一面试就发现了很多问题，有的甚至闹出了笑话。对于不合格者，不仅取消其任职资格，县知事亦会因此受到责惩。

例如辽阳县所选送的第一区候选区长孟维郡，在面试中发现他的资格与《奉天省区村制大纲》第十一条的各项规定均不相符，于是辽阳县被责令重新物色人选，而该县知事也因此受责"玩忽职守"而被记过一次。王永江警告，如有下例，定撤任不贷。

在建立基层行政组织的同时，王永江又安排各县之间普遍架设电话，以互通声息而保证社会治安，这为行政管理提供了诸多便利，对商民来往交易也有裨益。

虽然奉天省政府在区村制设计和施行过程中做了诸多努力，但由于原来基础较差，在区村制施行的六年间，并未取得理想的效果，反而弊端丛生、怨声四起。所以在1928年秋，也就是王永江辞职约两年后，奉天省政府明令将之取消。

其中有一个重要因素，就是当时奉天省战事频起，区长、村长在基层开展工作本就十分困难，后来又增加了为奉系军队征夫、征车、征柴草等各种摊派的事项，因此对于这个职位，一般忠厚的良民或有财产者俱望而却步，地痞流氓遂得以滥竽充数，沟通差役鱼肉乡民。

例如第一次直奉战争时，1923年10月5日，沈阳县所属第一至八区区长联名上书给张作霖，历述军队乱征军粮马草给乡间造成的苦难，他们强烈要求改变这种征集办法。

这场奉天省基层政权体制的改革，出于种种原因——尤其是王永江辞职而宣告失败了，但这却是一次有意义的尝试，为后来的改革打下了基础。

座右铭：不作私党、不用私人、不蓄私财

清朝末年的奉天府大堂上有一副对联：

以民心为己心，休戚相关何分尔我；视国事如家事，夙夜匪懈遑问公私。

对联是对联，真正能做到的有几人？

读者一定会想到，王永江当上奉天省省长之后，会有很多金州的乡里乡亲，通过方方面面的关系来攀龙附凤，求他安排亲属子弟，这在哪个时代都是人之常情、司空见惯的。虽然金州人平常接触不到远在奉天的王永江，王永江也很少回金州，但人们还是会有办法的，例如找王永江的父亲王克谦，找王永江的亲家霍官德或者其他的三姑六婆等来向王永江推荐人，想到省政府系统谋个职位干个闲差等等。

这一点，王永江和后来也是从金州走出去的伪满洲国经济部大臣韩云阶正相反，韩云阶是典型的一人得道、鸡犬升天，通过他的门路混入伪满洲国官场的金州人，有百人之多。

大连的地方报纸就曾有这样的报道：

黑龙江省韩省长实业厅卢厅长二公自膺中央政府简放斯职以

来，金州乡谊故旧陆续赴江省投效者大有人在，顷据由江省归来者谈二公，必竭力量材栽培，培予相当位置，纵一时无职差委者，必须守候该地特备食宿之所优遇相待，欲返故里川资缺乏者，必尽力助之，笃念桑梓青垂，惠及不以富贵易其交谊，殊令人钦仰焉。

报道中说的"卢厅长"就是卢元善，卢本人也是韩云阶从金州带出去的，后来官至伪满洲国文教部大臣。

在伪满洲国政坛，金州籍的官员很多，以至于后来被人称为"金州帮"或"旅大帮"。

在当时王永江不带人进官场，表面看是反常的，实则是一种政治上的大智慧。

因为奉系本身就派系林立。古人云，君子与君子，以同道为朋；小人与小人，以同利为朋。奉系里的小派系自然都是利益关系，王永江也很清楚，因为他不参与任何派系，也不带人，所以当时的媒体把他归入辽阳系。

王永江先后执掌的警察厅、财政厅的确都有金州人供职，但很少，有的还不是走的王永江的路子。王永江为什么不像韩云阶那样大力提拔金州人，形成自己的势力呢？

首先，王永江一直秉承"不作私党、不用私人、不蓄私财"的为官理念，历来倡导任人唯贤不唯亲，谁有本事谁上。

其次，大环境逼迫王永江在政治上养成了近乎"洁癖"的习惯。这是他身处奉系核心圈的一个准则，他不是张作霖老把兄弟圈里的，也不是手握兵权的大佬和士官学校出身可以互相提携的军人。他只是一介文人又毫无背景靠山，想要立足于奉系，除了有真本事，还必须洁身自好，不给外人留一点儿把柄。

再次，在奉系里拉帮结伙，自立派系，其实是很危险的。很多人是愿意给王永江当马仔的，这样表面上看轰轰烈烈，实际上常常只会添乱，对于这一点王永江是非常清醒的，同时袁金铠的沉浮也是他身边一个活生生的例子。所以洁身自好的王永江让张作霖非常放心、非常信任。

王永江也为省政府下面的工作人员做出了榜样。在他任职财政厅厅长期间，财政厅并未陷入过去任人唯亲的窠臼，他对所有官员一视同仁。在处理财政紧缩问题时，即便是张作霖提出的要求，如果超出预算的话，王永江也一样拒绝。这也是王永江能够在短时间内将奉天省财政扭亏为盈的重要原因。

对于金州的一些人一些事，他也早有自己的看法，尤其是他们王家过去在古城落魄和困顿时的遭遇，让王永江认识了人性之恶，也熟知他们的问题和弊端。所以，后来老金州人都知道王永江经常说的一句老话：辽南人，不抬人。

王永江做官，因为没有私心也就没有了把柄和羁绊，所以他敢于大刀阔斧、雷厉风行。在他的幕僚之中，我们会发现他起用了很多辽阳人，辽阳在很长一段时间里曾是东北首府，文化积淀深厚，人才沃土非他乡可比，因此王永江后来也被视作奉系中辽阳派的首领。

说王永江是辽阳派首领，但后来他与袁金铠、于冲汉等人都渐行渐远，只有王镜寰，一直忠心耿耿地跟随着他。

王永江对省府机关内的人员设置也极力精简，当时的省长公署第一科掌管人事、吏治、财政、外交等诸多事项，事务繁多，但除会计、庶务、收发、管卷等勤杂人员外，属于公务身份的仅主任一人、主稿一人（秘书）、科员四人、办事员三人，总共不足十人，其精简程度令人惊叹。

奉天省长公署内没有一个秘书。有人好奇，堂堂省长连一个秘书都不配？如果要给各方大员要人写应酬信件怎么办，省长一个人忙得过来吗？

当时奉天省署职员黄曾元就有过这样的疑问，他后来回忆说：

> 王永江尚实际，无圆滑应付之习，尤不喜政客。余初到省署见永江任内无一秘书。一日与第一科主任林仰乔闲谈，余问王省长无一秘书，凡应酬函件谁为执笔。林君笑云，王省长与人无交际无须设此云云。时张作霖雄踞一隅，举足轻重，各方信使云集沈阳，王永江举无所联系。犹忆奉天、广州、浙江三角联盟时，广州大本营某要人，旧亦奔走沈阳，曾任北京政府总长者，致长函于王，颇关政要，王阅后竟援笔批不理二字，函犹附卷，余亲见之。①

1922年8月上旬，奉天省政府颁布了《奉天省甄用文官章程》，制定了发掘人才、罢免无能官吏的改革方针，并针对文官录用，制定了高等文官和普通文官两种考试。最终高等文官采用43名，普通文官采用28名，这些官员担任东北各县县长或到东三省各政府部门就职。张作霖通过文官体系，摆脱了过去依靠东北地方实力派的统治模

---

① 黄曾元：《王永江奉省从政琐议》，载政协大连市金州区文史资料委员会、大连市文物管理委员会编：《王永江纪念文集》，大连出版社1993年版，第105页。

式，同时，奉系军阀在东北的统治基础得到了进一步加强。

张作霖治奉初始，对官员的选拔任用没有什么标准和成熟的做法，但他很在意任职者的资历，即看你有没有资格和经验。当时哪个县里有缺额需要补上，他常常会指着候选者的名字询问左右："他是留奉知事吗？"意思是这个人以前有没有在奉天做过知事或官吏，如果得到的答案是否定的，此人十有八九便失去了补缺的机会，也因此，在张作霖兼任省长的年代，地方官多为旧时之老吏，给人一种暮气沉沉的感觉。

王永江接管奉天省行政之后，他推行的是选贤任能、唯才是举的用人原则，凡奉天省的新进职员，只要文官考试成绩优异或能在仕途中做出实绩，都有被提拔任用的机会。

清末民初时的奉天乃至东北的吏治一度相当混乱，谋职者往往凭借关系或钱财就能通行无阻，张作霖初入奉天时，曾因以设赌为由代人谋事，而被外界讥称为"大吃县局"。

和治理警政、财政时的情况一样，王永江不负所望，把奉天省的政务也搞得风生水起。当时奉天吏治的清明为全国瞩目，"一时之风气尚非他省可及也"。

在省政府人员的任用上，王永江大胆改革机关首脑之用人制度。

过去省政府各部门的任职人员，基本就是用同党或亲朋，一任长官更换，则旧日的下属人员也都相率而去。同时新官到位，又安排了一大批自己人。

王永江认为，这种管理模式弊端明显，善政因人而中辍，新旧不接，前后龃龉。既不合行政之规，也不能有利民之政。因而，王永江实施甄试普通文官的办法，甄试合格者，由省署委任，由各机关首脑负责监督、日常考核，对不称职或腐化之官吏，呈请省署撤换和惩办，不得顾全情面，包庇掩盖。

金毓黻评说王永江治奉：

> 而诸君子亦以绩效斐然，为时所称，号永江为知人。又其为政，颇法明相张居正，综核名实，信赏必罚。各道尹、各县知事惴惴奉令，不敢违其尺寸。虽远在千里外，如在目前。曾不一载，而奉省大治。①

自王永江代理奉天省省长推行新政起，吉林、黑龙江两省也均学习效仿。吉林王树翰即王永江前任的那位财政厅厅长，他以督署高等顾问身份来代理省长，黑龙江于驷兴以教育厅厅长身份代理省长，二人也都是有一定管理经验的文官，名声也好，东北由此在政治、经济上步入了又一个黄金时代。

推崇霸王之道，效仿管仲治齐

1

纵观王永江的一生，他"幼攻举子，经史百家无不淹贯，文彩披

---

① 参见金毓黻：《王永江别传》，载政协大连市金州区文史资料委员会、大连市文物管理委员会编：《王永江纪念文集》，大连出版社 1993 年版，第 32 页。

纷，士林引重"，"旧学根底极深"。翻阅王永江的遗著、遗稿，随处可见"孔子曰""管子曰""《诗经》曰""《易经》曰"等字样。他的思想正值根于博大精深的中国古代文化。在中国古代政治思想著作中，对王永江治奉思想影响最大的首推《管子》一书。

《管子》内容涵盖道家、儒家、名家、法家、农家、兵家、阴阳家等百家之学。管仲，中国古代著名的经济学家、哲学家、政治家、军事家，也是春秋时期法家的代表人物。

业余时间，王永江的爱好就是手捧一卷《管子》，不断地研读学习。

管仲在公元前685年，得到鲍叔牙的推荐，开始担任齐国国相，他经过四十余年的努力，辅佐齐桓公成为春秋五霸中的第一位霸主。管子对内大兴改革、富国强兵；对外尊王攘夷，九合诸侯，一匡天下，后来被人尊称为"仲父""管子"，被誉为"法家先驱""圣人之师""华夏文明保护者""华夏第一相"等。

很多人对于诸子百家中的《管子》是很陌生的。而王永江唯独喜欢《管子》，这也确实是一个奇特的现象。

罗贯中的《三国演义》介绍诸葛亮的时候，有一句话，说他"好为梁父吟"，常常"自比于管仲、乐毅"。刘备临死前给刘禅开出了一张书单，其中就包括《管子》。

王永江效仿管仲治齐，他认为"今日时局，能行管子之道者，尤可强国"。管子之道注重实际，不尚空谈，提倡扎扎实实地办事情，所以王永江对奉天省的体制、机制都进行了大刀阔斧的改革。

管子曰：

今为国有地牧民者，务在四时，守在仓廪。国多财则远者来，地辟举则民留处；仓廪实则知礼节，衣食足则知荣辱。上服度则六亲固，四维张则君令行。

一年之计，莫如树谷；十年之计，莫如树木；终身之计，莫如树人。

读过《管子》才发现，管仲是最务实的一位相国。他以人为本，农商并重。而且"仓廪"一词，在《管子》的文字中出现得最多。尽管仓廪的出处更早一些，但是管子特别注重仓廪。

何谓仓廪呢？谷藏曰仓，米藏曰廪。在现代语境里，"仓廪"其实就是国家财政收入。

南怀瑾当年在香港，现代管理学大师彼得·圣吉第一次去拜见南老师，他曾问：

"我想了解中国传统文化，应该读些什么书？"

南怀瑾就推荐了三本书，即《论语》、《中庸》和《管子》。他说："前两本书不但是个人内在修养及立身处世的宝典，而且包含了最高级的管理哲学和政治哲学。至于《管子》，则记述了管仲形而上的哲学思想以及形而下的用世及治国理念和实际措施。"

所谓形而上者，古代也称为"道"、"体"或"本"，相当于今天我们讲的哲学思想。与此相对，所谓形而下者，古代称为"器"、"用"或"末"，就是有可操作性的、可以学以致用的。

《管子》这部书，可谓"天下第一奇书"。深入地读，你就会发现：我们今天受它的影响依然非常大。我们经常挂在嘴边的口号，例如"以人为本""依法治国""十年树木，百年树人""仓廪实则知礼节，衣食足则知荣辱"，都出自《管子》。

我们现在金字塔形的行政架构，从中央到社区（清朝和民国时代叫保甲）的行政设置，都源于《管子》。我们现在的经济制度，国家控制货币发行，实行食盐专卖，首创者也是管子。可见《管子》对中国政治、经济、文化各方面的影响都是非常大的。

2

在奉系时代，人们也常常把王永江比作管子，例如王永江病逝后，少帅张学良送来的挽联就是"富庶已成共推管晏；指挥未定遽失萧曹"。这说明，王永江堪比古代的先贤管仲，这在奉系里也是一种普遍共识了。

《管子》首次把中国古代帝王治国之术"霸道"和"王道"融为一体，成为日后历代明王贤佐所推崇的霸王之道。纵观王永江治理奉天省的政策、策略，与《管子》的霸王之道正相吻合。他继承并力图实践《管子》的霸王之道。

1924年5月上旬，王永江曾在写给杨宇霆的一封信中，苦口婆心地劝杨宇霆和张学良多读读《管子》，原信如下：

邻葛弟鉴：

昨谈招集三省乡老一事，细思毫无补益。行政有道，非卤莽智术所能行也。至今日而谈王道，是为腐儒，然管子虽霸，霸亦有道。窃谓《管子》一书，弟与汉卿皆不可不熟读也。其文简朴，似不易明。然唐之房玄龄注本，尚可寻味而得。房玄龄，号王佐才，实亦得力于《管子》者也。自唐以后，求霸且不易得矣。今之时局，能行管子之道者，犹可以强国，岂独一省地盘之区区关系哉？弟等少年勇往，唯，以愚陋之见观之，每办一事，但计目前之华好，而不顾其后，非持久不败之道也。行路有步骤，乃不倾跌；若锐进于一时，而后难为继，则善始者未必善终矣！不知高明如弟，以为何如？①

邻葛是杨宇霆的号，王永江和杨宇霆一度私交很好，书信往来不断，但是后来因为杨是主战派，两人理念不同逐渐有了嫌隙。

说来说去，王永江还是摆脱不了书生气，他劝杨宇霆读《管子》，并且贴心地介绍了房玄龄注解的版本，但从实际效果看，却是对牛弹琴。道不同，不相为谋。

王永江奉管仲为偶像，用管仲治齐的办法来治理东北，同时也希望自己能如管仲辅佐齐桓公那样，"九合诸侯，一匡天下"。当然这里的"一匡天下"与"取天下"并不是一个概念，比如管仲和齐桓公的政治理想就不是要做天下的皇帝，他们觉得能立足齐国，做一个维持中原秩序的霸主就够了，这就是"霸道"。王永江感慨："自唐以后，求霸且不易得矣。今之时局，能行管子之道者，犹可以强国，岂独一省地盘之区区关系哉？"

问题是，纵观中华上下五千年的历史，"取天下"远比"一匡天下"要吃香得多，只要稍稍觉得自己膀子上有点肌肉，居于地方的各路诸侯必然谋求扩充地盘乃至黄袍加身，而居于中央的帝王更是把一

---

① 张学继：《理财能手王永江》，载《胡帅班底 张作霖幕府 近代名人幕府丛书》，岳麓书社2001 年版，第 113 页。

句"卧榻之侧岂容他人鼾睡"喊到震天响。

段祺瑞当政时就一心要"武力统一"，吴佩孚以此为罪状加以攻伐，但等到吴佩孚把位置坐稳，忘不了的还是"武力统一"。下面各省之间的你争我夺，究其实质也都离不开"取天下"三个字，只是说法和口号不同罢了。

王永江对此深恶痛绝，他曾经说：

> 以中国人与中国人斗，胜者不足荣，败者不足辱，且适足以腾笑列国。虽据全胜，亦不过取列强于一嗤，不足以称豪于一时，反足以贻害于国家而已。

由于不想看到"中国人与中国人斗"，王永江对从事合纵连横的政客十分厌恶。张作霖雄踞关外一隅，在"三角反直联盟"中具有举足轻重的作用，各方信使和说客因此常常云集奉天，位极"人臣"的王永江自然是他们巴结的重点目标之一，但王永江从不跟他们接触和往来。

在奉系里，王永江既非新派也非旧派，但从反对关内争雄的政治主张出发，他的意见和旧派有类似之处，即对入关作战持慎重态度，反战派意见的分量也因此加重了不少。

以廉自持，秋霜烈日；相貌堂堂，刚直不阿

1

王永江相貌堂堂，威严端正。根据一些合影的老照片等资料，可以推断，他的身高在一米七以上，在同时代的男人堆里，属于中等偏高身材。看他留下的一些老照片，虽然年代已久，但照片中的王永江两道剑眉，眼睛炯炯有神，鼻梁挺直，蓄一头短发，令人一见难忘。

短发也许是王永江中年之后的选择，而引人注目的，是他上唇有一簇黑髭，两边微微翘起。当时人称之为八字胡，这是民国时期男人的一个流行范儿，也有叫隶书一字胡的。

而王永江的这一抹黑髭，又颇像李大钊的那一撇。有人说，王永江的相貌庄重和蔼，颇有几分神似孙中山，望之令人有敬慕亲切之感。

王永江平时都穿中式长袍马褂，这也是典型的民国老派知识分子的装束。

马褂有对襟、大襟、琵琶襟之分，在王永江留下的老照片中，我看到他穿过对襟和大襟的马褂。他还喜欢穿白色长袍，在东北大学奠基仪式上的一张合影中，王永江就是一袭白袍。虽然老照片已经不甚清晰，但王永江还是给人一种风度翩翩、鹤立鸡群的感觉。

这些说的都是王永江穿便装，当然他还穿官服。

他在财政厅当厅长的时候，那一套官服的上衣是呢质立领，带有

宽肩章和流苏，并配有七颗铜纽扣，束有很宽的腰带。

王永江在奉天省省长任上时，穿的官服和任财政厅厅长时的那套官服又不一样。正式场合穿的是一套立领带有纹饰的官服，官服上还有一条斜挎的宽绶带，胸前佩戴着数枚很大的勋章，袖口处则有镏金的穗子作装饰。

在老照片中，可以看到王永江胸前的勋章有二等大绶嘉禾章。

嘉禾章是 1912 年 7 月由大总统袁世凯明令颁行的，分一至九等，授予有勋劳于国家，或有功绩于学问及事业的人。袁世凯死后，黎元洪于 1916 年 10 月 7 日公布《修正勋章令》，将嘉禾章划为勋章第三类，共九等十种：一、二等大绶嘉禾章，二至九等嘉禾章。各等以绶相别：一等大绶黄色红缘，二等大绶黄色白缘，二等无绶，三等领绶红色白缘，四等襟绶加结红色白缘，五等襟绶红色白缘，六等襟绶加结蓝色红缘，七等襟绶蓝色红缘，八等襟绶白色红缘，九等襟绶黑色白缘。勋章佩戴权除被剥夺或停止以外，可终身享受。嘉禾章通体银质镀金，绘嘉禾一茎五穗，其色黄叶绿，红色绳结，正中嵌红色宝石一粒。

我还看到过一张王永江在金州老家书房里的照片，背后是一面写着"富贵满堂"的壁墙。他穿的是一件圆领大襟的绸缎马褂。这张照片，可以确定是 1926 年王永江回金州之后拍摄的。

2

奉天官场里的大多数人，最初接触王永江时都觉得，他是个挺没情趣的老派文人，说起来他年龄又不是很大，人也长得端端正正，但不苟言笑，不玩女人，不吸烟土，一副一本正经、正襟危坐的模样，估计属下的人员也会嘀咕，累不累呀！

当然，王永江不仅仅是一个政治家，他也是一个有七情六欲、生活在柴米油盐中的普通人，也是一个终生挣扎、纠结、矛盾的人，更是一个既有灵魂又有温度的人。

枕上移灯爱看书，一编在手四更余。
纵无红袖消蝌蚪，犹胜朱门饱蠹鱼。

你看，说王永江不苟言笑，板板正正，却也写出用"红袖"来"消蝌蚪"这样的艳句，比喻得多么生动有趣啊！

通过观察他在理想与现实之间如何俯仰揖让，我们可以切身感受到他在种种艰难面前的犹豫与坚定、拘执与圆通、笨拙与精明，从而更深入地分辨出他的"天理"与"人欲"，更真切地领略到他的人格魅力。

王永江执政时，奉天官场众人对他的普遍评价是："声音颜色千里拒人，无人向其请托。"

什么意思呢？就是当时的人一看见王永江这张脸，就知道容不得你前去求情，容不得你去找他办私事。一看就知道办不了。

王永江担任奉天省省长时，顶头上司张作霖虽然麾下将领如云，其亲戚眷属、江湖朋友众多，然而没有一个军界将领或者帅府亲戚敢来省署请托的。在王永江执政期间，张作霖所有亲属中只有一个人当了地方官，此人就是义县知事（县长）赵学德，他是张学良的亲表兄，为人谦虚谨慎，任职县知事也是合格的。

这种情况，在当时来说是不正常的，而且相当不容易！

同时，王永江性格严峻，刚直不阿，对违章乱纪者严予惩教，毫不留情。

他的长孙王谔廷曾经在回忆录中说过一件往事：

我是先祖父的长孙，所以格外受他的疼爱。记得幼年刚刚记事的一年初冬，大人带我去奉天看望先祖父，下了火车，直奔先祖父的公寓。奉天的初冬，比家乡冷得多，先祖父一眼就看到我的脸蛋和耳朵被冻得发红，随即差拨我的两个叔叔领上我，开着汽车去中街"内全生"鞋帽店买顶帽子。我戴上新毛帽比刚来时暖和多了。在回来的路上，车经过钟楼十字路口时，当班的是一位新上任的岗警，不识车子标记，没有及时放行，于是，触怒了我的两个叔叔，他们下车就把岗警打了。因当时我年龄小，被这一情景吓得直哭。回到先祖父的住处，他看到我的脸颊上仍挂着泪痕，便问我为什么哭了？我就把叔叔们打岗警的事说了一遍。先祖父听了很生气，便当着我的面，把我的叔叔们好顿训斥，之后，又打电话把那位岗警请来，说他做得对，承认自己儿子打人的不是，并向他赔礼道歉。听说后来，还把那位岗警提升为那个岗楼的负责人。在我幼小的心灵里，先祖父给我留下的，是一位慈祥、可亲、可敬的老者印象。①

---

① 王谔廷：《先祖岷源公轶事》，载政协大连市金州区文史资料委员会、大连市文物管理委员会编：《王永江纪念文集》，大连出版社1993年版，第109—110页。

通过这件小事，即可看出王永江执法之严，不徇私情。

还有一件小事，王永江任省长时，他的妹夫吴克用来沈阳谋职，后来被委派到沈阳的繁华商埠地警署当巡警官。不久，他就因宿娼被王永江知晓。但王永江不顾情面，在有关此事的公文上批示："巡官三月，宿娼两宿，真无可用（吴克用的谐音）也。"遂将其免职。

我在查阅《奉天日报》时，还看到了这样一则消息：1923年4月，省里有一名咨议官名叫吴大启，此人在外面招摇，被人密告到王永江那里，王永江竟批示：

咨议吴在外招摇，应即撤差，牌示门口。

咨议官，一般是衙署所设置的顾问级别的官员，都是些老资格的人员，王永江既撤其职，又公示张贴布告，让大家都知道这件事，可谓一点儿余地也不留。

做官讲究恩威并施，宽猛相济。王永江当然知道这个道理，就是弦绷得太紧了。如同弹奏一曲《满江红》，弹得壮怀激烈过了头，四座皆惊却也失了其中的沉稳与平衡，反倒让局势变得更为棘手复杂。

在那个时代，在奉系的圈子里，省府的行政官员大多是谦恭的、卑微的，而军方那些将军则把牛气都写在了脸上。王永江恰恰相反。在后来的奉天官场上，有人曾这样评价王永江："唯性情使之褊狭，有宿怨必报之。"这也许是王永江的缺点之一。

例如奉天省城税局局长刘亥年，曾经在背后讥讽过王永江对属下苛刻，王永江知道后，曾借故以重刑处置刘亥年，经人说情才得以免死。王永江在担任财政厅厅长和省长期间，有人回忆他"课吏亟严，常有燥气"，有时属下一事做得不对，就会遭到王永江的痛责甚至被打耳光。

王永江虽然是书生出身，却完全不是一个温良恭俭让的形象。一时激动或气愤，王永江也会大耳光扇过去，陈腐的官场，如久病之身，没有猛药是推不动的。

奉天省原洮昌道道尹都林布，也是奉天省的一位老官僚，民国后与原来的督军张锡銮有交情，因此在督军府任了一个闲职。王永江上任之后，都林布年老患病却不肯辞职，屡屡告假。有一日续假文呈至王永江手里，王永江当即批了"老而不死"四个字。够刻薄！

看来，王永江治奉，不仅仅是报纸上所说的"秋霜烈日"，简直就是狂风暴雨，官不聊生啊！但不如此，何来奉天的巨大变化呢？

3

分析王永江的性格，一定要研究他青少年时期经历过什么。人格和性格的养成，都和他的成长环境密切相关。王永江在金州古城时期，从大环境讲，经历了1894年的甲午战争和1904年的日俄战争，这两次发生在身边的屈辱战火，给他烙上了深深的印记。

从家庭方面来讲，弟弟王永潮，字海崶，当年因病去世，过早地离开了他们，给他以巨大创痛。

王永江因此有了一个执念，要代替弟弟走上仕途，要证明王家的"二陆双丁"不是浪得虚名。

当年王永潮是清末朝廷里的候补官员。候补官没有实权，人称"斋馆"，意思就是当这种官实际上是活受罪。因为清末官场上一直是僧多粥少，候补官员递补比登天还难。而且当了候补官，就需要维持相应的体面和排场，包括交际应酬，都要大把地撒钱。王永潮在保定苦熬待变，却没等到"脱贫致富"的那一天，在精神上受到极大打击后郁郁致病而亡。

王永江向亲友们借了一笔钱去保定才扶柩归来，一路悲苦劳顿自不待言，回来后便写了一篇沉痛的《哭弟诗》：

> 生前英气殁何之，剪烛高谈难再期。
> 君有百年未了愿，我无一日不相思。
> 冥中有路知何在，梦里相逢恨太迟。
> 剧念高堂悲白发，空教泪眼哭佳儿。
> …………
> 此生莫补长离恨，待缔他生棠棣缘。

诗中所谓生平宿志未了之愿，当然是指考取科举功名、忠君报国。王永江与其胞弟对此心有灵犀，只是程度不同罢了，这是王永江踏入仕途之前的基本情况。

王永江还曾有《辛亥元旦吟》诗云：

> 昔年十五二十时，学剑学诗未见奇。
> 世上功名不解取，文场驰逐等游嬉。

弟弟早亡，在王永江心里是有阴影的，他不得不以强硬之心将其压制到心房的一角，也使自己不敢有丝毫的懈怠。

因此，他是一个充满了矛盾的人，也是一个谜一样的人。王永潮之死给他留下了深刻的记忆和巨大的压力，虽然他从来不提，但是他一直没有摆脱。

目前，笔者还没看到有人对王永江做过性格分析。其实为一个人写传记、写文章，首先应该研究他的性格。王永江的人物性格里，也是二重组合甚至是多重的。

他的内心深处，充满了动荡、不安、痛苦和挣扎，因此他看上去坚韧的性格里才会有一丝偏执或强迫的特质，这种性格特征缘于他童年或者少年时期的经历。

他在王家是长子。长子的性格常常和家里其他孩子是不一样的，是挑重担的，是富于自我牺牲精神的，也常常是完美主义者，这在很多人家里都可以得到验证。

让我们先来看看王永江的履历吧，17岁，县试第一名。18岁，奉父母之命娶曹氏第五女为妻。26岁，在金州城内设童子塾开始教书。30岁，在旅顺坐堂行医。直到36岁，在那个年代已经是妥妥的中年人了，才应辽阳袁金铠之邀，到辽阳警务学堂去做教习。37岁，被委任为辽阳警务局局长。45岁，过了不惑之年，王永江才被任命为奉天省警务处处长兼警察厅厅长，开始进入奉系核心圈。

王永江在奉天省当省长时，人们都说他拒人于千里之外，不讲情面，实际上是因为他童年、少年时期的经历，使他看透了人世间的人情冷暖。

王永江当省长时，"廉政建设"抓得特别紧，而且率先垂范，当官不捞钱，在当时的社会大环境下，在奉系军阀里属于奇葩一朵。在当时，官场上人人贪、个个捞，首先张作霖就是如此。王永江完全是鹤立鸡群、出淤泥而不染。

王永江持身严谨，不慕名利，他以"不结私党，不用私人，不蓄私财"为座右铭；虽身居显要，却坚持不占地、不购产、不办矿、不入股，以廉自持，坚守中国知识分子的节操。

奉系军阀的大佬们到处攫夺不义之财，例如张作霖在通辽和北镇以及张学良在一面坡等地，都占有大量土地；再如黑龙江督军吴俊升在杜尔伯特旗、洮安以及黑龙江省内大肆掠夺土地，据说他攫取之土地几乎遍及全省；吉林督军张作相在吉林也占有大量土地，土地集中趋势依旧，地价大涨。这种情况，东北人几乎老幼皆知。

同时很多人也都有自己的产业，张作霖的产业就不用说了，杨宇霆有沈阳大亨铁工厂、法库电灯厂（发电厂）；刘尚清在沈阳有缫丝厂等。

王永江对此也深恶痛绝，他在《答客问》中曾愤怒揭露当时奉系官僚之腐败：

官曹各有营身计，将帅何曾为国谋。

反观王永江，在奉天当厅长、当省长这么多年，却没有自己的资产、土地，甚至都没有自己的公馆。

20世纪初，奉系军阀大佬在老张的大帅府落成之后，也相继在奉天相继建造官邸、公馆。这些当年赫赫有名的大佬宅院，充满神秘气息，蕴含着近现代的历史文化，也为沈阳留下不少独有的近代优秀建筑。

沈阳现在有四大公馆的说法，即赵尔巽公馆、杨宇霆公馆、常荫槐公馆、孙烈臣公馆。除了这四大公馆，还有吴俊升公馆、王树翰公馆、王镜寰公馆、汤玉麟公馆、黄显声公馆、王铁汉公馆、张廷枢公馆、于学忠公馆、张作相公馆、张景惠公馆、彭贤公馆等，都各有特色。汤玉麟在沈阳有三处公馆，现在都成了受保护的文物和历史建筑。

唯独当了省长的王永江，在奉天几乎是一人之下万人之上的王永江，却没有建自己的公馆。

要说当年在奉天建公馆，王永江当然是最有条件的。他既是财政厅厅长，又是省长，吩咐下去，自然会有人办。

但他就是不建。他最早就住在财政厅的后院里，有一处属于财政厅厅长的公馆，大概相当于清末的那种"前衙后邸"的形式。

说到这里，还要多说一句，当时奉系军阀的大佬们为什么要修建自己的公馆大院呢？其中一个重要因素就是他们都有三妻六妾，房子小了不好安置。

王永江的儿子王贤漳写的回忆录中有这样一段：

> 父亲不仅对财政收支精打细算，开源节流，并严格限制贪污腐化。对于自己除应得的薪俸外，如官银、兴业两行，年终应分给财政厅长兼两行督办的提成"个人花红"八万余、五万余，他都拨归公账里。

给人的感觉是，王永江在财政厅厅长和后来代省长的位置上，都是如履薄冰、战战兢兢的。其实，这也是王永江的一种情怀、一种策略。因为奉天省省长的职位太高，稍有不慎，就会招来祸患。老张虽然信任王永江，但他毕竟是土匪出身，若有事，翻脸比翻书还快。所以王永江以退为进，是为上策。

省长的一地鸡毛蒜皮

王永江作为奉天省省长，当时他的俸禄或者说他的薪水是多少呢？

关于王永江当省长时的薪水，我还真是找到了一些资料。

1921 年 12 月 5 日，张作霖极其罕见地会见了美国哥伦比亚大学师范学院教授保罗·孟禄。一些资料记载，是保罗·孟禄主动来采访张作霖的。平时张作霖很少和外面的文化人打交道，他尤其讨厌会见新闻记者，认为他们是"乱言惑众"的祸根。但在这一次会谈中，他们聊了很多话题，海阔天空。张作霖一时兴起，对孟禄还说了这样一段话：

> 中国大病，在官胡子太多，大总统的家人有一人兼十来个差的，总统是一国表率，竟让家人这样，真真岂有此理？中国大多数官吏都是这样吃干薪不做事，国家焉有不穷？政治焉有不坏？应该把他们都宰杀个干干净净。
>
> 作督军省长或作什么总长督办的，哪一个不是做两三年官，便趁几百万几千万，他们哪来的钱？还不是小民的！这些人都是官胡子，都该杀，连我也在内。但我的钱，每月东院 1600（指省长薪金），西院 1800（指督军薪金），这几年积有 500 万，全

在官银号存储，分文未动。①

这里张作霖透露了一个信息，即省长的薪水是每月 1600 元。据薛龙所著《张作霖和王永江》的记载，作为奉天省财政厅厅长的王永江当时的月收入是 800 元，年收入为 9600 元，如果将它兑换成当时的美元，他的月收入相当于 400 美元，年收入相当于 4800 美元。

薛龙在书中说，王永江当财政厅厅长时，只有张作霖的几位高级将领薪水比他略高一些。王永江的年薪，如果和当时奉天一个半熟练的木匠 432 元的平均年收入来对比的话，是这个木匠的二十几倍。有人曾经估算过，王永江当时的私人总财产大约有 2000 万元，在银行的存款估计有 120 万元。这显然有一些夸大。

当省长之后工薪提高了一大块，同时，王永江的月薪肯定也是一个逐年增长、不断变化的趋势。

说前面的数字夸大，是因为金州的老人们回忆说，王永江病逝前，曾将私产分配给四个儿子，每个儿子是六万现大洋，这样算起来真的不多，当然还有一些不动产。

① 王世铎：《王卓然事略》，载中国人民政治协商会议天津市委员会文史资料委员会、天津市口述史研究会编：《天津文史资料选辑》（第 118 辑），天津人民出版社 2014 年版，第 50—51 页。

叁

精英荟萃　治奉有方

王永江在接任奉天省代省长之际，曾经和张作霖有过一个君子协议，王永江说：

> 曾预与雨公约，凡省内大小官吏，悉由己任命，不许雨公干预。

这个协议很厉害也很出格，即省内官员必须由王永江来考核、任命，不允许其他人包括一把手老张来干预，或者针对哪方面随意安插人员。这里，王永江要的是事权合一。

说这个协议出格，是因为当时的大背景、大环境。那可是北洋军阀时代啊！北洋军阀一直都是军事长官一元化领导的。奉天省，又是东北王张作霖的地盘，老张才是一把手，才是王中王，怎么可能轻易地把人事权交给你一个圈外的人呢？再说省城行政官吏的任免又是最大的一块肥肉。

当时奉系大佬们，都把奉天各区域、各部门看成自家的天下，想方设法关照自己的子孙亲属。他们认为这是天经地义，而且又有着极为便利的条件。首先从张作霖开始就是如此，例如张学良二十四岁就被任命为军团司令了。

还有，曾经和王永江对着干的汤玉麟，他任二十七师五十三旅旅长时，三个弟弟都是团长，全家人都有职务。这种不受任何约束地任用家庭和家族成员的做法也是军阀政治的一个产物。

王永江知道，他当上省长后，马上就会有人来安排他们的亲属、朋友，所以在接任省长职位前提出了这个条件。

想不到，张作霖一口答应。老张这一点也真是令人赞叹，说到做到。所以，在王永江执政时期，作为奉天老大的张作霖，亲属里也只有赵学德一人在省内任职，而且还是干得很不错的。能做到这一点，当时在全国确实找不出几个。

张作霖识字没有二斗半，却明白"尔俸尔禄，民膏民脂，下民易虐，上天难欺"的道理。

这个人，真是不简单。

最得力的政务厅厅长王镜寰

如果要说出王永江最得力的一个下属，那非王镜寰莫属。

王永江代理省长之职后，原来的省政务厅厅长是旗人魁升，张作霖已任命他为吉林省省长。于是，王永江首先推荐王镜寰任政务厅厅长，由此王镜寰成为最先跟随王永江来到省府的下属。

1907 年，王永江应袁金铠之邀到辽阳办警务学堂。1908 年，王永江又担任辽阳警务局局长、警务局警务长，在辽阳这段时间他结识了王镜寰。王镜寰自辽阳警务学堂始，即开始为王永江做僚佐。

二人相识于王永江上任辽阳警务局局长时。一日，王永江正批阅警务局文件，突然眼前一亮，娴熟的魏碑字体扑入眼帘，让他心里一动，他是深信字如其人的道理的。

接下来再读那条理清晰的文字，更是喜出望外，写得好啊！看文后署名为王镜寰，于是王永江马上传见王镜寰。眼前这个极为年轻的后生，四方大脸，眉目清秀，说话虽略显腼腆，但表现谦虚、谨慎，论理时却锋芒毕露。王永江又了解到王镜寰与自己有着极为相似的家世背景，祖籍同为山东，闯关东来到东北，同为木材商起家，对时弊之看法、观点也颇为相同，且同好文学、书法。王永江还惊喜地发现，王镜寰具有超凡的记忆力，警务局的人事安排、大小事务，无不详熟，且对答如流，于是王永江很快提升王镜寰为警务局总务科长。

此后，王镜寰的仕途开始与王永江紧密相连，休戚与共。

王永江长王镜寰十二岁，即民间所说的相差一旬，二人逐渐成为至交。

在王永江领导下，王镜寰在警务局兢兢业业工作了五年。

1913 年，中国江南发生蝗灾。刚建立的北洋政府从各地调集得力官员去支援，王镜寰被派到江苏省江阴县灭蝗赈灾。这个在东北土生土长的年轻官员，初次到南方就肩负重任。王镜寰下决心背水一战，他将新婚的继室夫人和发妻留下的一双儿女都留在了奉天，只身南下。

在警务局的锻炼发挥了作用，他沿用"治警理财"时期的政策，"专责任，明赏罚，慎用人"。专职、专款、专用，杜绝中饱，认真办事必奖，贪污受贿严惩。几个月下来，地方官员再不敢小觑这个东北汉子，个个擦干净手脚、夹紧尾巴恭谨做事。江阴县灭蝗赈灾成绩显赫，名列榜首。两年外任，载誉而归，王镜寰成为东北少有的有过江南任上经验的官员。

王镜寰在江苏时，王永江曾为他赋诗一首，题为《得王明宇书》，明宇，是王镜寰的字。

艳阳入窗隙，野马飞庭隅。

晴晖院宇静，春睡得蘧蘧。

觉来濯清盥，理我案头书。

书中见故人，遗我双鲤鱼。

上言长相忆，一别二载余。

一官不得意，将言归故庐。

世乱官已贱，官贱志亦虚。

我意亦如此，不如赋遂出。

看诗中内容，应该是王镜寰在南方江阴已经为官两年，有了返回故乡的打算，给王永江写了一封信，王永江见信后有感而发而写了这一首五言诗。

王镜寰归来之时，恰值张作霖任奉天督军兼省长之初，财政厅无疑是最为重要的部门。王镜寰返回奉天后，即被任命为财政厅总务科长。

两年后，王永江由警察厅厅长调任财政厅厅长，兼东三省官银号总督，王永江与王镜寰在财政厅再度合作，这让王永江如虎添翼，而王镜寰又一次成为他的得力助手。

财政厅正式担当起为张作霖、为奉系当家理财的重任，王永江开始对奉天省财政进行大刀阔斧的整顿。在整顿过程中，某些丈放人员在清丈土地过程中趁机搜刮钱财而引起当地百姓的抗争，其中以东丰县表现尤为激烈。王永江于是派王镜寰去出任县知事，严厉惩处贪腐官员，重建"钱""丈"分治制度。一年时间，东丰县抗丈风潮得以平息，而且讼轻刑减，王镜寰政绩斐然。

第二年，王镜寰出任官地清丈局及屯垦局坐办（副职），旋即升任清丈局和水利局总办。至此，王镜寰在政坛上有了完整的历练，经受过种种磨砺，都交出了完美的答卷。

王永江当省长后的第一个人事任命，即是安排王镜寰出任政务厅厅长，兼清丈、水力、屯垦三局督办，以辅助自己理政。

政务厅厅长，实际就是省长的大管家。

难怪薛龙在《张作霖和王永江》一书中写道：1922年王永江任省长后，首先采取的行动之一，就是任命了一个新的、能干的政务厅厅长。这个政务厅厅长就是王镜寰。

王永江争取来的大权在握便利，就在于可以让他信任的人、有能力的人来管很多事，不拘一格提携人才。

1927年王永江告病请辞后，王镜寰曾为代省长。1927年末王永江辞世后，新省长刘尚清上任，王镜寰有情有义，当即表示要与王永江同进退，申请辞去在奉天省政府内的各项职务。虽然后来被慰留，但是他对于恩师兼长官王永江提携不忘的情谊也颇得人心。

那么，奉天省政府政务厅的主要职责是什么呢？

简言之，其他厅不管的事情，政务厅都要管，可以说政务厅几乎无所不管。

首先是管理全省的行政官员。

在 20 世纪 20 年代，东北三省有个由政务厅组织的"高等文官"称号的考试制度。参加这个考试的人，大部分是在县或道一级工作的文职主管人员，他们要想升到更高的位置，比如县知事、道尹、厅局长官或特别委员会主席、政府各部门顾问等，都必须具有"高等文官"称号。

这个考试，半年至一年一次，在奉天府举行，大约两天时间。那可是堪比历史上科举考试的大事件啊，一时轰动全省，吸引眼球。有时，张作霖会亲临现场并发表讲话，对参加考试的人员给予鼓励，媒体也争相报道，可谓盛况非凡，是舆论关注的热点。

例如 1922 年 12 月，在政务厅成立之初，就举行了一次这样的考试，此后就形成了制度，这是王镜寰上任后办的一件大事。政务厅负责任命、调任，甚至辞退行政官员等人事工作。这就有了现代组织部门的一些职能。

其次，政务厅还是发布相关命令的中心机构。各部门的工作人员虽听命于本部门长官，从本部门领取薪水，但所有的提拔和任命都须经政务厅批准，并颁发公文。总之，政务厅担任着对全省民政官员的监督管理重任，这似乎又有了现代纪检监察机关的一些职能。

再次，政务厅还负责统筹来自省府财政厅的资金。由政务厅向地方县、市拨发预算，以维持地方政府的正常运作，保障官有财产和省府工程项目的费用（包括工作人员的工资），省府的嘉奖均由政务厅直接拨发。这就又有了财政厅的一部分职能。

在奉天省，警察不属于军人，而属于地方行政人员。省警务处又是隶属于政务厅的一个最大分支机构，警员人数众多，装备精良，掌逮捕、拘留大权。以1924年为例，政务厅拨发给警务处的经费占全厅总预算的37.2%。厅长王镜寰恰恰是从警务处走上仕途的，所以对警务处极为熟悉，监管起来游刃有余。

此外，政务厅还管理各种与地方或其他单位、机构合作的项目。如赞助维修寺庙、历史遗迹；规划土地，绘制地图；人口调查，安置进入东三省的移民；组织慈善活动及救灾、赈济。另外，公路、铁路、桥梁的修筑及维护也是政务厅的一项重任。

综上所述，政务厅是全省行政体系中的中心调度机构，而王镜寰是这个中心机构里的核心人物。

不仅如此，王镜寰当时还兼着清丈、屯垦、水利三个局的督办。

何谓清丈局呢？它是奉天特定历史时期的一个产物。

在清军入关后，关外土地的占有形式大致有三种：一是官地，为皇家所有；二是旗地，是清廷分给八旗兵丁和下层旗人的土地，承担应纳田赋义务；三是民地，长期以来旗人以外的人称民人，民人从官府或其他各种渠道得到的土地，可以自由买卖，但须缴纳钱粮赋税，称为民地。但这一切均无明确的法律保障，直到光绪二十年（1894）才正式议准。

清军入关（1644年）后至1907年，关外旗地不可以自由买卖。1907年以后，清政府开始允许关外旗地自由买卖，使旗地转为民地合法化。清廷为增加财政收入，开始丈放官地给大量涌入东北的移民。这种情况延续至民国初年，奉天省正式成立官地清丈局，负责土地丈放事务，其宗旨是"清理官产，厘定人民产权"。奉天地权的转变，催生了一批具有独立意义的地主，他们改变土地经营方式，积极改进技术，为农业早期现代化奠定了一定的基础。

官地清丈局根本的目的是增加省级财政收入，说得再直白些，就是以卖地来增加收入。在这种情况下，丈放人员是有机可乘的：丈量土地时，丈绳松一些、紧一些由他们决定，乘机搜刮，舞弊贿赂，也是司空见惯的事情。因此，百姓苦不堪言，矛盾逐渐积累并激化，乡民的反抗日益激烈。

抗丈风潮使张作霖认识到"若不设法维持，深恐影响全省为患"。王镜寰领导清丈局进行改革，完善各项制度，严肃惩治贪腐人员，很快就改善了省府与百姓的关系，省府也增加了财富，而且丈放出去的土地，又成为永久稳定的税源。

与清丈局密不可分的是屯垦局，这是为移民服务的部门。

奉天省"闯关东"的移民由来已久。民初，军阀混战更造成大量移民涌入东三省。移民不仅为奉天省带来了劳动力，而且还带来了先进的农耕技术。人口的增加，农田的开垦，林区的繁荣，为解决"胡匪"提供了有利条件，也有助于加强边防安全，因此东北包括奉天省都制定了一系列针对移民的优惠政策。

奉天省府曾在移民必经之地的路口设置临时收容所，"其有寻找亲友者，则询明地点，指引路径，筹给川资，令其前往。其无预定地点者，则令各县妥为安插，分交各地开垦荒地"。有钱者交地款，没钱的还有一些补助，王永江领导的省府认为，有恒产者有恒心，让移民留在奉天的土地上，才能让奉天发展起来。

王镜寰可以说是身兼数职，是一位责任重大的行政长官。那时，奉天省的管理体制中还没有副省长的职位，王镜寰负责的是现在的常务副省长的工作。

在奉天省的特殊情况下、特殊环境里，王永江也属于因人设岗，就是说，谁能干就让谁上，就让谁来多管一些事情。

王镜寰是奉天北镇人，在奉系里，一般也是把他归入辽阳派。后来，王永江又让王镜寰担任了沈海（奉海）铁路总办。

关于王镜寰，史学家金毓黻曾经这样记载过：

> 永江卒已十年，蒋中正在武昌治军，思及永江之政绩，一日问学良，当日佐永江治奉者，尚有谁在？学良以王镜寰对。蒋命招镜寰来，询永江往事甚悉，称叹久也。方拟饫用镜寰，镜寰遽遘疾，一夕遂卒。[①]

这段话的大意是张学良向蒋介石推荐了王镜寰，而蒋介石把王镜寰找来之后，仔细询问了王永江的一些往事，听了赞叹不已。王镜寰当时是外交部驻辽宁的特派员，蒋介石有意重用他，不幸突然患病，于 1935 年 3 月 2 日病逝于武汉，年仅 52 岁。

---

① 金毓黻：《王永江别传》，载政协大连市金州区文史资料委员会、大连市文物管理委员会编：《王永江纪念文集》，大连出版社 1993 年版，第 36—37 页。

两任实业厅厅长谈国桓与张之汉

1

王永江的另一名得力干将是实业厅厅长谈国桓，谈国桓其实也可以算作半个金州人了。

为什么这样说？清末，谈国桓的父亲谈广庆，曾经三次任职金州厅海防同知。1891年，二十岁的王永江参加金州厅学的考试，时任海防同知的谈广庆亲自校卷，并且把王永江考卷定为第一名。这在科举时代，王永江就是谈广庆的门生了。

谈广庆在沈阳县（当时叫承德县，即现在的苏家屯区）、新民县做过官。累计起来，谈广庆在金州为官的时间超过了十年。

在甲午年那场艰苦的金州城保卫战中，谈广庆率二十余名捕盗营官兵去参加守城，他刚爬上城墙，就被日军的炮火震晕摔倒在城墙内的马道上。见状，他手下属于地方警察序列的亲兵们抬起他就跑了。据说，他们跑到旅顺，老谈才醒过来，说道：这如何是好？这不是我的意思啊，我不能撤啊……

甲午战争结束后，朝廷以"临阵脱逃"的罪名将谈广庆免职，并抓进牢中，等待发配充军到边疆。

谈广庆的大儿子叫谈国楫，恰恰是甲午战后第二年，即光绪二十一年（1895）科考中的二甲二十三名进士，被点为翰林院庶吉士。二十四岁的谈国楫毅然上书光绪皇帝，为父亲申辩，同时也请求免去自己的官职，表示愿意代父充军到边疆，以减轻朝廷对父亲的处分。

谈国桢的这篇小作文写得十分煽情，光绪皇帝深受触动，于是免除了对谈广庆的处分。这件事，在当时的官场被传为佳话。

谈国桢的弟弟叫谈国桓，和谈国桢同年科考，他仅考中举人。而他的父兄都是进士，尽管在科举功名上，谈国桓稍稍逊色，但是在官场仕途上，他却远胜于父兄。父子三人，曾被东三省西边宣抚使张锡銮誉为"三谈"。

谈国桓字铁隄，曾出任过锦州知府，署理过营口海防同知，与王永江、袁金铠是莫逆之交，也是张作霖的"文胆"和重要幕僚之一。

1919 年，在王永江的举荐下，谈国桓出任奉天省实业厅厅长。

实业厅是一个相对较小的部门，主要负责工业发展和商业经济增长。实业厅最重要的职责，就是监督管理散布于东北各地的奉天官营企业和一些中日合资的企业（当时叫中日合营商行）。

奉天省比较著名的中日合资商行里，有一家鸭绿江采木公司，其主要业务就是在长白山脉的林区砍伐木材，然后将原木顺流漂下，运送到附近的加工厂。据文献记载，鸭绿江采木公司 1924 年年度收入达到了 12914648 元。

在军阀政府的统治下，东北的地方官员和企业家常常受制于奉军。奉军时常要求政府部门和企业家在短时间内提供意想不到的额外资金。因此，王永江、谈国桓这样的行政官员和东北的商业领袖们之间，就形成了一种紧密而熟悉的关系。他们认为自己属于同一个社会精英阶层，共同承担着维持政府有秩序运转和促进东北经济繁荣发展的责任。在这个过程中，实业厅厅长谈国桓和商界的领袖们关系是最为密切的，以确保省政府和地方商业精英之间的交流与合作渠道的畅通。而谈国桓也非常适合这一角色，在当实业厅厅长之前，他曾出任奉天税务局局长、东三省屯垦局副局长等职，非常熟悉东北的经济情况，他可以将政府官员与企业管理者两种身份巧妙融合，积极推动东北经济发展。

1922 年 10 月，谈国桓调任东三省巡阅使署秘书处长、政务处长，后又兼任蒙疆经略使署秘书处长等职，在张作霖的幕府供职十余年之久，成为奉系政权中不可或缺的核心人物。

谈国桓擅长书画写作，张作霖逝世后，纪念图书《张大元帅哀挽录》就是由他主编并题写书名的。

2

谈国桓之后的省实业厅厅长是张之汉，他任实业厅厅长一直到 1928 年。在王永江病逝后，张之汉才离开了奉天政界。

王永江担任财政厅厅长时，张之汉任奉天官地清丈局局长，两个人合作得很好。他们既是同僚，也是文友。张之汉是一位著名的诗人和书画家，当年在东北文坛享有"诗、书、画三绝"之誉。

张之汉尤其善工笔画，左右手都能运笔，各极其妙，令人赞叹。他的书画作品在奉天也很受追捧。2020 年，沈阳出版社还出版了他的作品《石琴庐诗文集》（上下卷）两册。

1917 年，王永江的《铁龛诗存》出版，张之汉为他写了一个序言：

余自弱冠弄柔翰，即闻金州人士啧啧称王氏弟兄，谓岷源君及其季海對也。洎余读书沈阳书院，君与海對亦先后负笈省垣。乃获联砚席亲彬雅二陆双丁之目，于兹益信。丁酉，海對贡成，均以县令需次保阳，旋病殁，君时已成明经进士，乃弃书出柄辽阳警政，安良缉盗，赫濯有能声。高蔚然观察诗云：

"金州人士秀且文，王郎兄弟皆轶群。延平一剑化龙去，干将孤举摩风云"者是也。辛亥改革之秋，奉省危机四伏。君奉檄觅军械，整戎行，旋入帅府参机要。时余亦助理制军文书，草檄旁午恒至夜分，一夕风雪饥疲甚，就君煖宿酿，共酌酒酣耳热，纵谈时局，及夫诈乱交乘，波谲云诡之故，君愤然碎杯起，目光电闪，吐气如长虹。

余曰：云愁月黯，刁斗森严，欲何处搔首问天耶！君乃默然归座，洗盏更酌。因与论古今人诗歌，以舒抑塞。君曰：诗非吾所能顾，愿学焉。乃检箧出一册示余，大都感时愤事，记物见志之作。虽篇幅无多，而各体咸备，五古尤胜音节，骨采几欲规两晋而轶三唐。

余曰：作者抑何人，其亦有心世道者耶！何其婉而多讽也。君微笑不答，乃悟为君自作，顿大惊异。忆余与君交二十年矣，自校艺文场迄出缨世网踪迹未尝或疏，未见其笋岛佛之肩，呕长吉之肝，追章酌句斤斤然以诗自鸣。而其诗之所诣，乃如此英雄，固不可测，吾又呜呼测君哉。君诚不欲以诗人自命，世亦宁愿君自限为诗人。而君之诗则固诗人之诗也，非诗人而能诗人之诗，此其所以可传也。今岁君应调来省，索观诗册，视前益加厚，亟为删订付手民，非欲以诗传君也，正以君不以诗传而诗乃不能不传也。眉山苏氏论杜少陵云：此老诗外大有事在。知此意者可与读君之诗矣。

中华民国五年九月沈阳张之汉

这个序言也写出了两个人的交往和深厚的情谊。作为诗人的张之汉，最著名的一首传世之作是《阎生笔歌》。这是张之汉有感于中日甲午战争期间金州名士阎世开慷慨就义的事迹而作的长篇叙事诗。

这首诗为古风体，慷慨悲壮，荡气回肠，感人至深。这也是迄今为止能见到最早记载阎世开事迹的文字，流传很广，有的句子被写进中国近代史教科书。毫不夸张地说，阎世开的名字及其悲壮事迹之所以能传之后世、教育后人，张之汉的诗起到了极重要的传播作用。而张之汉之所以能写出这首诗，就是听了王永江为他讲述的这个悲壮故事，当时感慨万端，于是奋笔写下这首诗：

在秦张良椎，在汉苏武节。奋椎难击博浪沙，抗节直比胡天雪。非椎非节三寸毫，竟凭兔颖探虎穴！千军直扫风雨惊，披肝沥血凝成铁。饮刃宁惜将军头，振笔直代常山舌。头可断，舌可抉，刃可蹈，笔可折，凛凛生气终不灭，吁嗟阎生古义烈！……①

王永江1926年辞职回到金州后，张之汉曾同袁金铠等人一起来金州城看望他，并留下了诗篇：

① 参见张本义：《三首甲午诗歌本事考证及其他》，载张本义主编：《白云论坛》第一卷，北京图书馆出版社2004年版，第197—201页。

同云章洁珊赴金州访岷源破晓抵站口占

铁龛高卧处，深院长莓苔。

岂道晨曦闪，相偕旧雨来。

车灯池电闪，城阙海云开。

良睹之非远，徐行下站台。

实业厅主要是协助省长来发展奉天的实业即工商业，发展奉天经济。

1896 年《中俄密约》签订后，沙俄攫取了中东铁路的修筑和经营权，1903 年建成通车后的中东铁路从文官屯向南，经东瓦窑西转，过北塔、西塔，经揽军屯、浑河出市区。中东铁路给地处东北南部的沈阳带来更多的商机和发展空间，沙俄在西塔附近圈占了铁路附属地，建车站、开商铺，修建商行、银行等商业建筑，沈阳城地面上初现欧式风情建筑。

日俄战争后，日本接手沙俄的经营权，将沙俄的"铁路用地"改为南满铁路"附属地"。中国方面则在盛京老城区与南满铁路"附属地"之间开辟了约十平方公里的"奉天省城商埠地"，供各国来沈阳的人在这里租地、建房、经商。自此，20 世纪初期沈阳老城区、附属地、商埠地三块区域的划分基本形成。

为了激励民族工商业发展，让老百姓过上稳定的好日子，王永江安排实业厅在沈阳的商埠地辟建南、北市场，使之与城内繁华的中街互为鼎足之势，遥相呼应。

张之汉就是王永江发展奉天经济的忠实执行者。

在商埠地南部辟建的市场称为南市场。殷商巨贾趋之若鹜，竞相抢购宝地做生意，市场迅速形成规模。初期市场内小本商户居多，且以服务业、餐饮业为主。后来有了著名的东北大戏院、商埠大舞台；有商埠楼、鹿鸣春、新德馨和厚得福四家享有盛誉的饭店，还有众多的小吃店；有服务周到的第一池和星罗棋布的丝房、杂货铺、鲜果店、照相馆……其中规模较大的商家有（英商）老晋隆洋行、公兴五金行等。

其后，王永江又要求在商埠地北部建北市场，到1927年，北市场已颇具规模，包括商业、餐饮、服务、修理业等40个行业齐聚于此，共1369户商铺在此扎根经营，总资本达到奉洋352万元。

北市场成了一块地地道道的杂巴地，包括一些特色经营的商号，如老天合、益记洋行、老诚谦、天兴信、同协利等，在国内外都享有一定声誉，并且在这一时期，奉天省的商业兴旺势态一直持续发展。

进入20世纪20年代，随着经济开发步伐的加快，沈阳地区的商业有了进一步的发展，1920年3月，沈阳开始设立交易保证所，商户的数量也迅速增加。1924年，沈阳市区商户已达6598户，其中有83%是民国以来从业的。九一八事变前，商户增至1.4万余户，有各种市场14处，其中民族商业占据多数，并形成了最繁华的四平街（寓意是四季平安），即现在的中街。

在奉系军阀主政期间，各商号争先在四平街投资兴业。峻大茶庄、洪顺盛、洪顺茂、老天合丝房、天益堂中药房、大德生、谦祥恒、谦祥泰、裕泰盛、同义合、瑞林祥、内金生鞋店、内宾生、内联升、兴顺东、兴顺西、吉顺昌丝房、吉顺洪丝房、吉顺通丝房、朝阳新金店、萃华新金店、利民商场、泰和商店等在老四平街乃至关内外都是知名的大商号。

铁路的发展，带来了新一轮的移民闯关东大潮。那时，全国各地各行业的人，尤其是底层的老百姓，听说东北的日子好过，纷纷不远千里来东北谋生。铁路通车后，黑龙江、吉林的大豆、小麦等农产品运输也非常方便，这些农产品在国内外市场上获利甚丰，老百姓的生活水平相比以前好了许多。难怪当时孙中山也感慨地说："我们在广东建设多年，还不如东北的张氏父子。"

王永江代理省长之后，首先把省内的各种矿藏统归官办。其次，在东三省官银号、中国银行、交通银行资助下，先后创办了奉天纯益纺织公司、八王寺汽水公司、惠临火柴厂、肇新窑业公司等民办企业。再次，他又筹集资金450万元，兴办官商合营的奉天纺纱厂，为沈阳成为工业城市打下了坚实的基础。同时，王永江对农村的地亩捐税也进行了一些调整，减轻农民的负担。

后来有人回忆说，他的父辈曾对他讲："当时花七角奉票就可以到西门脸估衣铺买一套细布裤褂；花五分铜圆就可以到'老丰分利'吃一碗一兜肉的蒸饺……"

通过一些老照片，也可以看出当时的老百姓安居乐业、丰衣足食。成书于20世纪80年代初的《张作霖演义》的作者成玄老师在他的著作中说："迄今久住沈阳的老人，一提起当年，还是津津乐道……"

一言难尽的教育厅厅长谢荫昌

　　谢荫昌，江苏省武进县人，也是奉系军阀官员中不多见的南方人之一。1901 年，谢荫昌到日本明治大学专修经济科，是当时中国最早到日本留学的学生之一。1904 年毕业后，他跟随赵尔巽来到东北，开始从事教育工作，曾任奉天巡按使署教育科主任、奉天公署内务科主任。1905 年，他负责创办《东三省公报》，这是东北地区第一份由中国人创办的报纸。他还翻译了《图书馆学》《实验教育学》等日文图书，为东北地区教育发展作出了不小的贡献。

　　谢荫昌大概是王永江属下中与其发生严重冲突的第一人。

　　据说王永江在担任财政厅厅长之时，就曾向张作霖推荐由谢荫昌来担任第一任教育厅厅长。1919 年 9 月，张作霖决定设置教育厅，谢荫昌走马上任。他上任伊始即倡导改革旧学制，兴办各类教育机构，培育国家急需人才，竭力为奉天省教育的发展进步献力献策。

　　不久，王永江成为代省长，两人成为上下级，这大概也是两人意见有分歧的开端。谢荫昌随即向省长王永江指出，东北教育权"已半落外国人之手"，东北中小学学生的民族意识备受奴化教育摧残。他特别提出要收回南满铁路"附属地"的教育权，否则将有亡国灭种之虞。谢荫昌很激动地说，收回南满铁路"附属地"教育权是其任职奉天省教育厅厅长的"唯一大愿"。

　　但王永江是务实派，他的眼光比谢荫昌要长远些。他认为，当时张作霖正"用兵中原，决不愿在外交上自生枝节"，"嘱余详定方案再议"。于是，收回"附属地"教育权这件事就被王永江压下了。

　　1923 年 3 月 19 日，奉天省教育厅派省视学到南满铁路"附属地"

进行视察，对南满中学堂和公学堂里日本人对中国青少年的教育情况及中国学生的思想状况进行调查。这次视察的调查报告，用大量事实揭露了日本对中国青少年进行奴化教育的罪行及其危害，激发了社会各界收回教育权的爱国热情。

同年12月，日本关东厅教育司企图在金州设立师范学校。这一举动促使谢荫昌再次发起收回满铁"附属地"教育权的运动，其具体目标是从日本人手中收回南满铁路沿线地区中国少年儿童的教育权。

1924年4月1日，谢荫昌在接待日本全国教育视察团时，正式向日本提出要收回教育权的问题。4月2日，奉天教育会发起倡议，要求奉天当局从日本人手中收回满铁"附属地"教育权。4月30日，《东三省民报》载文支持收回满铁"附属地"教育权。5月上旬，奉天省教育界掀起收回满铁"附属地"中国教育权的运动，这场运动在《申报》《东三省民报》连续报道下轰动一时。日方要求查封《东三省民报》，被张作霖拒绝。

基于此种情况，日本方面也不得不作出一些无关紧要的让步，用来缓和双方矛盾。但第二次直奉战争在即，奉天当局急需日本的军事支持。王永江当时采取了妥协的态度，同意日本方面的建议，并要求谢荫昌同意协约。但谢荫昌认为，中国没有从根本上收回"附属地"教育权，不能接受。

为了稳定奉天省大局，这一场声势浩大的收回教育权运动，无果而终。

其时，谢荫昌与王永江两人之间还存在其他矛盾。由于理念的不同，他们在学校是否推行白话文教育方面也有一些分歧。谢荫昌主张白话文教材是普及教育的最好载体，王永江等人则对国学和文言文更情有独钟，他们竭力要求以文言文教材取代白话文教材。因此，自谢荫昌就任教育厅厅长，他与王永江在这个问题上发生过多次交锋。

谢荫昌因一直倡导收回满铁"附属地"的教育权，他告诫并禁止奉天地区的中国学生到日本学校上学一事，引起了日本方面的不满。张作霖为了取得日本方面的军援，作为交换，谢荫昌被撤去了教育厅厅长的职务，由祁彦树接任。但对外的说法是谢荫昌因故主动辞职。

后来，谢荫昌评价王永江：性本猜忌阴鸷，好谈支离之易理及穿凿武断之学术。由此看来，两个人的关系已彻底破裂。

在对外交涉中，无论是强国还是弱国，适当的妥协和让步是必需的，更何况当时的东北是处于弱势地位的。所以，不能因为张作霖、王永江在对日交涉过程中有妥协，就说"他和日本侵略者相互利用，狼狈为奸"。

谢荫昌被撤职后，于同年5月调任哈尔滨交通银行经理，实际是被挤出了奉系军阀圈子，从此再没有担任过教育界的职务。但是谢荫昌仍心系奉天的教育事业，晚年撰写《演苍年史》，期望其能对后世研究奉天教育有所帮助，拳拳之心昭然。

实事求是地说，王永江代理省长职务时，延揽了一大批奉天各方面的人才，一时间省府里人才会集，群贤毕至。

奉天第一任市长曾有翼与公立医院院长阮振铎

1

王永江在整顿税务和土地清丈时的得力助手曾有翼，是地地道道的沈阳人，他的老家就在苏家屯区红菱堡，他还是第一个毕业于京师大学堂（北京大学前身）的沈阳人。

1923 年 5 月 1 日，奉天省设立奉天市政公所筹备处。同年 8 月 4 日改称奉天市政公所，使沈阳地区在历史上第一次出现了"市"的建制。此前，曾有翼被张作霖和王永江任命为奉天市首任市长。

当时市长是个新名词，老百姓没听说过，奉系军阀里的官员也不熟悉。

奉天省官地清丈局成立之初，曾有翼担任过局长。在任上，他曾协助王永江把奉天省内的前清皇庄、官庄、山场、围场、林果、庄园地等充公，充公之后转手租或卖给移民，使之成为民地；一些荒地、边地、弃地、瞒报地也一律充公；所有土地都要重新清丈、重定赋税额度……曾有翼在一片骂声中清丈出了大量土地，后来这些土地成为奉系增收田赋的重要基础。

曾有翼实干能干，因此得到了王永江的青睐。

1923 年 5 月 23 日，曾有翼走马上任，成为奉天设市以来的第一任市长。据有关档案记载，当时市长的薪水为月 400 元、公费 200 元。曾有翼上任后不负众望，拟订了建市后应即办理的 19 个事项。

7月1日，市政公所成立总务、财政、工程、卫生、教育、事业等六个部门，整个机关不到30人。

曾有翼在任的三年间，沈阳市政管理初见成效。街路规划初见雏形，惠工工业区、沈海工业区规划完成。曾有翼把沈阳商埠地、大东工业区、古城区连成一片，成为市政公所的辖域。市政公所的成立，加速了市区由分割走向弥合的过程，奠定了沈阳城市近代化、现代化的基础。

奉天城内最早的公共交通，是马拉的一种轨道车。1907年10月，沈阳商务总会与日商合资创办了"中日商办沈阳马车铁道股份有限公司"，合约期为15年。1922年合约期已满，此时奉天人口已接近30万，马车这种落后的交通工具，已远远不能满足城市人口急增和经济社会发展的需求，遂停止营业。

1924年9月，日本大仓组财团在马路湾以南改建有轨电车线路，并于当年底通车运行。与此同时，奉天市政公所在马路湾以北，筹建自主经营的有轨电车线路。1925年10月10日，第一期工程由大西门经太清宫至小西边门段竣工通车。第二期工程由小西边门至日本租界地西塔段，也于同年11月5日正式通车，并于11月8日举行了盛大的通车典礼。营业线路全长为4.2公里，沿途设有12个车站，运营的是从德国购入的八辆四轮小型有轨电车。当八辆崭新的有轨电车浩浩荡荡地出现在奉天城路面上时，着实让奉天人感到新奇和兴奋。在通车典礼上，王永江发表了热情的演讲，他说："言政治者，当以交通为先，而言交通者，当以有轨电车为撼。"当时，有轨电车是城市文明的一大符号，也是城市一道独特的风景线。这也是中国第一条自主筹建的有轨电车线路。

1926 年 8 月 28 日，因王永江辞职，奉天市市长曾有翼也提出辞呈，表示要与王永江共进退。随后奉天省委任李德新为奉天市市长。

2

1923 年，由王永江个人募集捐款成立了奉天公立医院，这也是为了抵制日本满铁医院的一个措施。医院开办之后，王永江任医院总裁，聘任阮振铎为院长，主持日常工作。

奉天公立医院设在同善堂所属的善缘寺旧址（小西边门外商埠公园后）。医院设有挂号处、内科诊断室、外科诊断室、手术室、妇女科诊疗室、药局、X 光线室、试验室、眼科治疗室等，同时可容纳病患 30 人。虽然病房是由旧房子改造的，但是采光、取暖等条件十分完备。

王永江创办公立医院是受到盛京施医院司督阁的启示。

司督阁是谁？老沈阳人妇孺皆知。

他是英国籍苏格兰人，是近代来华的著名医学传教士，从 1882 年至 1923 年历经四十多年，在我国东北地区施医传教，先后创办了盛京施医院、女施医院、盛京西医学堂。他是第一位将西方医学传入我国东北地区的传教士。1885 年，他被清政府授予皇家双龙勋章，也是中国博医会创建人之一。

1923 年，司督阁退休，准备回国，王永江特意安排了盛大的送行晚宴。王永江在晚宴致辞中说：

今天，我受张作霖大将军重托主持这个晚宴，为我们尊敬的国际友人——在奉天工作 40 年的司督阁老校长饯行。司督阁老校长在奉天工作了 40 年，把生命中最好的时光献给了中国。他是奉天的大恩人、中国的好朋友，我永远尊敬的老前辈 ……我一直在想，人生中会有几个 40 年？肯把自己生命中最好的 40 年献给异国他乡的人是一种什么力量？ ……①

1923 年 12 月，在奉天公立医院开院典礼上，王永江发表了讲话：

> 今日公立医院已告成立，个人所以提倡公立之理由，非为官家之无款举办也，诚以官办事业，每难收良好效果。是以联合同意赞助诸君，以免种种之掣肘。故料斯院之款虽少，而得以自由经营。

> 今有斯院，庶足为医学研究之机关，而有所昌明。此责望于医员诸君者三也，又赞助员诸君，热心捐款，襄成斯举，盖即以共同的施医施药之意，初无利益收回之见，介存于其间。今日斯院成立，尚称有规模有秩序。来日之发展，虽赖当事者之经营，亦待社会各界之援助，是以更望赞助员以迄各界诸君重视之、维护之，庶今日共同手造之卫生机关，将来益臻于发展。②

这篇讲话，把他要创办公立医院的宗旨和医院的发展方向阐述得很清楚。

阮振铎于 1913 年在奉天省立高等工业专门学校药学科毕业，同

---

① 陈醒哲：《盛京医事》，辽宁大学出版社 2012 年版，第 359 页。

② 参见 1923 年 12 月 18 日《盛京时报》。

年 9 月在奉天南满医学堂继续学习。1919 年，他又赴日本京都帝国大学医学部专修医化学。1923 年，被王永江聘任为奉天公立医院院长，同时他还兼任东北大学的校医之职。

该医院类似财团法人性质，成立时只在奉天省公署备案，但不归省署管辖。在医院运营中一切重大事务都由总裁王永江主持裁断，而具体事务则是由阮振铎负责。

由于王永江是财政厅厅长兼代省长，因而该医院也被作为省城里的一个机关，阮振铎的名字也被列在了省各机关首脑名单之内。

1926 年，王永江辞去省长职务回到金州老家，但他还继续担任这个医院的总裁，因此阮振铎也常常来金州请示工作上的事情。在王永江病逝之后的两年多，医院由阮振铎主持工作，维持正常运转。一直到 1929 年冬，医院被奉天省民政厅接管。

九一八事变后，阮振铎先后担任过伪满洲国的文教部大臣、驻日本大使、交通部大臣、经济部大臣、外交部大臣等职。1945 年 8 月，阮振铎被苏联红军押送到伯力（苏联哈巴罗夫斯克）。1950 年 8 月，他被苏联遣送回国后，在抚顺东北军区战犯管理所学习改造。1961年 12 月 25 日，阮振铎被特赦释放。

这一系列的后续发展，尤其是阮振铎在伪满洲国的所作所为，应该是王永江始料未及的。

肆

奉海铁路与东北大学

第一条中国人自己建造的铁路——奉海路

"老子已经忍了小鬼子很久了，咱们得建自己的铁路。"

1920 年，张作霖决定采纳王永江自建铁路的建议，让王永江开始修筑奉天人企盼已久的奉海铁路。

说起来，东北的发展与铁路是息息相关的。可以说火车拉来了人口，也拉来了城市，带来了勃勃生机，后起的新城，无论大连还是哈尔滨，都是如此。

火车一开，风驰电掣，直接促进了经济的发展和文化的变革。

但在近代中国，东北的铁路，从俄国人的中东铁路到后来日本人的南满铁路，说起来都是屈辱与泪水。

清末民初，列强在我国境内投资了多条铁路，即中东路、南满路、安奉路、胶济路、滇越路、道清路、穆棱路、天图路、金福路、溪碱路等，其中多数都在东北。

那时，谁掌握了铁路，谁就掌握了财富和未来。

从 19 世纪末起，东北铁路建筑权益就成为日、俄、英、美竭力争夺的重要焦点。日本军国主义者更是把中国东北铁路看作它的"生命线"，把南满铁路作为侵略东北的重要工具。后来发动九一八事变的关东军，便是驻扎在南满铁路沿线和旅大租借地之内的。

有数据显示，民国初期，东北铁路里程达 3651.4 公里，占全国的 40%，其中的 77.2% 为日俄占有。

1905 年日俄战争后，日俄签订了《朴次茅斯条约》，将南满铁路即长春到旅顺段转让给了日本。日本政府为了维护既得利益和稳定其在东北的统治，于 1906 年设立南满洲铁道株式会社，简称"满铁"，作为其在中国东北的总代理机关，保障其铁路权益，经营南满铁路，推行"满蒙政策"，造成的后果是日俄"两强势力分布南北，一以哈尔滨为中心，一以旅顺、大连湾为根据，囊括席卷，视同固有，名为中国领土，实则几无我国容足之地，明明我之境内，而俯卧周旋如适异国"。

日本人的"满铁"获利甚巨，在军事上也制约着奉军。张作霖的奉军如果要使用这条铁路，除了交运费外，还须经日驻奉总领事和关东军的批准。最可气的是花钱坐他们的车，他们还要缴了奉军的枪弹另行托运，即人枪分离才可以。

所以张作霖愤愤不平："妈拉巴子，老子已经忍了小鬼子很久了，咱们得建自己的铁路。"

　　自 20 世纪初，从奉天省城至海龙（今吉林通化梅河口市）的奉海铁路一直是东北各种筑路计划之中最重要的一环。直奉战争后，奉海铁路在奉系的铁路网计划中属于沟通奉、吉、黑三省和联络关内外的东干线中心段，也是奉系铁路自主化政策下要最先规划和开通的一条路线。

　　这条铁路从奉天省城向东北延伸，经由抚顺、清原、东丰、西安等县，设营盘、八家子、北三城子、海龙等站，沿线是"数百里之沃野"，多属"土壤肥沃、物产丰饶之区"，是东北玉米和水稻产地的"黄金带"，因此仅海龙境内就有朝阳镇（今吉林辉南县内）和山城镇（今梅河口市内）两大粮食集散地。

　　当时由于交通落后、道途险阻，这里的经济产出多依靠传统陆运或水运，再或是运至铁岭经营口输出，或是集中于开原经由大连输出。由于缺乏与京奉路联通的自主铁路干线和出海口，沿线物产往往最终大多依靠日本南满铁路输送，实际经济利益多数被日本掠夺。

　　清末，有识之士就提出过修筑奉海铁路的设想。日俄战争爆发前，徐世昌、锡良等两任东三省总督都曾尝试把英美等国家的资本引入东北，修建铁路，但受时局背景等客观因素限制无一实现。

　　1909—1914 年间，东北绅商、奉天省议会、北洋政府交通部曾经先后五次计划要修筑铁岭至海龙、开原至海龙或奉天至海龙的这条铁路线，以开富源、保主权、兴实业，但由于意见不一、奉天省财政支绌、政局不稳以及日本谋求开海路权，奉海铁路的修筑计划是五议五挫。

　　1920 年 6 月，王永江代理奉天省省长之初，就提出五大政策："振兴实业、发展教育、澄清吏治、扩大交通、鼓励屯垦。"

他深知"道路为交通之脉络，在内政上最关重要，诚以交通之便利，则文化之输出，物产之转运，及各种商业之发达，水旱治安之维护，均可事半功倍"。王永江将督修道路作为治理奉天的重要措施，表示"无论如何困难，必须举办"。

1924 年，张作霖任命王永江为东三省交通委员会的委员长，杨宇霆、张作相、张学良等皆为委员。王永江把兴修铁路作为东北交通建设的重心，指出"欲谋地方之发展，首在交通。欲图交通之便利，端资铁路"，并计划首推奉海铁路修筑。

王永江力主修筑奉海铁路的原因，主要有以下几个方面：

一是为改善奉天东部至吉林南部一带的交通现状，带动沿途的经济开发和文化进步。

二是为了军事上的便利。第一次直奉战争后，张作霖、杨宇霆等大量购买新式武器，创办军事工业，试图卷土重来，与直系再较高下，他们也强烈要求修筑奉海铁路，提高奉系军事行动上的效率。

三是王永江认为，日本取得开海路修筑权的用意"原为探取东北宝藏，经过开原转由南满输出，作为养路之资，用心至深，贻害滋巨"，修筑奉海铁路实能使这一带"免受他人牵制"。

当时的东北三省中，奉天是唯一财政有盈余的省份。奉天由此进入经济稳定发展时期，这为包括铁路建设在内的各种革新事业奠定了基础。

1923 年春，王永江筹备修筑奉海铁路时，明确提出了一个目标："不依靠外国借款，完全要用奉天省自己的力量建成一条模范铁路。"

此时奉天财政虽有盈余，但同时兴办了大批新式事业，民间也一直有强烈的自主筑路呼声，所以，王永江决定采取官民共同出资、合力经营的办法筹集修路资本，初步预算为奉大洋 1000 万元。

4 月 9 日，奉天省长公署正式训令各县知事，劝民众认股。为拓宽资金来源，王永江还批示认股不必限于东北各县。当时，王永江曾乐观地预计，民间将出现"群情欣动，踊跃投资"的局面。不过，出于种种原因，加之省政府没有拿出详细的筑路说明，民间对于认股一事持疑虑的态度，出现了消极应付的情况。

据有关资料记载，当时个人投资最多的是西安县（今吉林辽源的一个区）的魏治安，他投资了 500 股（每股为 100 元奉大洋），其余投资超过 100 股的还有 14 人。

筹资不顺并非最大难题，王永江最忧虑的是日本以开海路借款权为由对奉海路建设横加阻挠。

日本方面始终强烈反对奉系的自筑铁路计划。日本认为在取得开海路借款权后，开海路沿线的西丰、海龙、朝阳镇等奉天省东部一带的经济资源必将成为满铁的势力范围。奉系修筑奉海路的消息传出之后，日本认定，"奉海铁路的铺设，是开海铁路的致命伤"，极大地危及满铁的经济利益和日本的既得利权。为此，日本一度试图以先修开海路为由来阻挠奉海路的修筑计划。

1923 年 1 月，王永江主动约见日本满铁社长，试探满铁对奉系修建奉海路的意见。满铁以此路为满铁线的平行线、构成对满铁的威胁为由表示反对。为促成奉海路的顺利修筑，王永江向满铁表示，奉系可以洮昂路或其他铁路的承办权作为交换条件。

日本在东北铁路问题上，一直奉行的都是满铁中心主义。经过交涉满铁认为，短期内日本还无力修筑开海铁路，日本在东北路权上的重点工作是尽快完成吉敦线、长洮线和洮齐线。鉴于直奉战争后，东北脱离北洋政府控制的现实，满铁和日本总领事都认为，要完成上述几条路线，关键不是获得北洋政府的同意，而是要与奉系军阀达成合作。以王永江的地位及态度，如若与之建立良好关系，他的提议可能成为解决东北铁路问题的一个良机，给日本带来巨大利益。因此，满铁总部经调查权衡之后，认为奉海路对满铁影响甚小，对王永江修筑奉海铁路的态度遂发生转变，他们决定以奉海铁路的修筑权来换取奉系对日本修筑其他各条铁路线的支持。

1924 年 9 月 3 日，日本驻奉天总领事正式向张作霖和王永江表示，同意奉系自行建筑奉海铁路。

消除了来自日本方面的阻力后，奉天省随即令四洮（四平街—洮南）铁路局组成测量队前往奉海路沿线进行实地勘查和测量。10 月 23 日，前期测量工作基本完成，筑路资金预算提高到奉大洋 2000 万元（当时合计为现洋 1250 万元）。

1925 年 3 月，奉海铁路招股章程正式颁布。官股由奉天省政府拨付，商股则从各银行和商民中募集，计划从 1925 年春到 1926 年 12 月，以半年为期，分四期缴纳股款，商股中个人认购满 500 股，即有资格选为商股董事，满 200 股有资格选为商股监事。最终商股方面共募得股本 949 万元，大部分是由东三省官银号及其附属事业、奉天储蓄会以及各银行等按照其资本 7% 的比例认购的，按照两期缴纳，而个人和民间企业认购极少。

为保障奉海铁路的自建自营性质，奉海铁路公司还规定"入股者以本国籍人民为限"，公司股票无论何时不准转让或抵押于外国人，违者一律无效。

这是王永江高度警惕日本插手修路的一个做法，此前向日本借款修筑的四洮铁路就是前车之鉴，让中方吃尽了苦头。

总办王镜寰不负使命

奉海铁路是东北第一条由中国人自主修建的铁路。这条铁路建成前，东北的铁路都是由俄国人和日本人建设的，偌大的东北竟然没有一条由中国人完全利用自己的资金和技术建设、管理，并完全国有的铁路，奉海铁路恰好填补了这个空白。

正是由于这条铁路的重要性，可以说修建之事只许成功，不许失败。那么由谁来负责这个项目呢？这副担子太重了，王永江反复权衡，最后决定让亲信、政务厅厅长王镜寰来兼任奉海铁路总办。

王镜寰当时已身兼多职，同时他用自己的积蓄投资了一些项目并获利，他显然也算是一个成功的商人。在担任奉海铁路总办的同时，他开始在沈阳建设自己的新公馆。现在老沈阳人称为王明宇公馆，公馆占地面积为 5190 平方米，二层楼房呈"U"字形，拥有蒙古包式的屋顶，前后有走廊。楼后有阔气的蒙古包式平房十余间和极具特色的内部花园，刻有精美图案的廊柱、围墙和楼房的石墙都保持着原样。这幢建筑现在作为沈阳市大东区图书馆成为市民阅读和学习的好去处，也是了解沈阳历史的重要窗口。

当年这座新公馆所在地是大北边门外的贫民区，距离铁轨不过200 米，王镜寰为什么要把自己的豪宅建在这儿呢？

据说真正的原因是，王镜寰站在自家公馆的楼上，可以一眼望见奉海铁路火车站的修筑进展状况。

奉海火车站位于今沈阳大东区东站街 1 号，奉海站是以奉天和海龙两地名称字头为名，1929 年改名为沈海站，后更名为沈阳驿。1945 年后，由于该站位于沈阳城东而被命名为沈阳东站，此名一直沿用至今。

奉海火车站是模仿欧洲古典主义建筑风格的一个典型实例，整个建筑对称布局，采用巨柱式、方形穹隆、古典线脚、半圆形券窗等形式要素，体现了当时建筑设计从形式到结构的先进性。

在奉海铁路修筑过程中，一直贯彻节约精神，这也是王镜寰一贯的作风。

王镜寰上任奉海铁路总办后，铁路修到哪儿，他就视察到哪儿。修路时办公用房都是从简建设，或租用民房；尽量就地取材，避免长途运输增加成本、耽误工期；电话线路由八根改为四根；采用轻型钢轨；修路时的职工宿舍，通车后改为票房；等等。比起日本投资的洮昂线，奉海铁路不仅质量好，而且节省了三分之一的资金。

媒体称奉海路沿线"山岭重叠，河流萦绕，盘山架桥，始能安渡"，工程技术难度极大。为保障工程质量，各项材料均公开招标，机车、钢轨等由英美等外商中标。因奉系决定将此路建设成完全自主铁路，为改变此前东北铁路技术多为外人掌控局面，工程技术人员皆从四洮、京奉等铁路局中选用本国人员来担当。

奉海铁路原定的终点是海龙县城，后来因考虑到海龙一带的农业中心在其所辖的山城镇和朝阳镇，大宗农产品尤以朝阳镇为集散地中心，且朝阳镇距离海龙县城仅三十余里，工程难度较小，需费无多，遂将奉海铁路终点延长至朝阳镇。

筹办奉海铁路时，预算资金为奉大洋 2000 万元，但机械采办和工人薪酬多以现洋和金钞支付。第二次直奉战争爆发前，现洋 1 元约兑换奉大洋 1.6 元。第二次直奉战争爆发后，奉系军费支出不断攀升，财政负担加重，政府滥发奉票，奉票价值跌落到现洋 1 元兑换奉大洋 2 元。

奉票贬值，原计划的钱不够用了。

1927 年 5 月，随着干线、支线齐头并进，工程量日渐增多，奉海铁路公司仅从天津招募的工人已达两万人。而筑路股款到 9 月实收为 1800 万元奉大洋，实际支出却达 2447 万元奉大洋。在此情形下，省财政多次拨款接济，并从东三省官银号透支部分资金以维持工程的进行。

由于财政紧张，原定计划全路各项桥梁工程全用铁桥，开筑后，为节省资金皆改筑木桥。除主体工程外，其他各站站场、仓库等建设也不得不从简，待后来一边运营一边改建，甚至先不修站舍而租用民房办公。

来自日本的干扰更凸显了修建奉海铁路的艰难。奉票的贬值、金融秩序的混乱固然是由政府滥发纸币造成的，但日本方面在幕后的操纵和搅浑也是重要因素。日本方面虽然表面上同意了奉海铁路的修筑，骨子里还是不希望其建成。随着奉海铁路的开工，日本开始忧虑奉海铁路将冲击满铁的利益，从而不断制造障碍，干扰奉海铁路的修筑。

1927 年春，奉海铁路修建工程已完成大半，且各段通车后营业额逐步上升。考虑到东三省兵工厂等奉系兴办的企业所需燃料（俗称大疙瘩）大多依靠西安县的（后改名辽源县）煤矿，奉海铁路公司于5月正式动工修筑梅河口至西安县的梅西支线，以便利西安县煤产的运输。

1927年8月，奉天至海龙的247公里干线竣工，并于9月5日正式通车运营。海龙至朝阳镇的延长线亦于1928年4月动工，8月竣工。1929年3月奉海铁路全部干线正式通车运营，全长263.5公里。

这是东北境内一条由西向东而行的巨龙，奉海铁路工程于1925年7月破土动工，克服多重困难，共建筑大小木桥178座，钢筋混凝土拱桥、平桥50座。老虎岭及西岭山隧道总长约为495米，是工程中最艰难之处，但这些困难都被铁路建设者所克服。该工程原定3年完工，结果提前9个月完成任务。

奉海铁路建设成功后，大长了中国人民的志气，提高了东北自办铁路的民族自信心，紧接着沿该铁路往北又建设了吉海铁路（吉林永吉至海龙）。1931年九一八事变前，东北地区的中国自建铁路已达1186.4公里。

奉海铁路是奉系铁路自主化政策实践下完成的第一条铁路干线，也是王永江主政后自主修筑的第一条铁路，它接续京奉路，连接关内外，又沟通奉吉两省，是东北铁路网中东干线的中枢段。它的筑成和开通，开启了奉系自建铁路的新局面，成为中国铁路自主建设的典范。

从清末到民国，东北的历任总督、督军都在喊要修铁路，只有王永江实干，修筑了奉海铁路。

当时国有铁路平均每公里造价为现洋8.8万元，奉海铁路从奉天到海龙的主干线为 247 公里，建筑费用共计 1426 万现洋，造价为每公里约现洋 5.8 万元，远低于当时国内铁路建设的平均造价。

奉系集团意图以奉海路为基础，逐步建成自建铁路体系，希望通过这些自建路线的兴修使东北的交通运输能"如人之全身血脉贯通，自强不息"，奠定东北开发利源、振兴实业、扩充教育、移民垦殖、发展农商、强健军事的根基。这些筑路计划尽管后来因种种原因未能实现，但也显示出了奉系发展自主化铁路、以铁路带动东北各方面发展的信心与决心。

到 1929 年，奉海铁路成为沿线各类物资的主要运输通道，大豆等粮食占全路货运总量的 70%。1927 年，奉海铁路总收入为现洋 372 万元，1929 年增加到现洋 534.3 万元，1930 年激增至现洋 762.3 万余元，盈利现洋 330 多万元。1931 年，奉海铁路的利润上升到 457.6 万元，相当于全路投资额的 1/5，平均每公里收入达到 1.5 万元。

奉海铁路的成功修筑还具有与日本人的南满铁路相抗衡、维护东北经济权益的显著意义。

奉海铁路有一个在当时中国铁路线上独一无二的举措，就是在沿途各火车站的站牌上只使用汉字，而不用外国文字，摒弃了过去铁路站牌上都兼写外国文字的做法。

此前，奉海铁路沿途一直被日本满铁看作其势力范围。奉海铁路运营后，抚顺、兴京、海龙等开原周边地区"向来物产不趋于开原，即趋于抚顺，该路一成，而左控右抱，皆足以吸收之"。这条铁路改变了日本满铁对这些地区物产的垄断局面。梅西支线上的西安煤产经由奉海路运输，运到奉天后，因运费低廉，每吨售价仅现洋 8 元，比日本控制的抚顺矿的煤价格还略低。这沉重打击了抚顺煤的销售，也推动了民族煤炭业的发展。

东北大学创办伊始

白山兮高高，黑水兮滔滔，有此山川之伟大，故生民质朴而雄豪。

地所产者丰且美，俗所习者勤与劳。

故以此为基础，应世界之洪潮。

沐春风时雨之德化，仰光天化日之昭昭，痛国难之未已，恒怒火之中烧。

东夷兮狡诈，北虏兮骄骁；

苟捍卫之不力，奚宰割之能逃？

唯卧薪尝胆，庶雪耻于一朝。

唯知行合一方为贵，无取乎空论之叨叨。

唯积学养气可致用，无取乎狂热之呼号。

其自迩以行远，其自卑以登高。

爱国，爱校，爱人类，期终达于世界大同之目标。

使命如此其重大，能不奋勉乎吾曹，能不奋勉乎吾曹。[①]

1928 年东北大学建校六周年校庆前夕，时任东北大学校长张学

---

① 朱洪：《刘半农传》，东方出版社 2007 年版，第 165 页。

良派孙国封赴京，邀请北京大学教授刘半农和赵元任共同创作了这首《东北大学校歌》。

一说东北大学的历史，许多人知道的似乎只有张学良，甚至一些资料竟然记载的是张学良创办了东北大学。

2023 年 9 月 16 日，我曾应邀到南湖校区参加东北大学百年校庆的隆重典礼。

在火箭广场上，神舟五号的模型高高耸立，草坪上水花飞溅，学子们青春洋溢，让人印象深刻。漫步校园，"自强不息，知行合一"的校训标语醒目亮眼。东大最早的校训是王永江题写的"知行合一"，后发展为如今的表述。

庆典活动盛况空前，稍稍遗憾的是，我随意询问了一些学生和来宾，他们竟然都不知道王永江。

张学良的历史功绩毋庸置疑，但他是东北大学的第三任校长。第一任校长和创始人之一则是王永江。王永江才是东北大学之父。

创立东北大学，是奉天省教育厅原厅长谢荫昌的提议。他指出，西洋各国之所以号称文明，主要在于学术发达，欲求东北之富强，不受外人侵略，治本之策，端赖兴办大学，培养专门人才。对于谢荫昌的建议，张作霖深以为然，经初步商定，由东三省合资创办一所大学，定名为东北大学，于 1921 年开始筹办，并确定东北大学校址设在奉天省城。

1922 年 8 月，东北大学筹备委员会成立，委员为关海清、佟兆元、谢荫昌、王镜寰、汪兆璠、吴家象等十二人，筹备委员会公推王永江为校长，北京大学理学士吴家象为总务长。筹委会先后召开四次会议来商议东北大学建校的具体事项，原计划由东三省合办，学额和费用的分配定为奉天省占 6/10，吉林省占 3/10，黑龙江省占 1/10。但吉林省以资金紧张、生源极少为由答复退出合办。也有说法称吉林督军张作相计划自办一所大学。由此，东北大学经费改由奉黑两省承担，黑龙江省担负 1/10，奉天省担负 9/10。因此，奉天省成为筹办东北大学的主要力量。

在创办东北大学的初始，日本方面就提出过抗议或者说所谓的建议，日本驻奉天总领事公然"劝告"王永江说：

> 听说你们要办大学，那可是不容易呀！又费钱，又没人。你们要读理工科，我们已有"旅顺工科"；你们想学医，我们早有"南满医科大学"；你们愿学文法科，也可以派留学生到帝国大学去上学，大日本政府将予以优待，给予官费补助。你们何苦自不量力，自寻苦恼，而去自办大学呢？①

王永江将此话报告给张作霖。张作霖听后十分气恼地说："妈拉巴子，他们越反对咱们办大学，咱们越非办不可。得快办，要办好，快出人才。"

东北大学筹建初期，新校址尚未建成，只能借用沈阳高等师范学校和沈阳文学专门学校的校舍办学，校园面积仅 80 亩。

1923 年 4 月 16 日，奉天省政府在沈阳清昭陵的东南购买了 500余亩地，拨归东北大学理、工、农三科建新校舍。但经勘查发现，其

---

① 赵锋：《民国教育》，山西教育出版社 2015 年版，第 26—27 页。

中有 300 余亩陵地为清皇家所有，不能随便占用。虽然当时已经是中华民国，但对清朝陵地的处理尚无明确规定。

于是，王永江以省长名义给醇亲王载沣写了一封信：

> 醇王爵前，查东三省为造就优秀人才，于上年 8 月，倡议创办东北大学，竭数十专才之脑力，经半载集会之研究，规模已具，成立有期，唯校址一层，关系久远，既须地方宽阔，又须空气清新，几经踌躇，始踏得奉天省垣小北门外，昭陵东南陵堡子村迤西，有地 500 余亩，堪以辟作。该大学理、工、农三科校址，经派员勘丈，其间占有白桩外陵地 300 余亩，贵爵凤重教育，该大学所占陵地为数既属无多，而文化昌明，不碍风水，特恩请转奏宫廷，推恩施助，庶高深学府，得以早日成立，东北士子咸荷惠施于无限矣……①

王永江写好信函之后，依然踌躇，还是感觉有些唐突和分量不够。这时，省政务厅厅长王镜寰自告奋勇去沟通，原来王镜寰的金氏夫人和醇亲王是亲戚，通过这一层关系，王镜寰带着夫人亲自上门拜访，向载沣说明了东北大学用地之事，晓之以理、动之以情地细述原委，又奉上了王永江的亲笔信。醇亲王有了面子，又有优厚的买地条件，于是拍板定音。

经费和学校用地问题解决后，东北大学筹备工作得以继续有条不紊地进行，"北陵前勘定校址，将拟建校舍的工程包给天津之某建筑

---

① 《东北大学王永江筹办规划校舍情形》，辽宁档案馆，第 2812 号。

公司，不日即行动工，限于秋季完成"。

1925年9月，在这片500余亩的土地上，一座由德国建筑师设计的四层欧式建筑拔地而起，这便是东大理工学院的新大楼。大楼建筑面积7544平方米，堪称当时全国高校中的佼佼者。这是一座乳白色的"士"字形建筑，砂浆罩面，雕花外饰，中央四层，两侧三层，中西合璧，设计奇巧。中央楼顶三角形花墙立有旗杆，两侧是绿色穹形盔顶，显得高古典雅、沉稳雄健。楼前广场通至二层正门是一条宽阔的步行长阶，两旁是圆弧形的汽车坡道，雍容华贵，明快简洁，站在台阶上可以看到南大门的岗亭和门外护城河上的石桥。据当时的媒体报道，这栋大楼的风姿，已经超过了一度最火的张作霖的大帅府。如今，这里已成为辽宁省政府办公厅的办公楼。

1926年，曾有人对当时的校园环境进行了这样的描述：

> 理科工科校址，偏南一带地势高阜，土质坚厚，中建正楼一座，形如蛱蝶，南瞰城郭，北倚昭陵，而新开河环抱楼前洋洋西去，瞻眺环境爽垲葱茏诚胜地也。

当年东北大学北陵的老校区内，所有新建筑大体由三条路相连接。东西向的主路把教育学院、教授俱乐部、理工大楼和东新村连接起来，称岷源路，是对校长王永江（字岷源）的纪念。西侧南北向的干路把汉卿南楼、汉卿北楼、文法学院学生宿舍、西新村等相连接，称汉卿路，是对张学良（字汉卿）所作贡献之纪念。东侧南北向的干路把理工大楼、图书馆、体育场和后建的农学院楼、家属楼等相连接，称海泉路是对第二任校长刘尚清（字海泉）的纪念。然而，如今身处东大的南湖校区，我只看见有汉卿路，而找不到岷源路了。

东北大学 1923 年 4 月 26 日正式成立。从筹委会建立到正式成立仅用八个多月，建校速度之快，办事效率之高，前所未有。到 1925 年东大新校舍建成时，其规模之大，功能之全，在国内首屈一指。

聘请大师，精英云集

大学不仅要有大楼，还要有大师。聘请高水平的教师是保证教学质量的最重要条件。当时很多外省学者不了解奉天省的财政状况，担心奉票（纸币）跌价影响收入而不愿意来应聘，针对这种情况，王永江决定：凡东北大学教授的薪金一律用银圆支付。

东北大学筹建时，筹委会拟订的大学草案对教师薪金有专项规定：预科教授月薪最高额为 260 元现大洋，最低额为 150 元现大洋；本科教授月薪最高额为 300 元现大洋，最低额为 180 元现大洋；助教月薪最高额为 120 元现大洋，最低额为 50 元现大洋；助手月薪最高额为 50 元现大洋，最低额为 30 元现大洋。

东北大学正式开始招聘时，王永江不惜重金，将本科教授的月薪从原来的 300 元现大洋增至 360 元现大洋。要知道，当时赫赫有名的鲁迅先生在北大的月薪才 360 元现大洋。而此时北大、清华大学的教授月薪多为 300 元，南开大学为 240 元。

东北大学教师薪金高于当时国内的任何一所大学。学校还为教授们修建了专门的宿舍区，当时称南新村、东新村、西新村，皆为新式洋房或楼房。

重金礼遇之下，东北大学教育精英云集。在聘任的 128 名教职员中，留学生有 77 人，其中 11 个博士、37 个硕士、29 个学士。他们大部分毕业于美国的哈佛大学、耶鲁大学、哥伦比亚大学等，另外还有一部分人曾留学日本、英国、德国、法国等。许多当时的知名学者、著名专家和社会名流都曾来东北大学执教讲学，黄侃、陈天倪、柳诒徵、吴宓、冯祖荀、何育杰、庄长恭等均先后应聘到校任教。

王永江强调在办学中注重实际，主张理论研究和课堂教学必须辅之以教学实验和生产实习，尤其理工科必须设实习工厂和实验园地，以实现学以致用。因此，创办东北大学不久，王永江即着手筹办东北大学工厂。东北大学工厂既是工科学生的实习工厂，又是省政府投资的工业工厂。工厂的设计方案由赵厚达、孙国封等人拟定，并从德国购入先进的机器设备。1925 年初，工厂开始动工，占地面积 330 余亩。王永江先后拨奉大洋 380 余万元作为办厂资金，此后又增加资本 100 万元。1926 年 4 月，厂房落成，机器设备也安装完毕。同年该工厂就为奉海铁路修造了八辆机车，因其运行状况良好，得到社会的普遍赞誉。东北大学工厂根据社会需要制造出大量产品，曾先后为东北各铁路局安装机车和客货车 740 余辆，修理客货车 271 辆，并能制造起重机、发电机车、各式锅炉、印刷机、摇纱机、钻孔机等各种机器。

九一八事变前，东北大学工厂已成为设备先进、产品质量精良，又有中外著名科学技术人员参加指导和管理的著名企业，在东北地区的工业发展中发挥了重要作用。

东北大学的建立意义极为重大。首先，它为东北地区尤其是奉天省培养了大量高级人才。1923—1931 年，东北大学共招收九届学生，共计 3700 余名。至九一八事变前，东北子弟已有 387 人毕业于东北大学，其中一部分高才生以公费形式送往美、英、德、日等国留学，其余均被分配到东北边防军司令长官公署、海陆空军副司令行营、北平政务委员会、各省政府文教政经司法等部门、中东铁路公司、实业建设、交通和厂矿等重要部门工作。在这些部门中，东大的毕业生充分发挥了自己的聪明才智，为社会作出很大贡献。

东北大学的建立维护了中国的教育利权，提高了中国教育声誉。王永江对日本阻挠成立东北大学的"建议"未有丝毫顾忌，拨巨款继续筹建东北大学：1923 年度拨款奉大洋 439000 余元，1924 年度拨款奉大洋 397000 余元，1925 年度拨款奉大洋 478000 余元，1926 年度拨款奉大洋 517000 余元。其经费的投入在当时全国 58 所大学中位居第四。日本学者新岛淳良在参观了东北大学之后，也不得不承认："东北大学是省区管辖的大学，但它的实验设备是第一流的，教授薪金也比国立大学高许多。这是一所综合性的优秀大学，它的教育水准无疑高于日本在'满洲'开办的高等教育院校。"

1926 年，王永江辞去本兼各官职，却仍留任了东北大学校长一职。在金州老家虽重病在身，王永江仍亲阅函件。许多东北大学校友对王永江创办东北大学之功念念不忘："前奉天省省长王岷源先生，时当倭虏谋我日急之秋，从百年树人之计出发，高瞻远瞩，集资创设东北大学。"

在创办东北大学一事上，王永江唯一被诟病的就是建校之初，他不同意男女同校。他持传统的儒家思想，认为男女授受不亲。因此，东北大学初期没有招收女生，张学良任校长时，即放开纠正过来了。

东北大学是东北第一所省立大学，培养了大批人才，为东北地区经济发展作出了卓越贡献。张学良继任校长后，基本遵循了王永江的教学管理思想，东北大学得到了进一步的发展。

民国时期，孙中山创办了中山大学，张伯苓创办了南开大学，陈嘉庚创办了厦门大学，于右任创办了复旦大学……一批民国时期的大学校长，例如北大蔡元培、浙大竺可桢等人，也一直被人津津乐道地称颂为国士。王永江创办东北大学，自任校长，并为东大亲笔题写了"知行合一"的校训，在财政支持上做了大量的实际工作，却不为东北大学的学生所闻，岂不怪哉？岂不令人叹息？

五卅学潮事件的冲击

1925 年上海"五卅惨案"发生后，在全国掀起的反对帝国主义运动高潮的冲击下，东北大学的学生也行动了起来。同年 6 月 5 日，他们自发罢课，召开学生大会，声讨帝国主义罪行。针对东北局势的特点，慎重起见，学生们当天先推选出代表约二十人组成请愿团，要求见省长王永江，请他要求北京政府采取强硬措施。

东北大学总务长吴家象等人到现场劝阻，但在群情激昂的情况下，他们都显得无能为力，没有办法说服这些热血青年。当学生请愿团到达王永江财政厅后院的官邸门前时，奉天省会警察厅厅长陶景潜已令第二警察署邱署长带领警察在那里警戒，横加阻拦，不许学生入内。学生群情愤慨，决定于次日游行示威，文法科学长汪兆璠见势不可遏，于是急忙向王永江报告，请示解决办法。

王永江当天晚上就来到东北大学的大礼堂，召集全体学生做了一次即席讲话。他既是以校长的名义也是以省长的名义来讲话的。

因为是毫无准备的即席讲话，也可以说更见性情、更见真知，是一次足以反映他对日政治态度和施政方针的重要讲话。

根据东北大学的李宗颖记录，王永江讲话主要内容如下：

我知道你们为声援沪案，要游行，这种爱国热忱是可嘉的！我十分同情。可是，你们知道奉天的特殊环境，我怕你们闹出乱子，引起外交纠纷，就不好对付了。我办东北大学，不但日本人反对，咱们的人也说我任性，办这个学校不容易，你们都是我的学生，应该有所体会，不要给我出难题。

日本人横行霸道，掠夺东北利权，虎视眈眈，大有蚕食鲸吞的野心。我们要抵御外侮，只有自己发愤图强。我在民国五年（1916）接任财政厅厅长时，省库亏空，尚欠中国、交通等银行财团借款四十万元，欠日本外债二十万元。我把十四个贪污的税捐卡长枪毙了，撤换一些不称职的税捐局长，大加整顿，开源节流，不但停止外省协饷，清偿了内外债，截至民国九年（1920），还节余三百余万元，当时拟以一百万元建设兵工厂，一百万元开辟葫芦岛港，一百万元赎回中东路，结果只有兵工厂建成了，可少买一些外国枪炮。葫芦岛没有开港，中东路也没有赎回。后来又积累了四千余万元，还存有大批军需物资，没有用于建设，也没有用于对外，几次内战，就打出去啦！好不容易积攒许多财物，全都给我扬了。

我办纺纱厂和公立医院，日本人说，他们在辽阳有纺纱厂，还从日本运来纱布，足够中国人用的，奉天不必再办纺纱厂；奉天有日本的南满医院，能给中国人治病，也没有自办医院的必要。日本医生把我们还没咽气的病人就给解剖了，他们就不说啦。我修奉海铁路，他们说是南满、安奉铁路的平行线，是重复建设，影响了他们的营业。我办东北大学，日本人说他们在奉天设有南满医科大学、旅大设有高等工业等大专学校，也收中国学生，不让我多花钱。难道这是他们的好意吗？总之，凡是对于我们有利的事，他们总是横加干涉，不让我办，他们唯恐我们富强了，不能蚕食鲸吞，使中国人永远愚昧无知，什么事都不能干，百业凋敝，洋行发财，他们才愿意呢！我能听他们的话吗？我不是卖国贼，当然不能听！他们的话都已断然置之不理，我该干什么，就干什么，我们要干实事，要发愤图强！

所以我说学生罢课、工人罢工、商人罢市、农民罢耕，都是自杀政策，这种自杀政策，只能使亲者痛而为仇者快！我希望你们慎思明辨，要爱国，要御侮，必须努力深造，成为国家栋梁之材，挽狂澜于既倒，作砥柱于中流，我们的国家就能转弱为强了。我虽身居省城，不到外县去，可是全省五十六县的情况，每天都从我的脑子里过一遍。特别是东北同胞在日本人铁蹄蹂躏之下，做苦力，受鞭打，生命财产横遭摧残，痛在他们身上，耻在我们脸上，我们都要长志气，誓雪国耻，才不愧为黄帝子孙！我不反对抵制日货，抵制日货才能减少漏卮。我身上的穿戴全是国货（袍、褂、鞋、帽都是缎制品），你们也应当检查自己和家庭里有无日货，并劝告亲友一概不用日货，要有抵制日货的恒心，切勿五分钟热血，这样，日本人就赚不到我们的钱了。

大家最好明天全部回去上课，好好念书，成为国家的有用人才。有什么事情，可推举代表跟我说，没有不能商量的。我想你们不会让我多操心，都能听我的话吧。[①]

百年后重读这篇即席讲话，仍然令人激奋。讲话内容入情入理，分析到位，王永江是亲日派之说可以休矣。

此番即席讲话持续了两个小时，王永江当时在东大学生心目中威信很高，他又讲得慷慨激昂、恳切动听，学生们也都被他说服。学生代表洪钫当时发言，表示尊重校长训示，其他同学也无意见。

第二天，东北大学宣布全校复课，这在全国也是首例。

但是在一些人的心目中，王永江仍有亲日之嫌，分析起来，原因之一就是王永江在反日方式上一贯采用比较温和的渐进方法，包括他在东北大学的这次讲话。

1926 年，王永江辞去省长职务之后，对东北大学依然事事关心。当年一位宋姓学生要求改回曹姓，主管的学长不敢批准。这位宋姓学生便直接写信向回到金州的校长王永江求助。王永江亲笔回复勉励他，并表示同意他改姓。

1927 年 11 月 1 日，王永江在金州病逝，临终前，作为东北大学的第一任校长，他"犹念念未见东北大学毕业生为憾"。

---

① 李宗颖：《记王永江对东北大学学生的一次讲话》，载辽宁省人民政府参事室、辽宁省文史研究馆编印：《文史资料·1985 年号》（内部资料），第 91—94 页。

伍

奉系里的"蜜月期"

从张作霖和王永江的形象说起

在形象上，王永江和张作霖，我认为是有些反差的。

我曾仔细翻看过奉系的一些历史老照片，也搜集了一些人的相关回忆录，综述之即：王永江高高大大，剑眉黑髭，丰神迥别，颇具传统中国将军的形象与气质。相反，张作霖身材矮小，属于北人南相，短小精悍，初看更像是东北乡下的一个私塾老先生。有资料说张作霖的身高是 1.62 米，而王永江身高起码是 1.70 米以上的。

与张作霖同时代的金毓黻所著的《张作霖别传》是这样描写他的：

作霖身短小，目炯炯有光，精悍之色见于眉宇。虽出身武弁，恂雅如一儒生。

周之风的《我所知道的张作霖》中这样写道：

> 身材不高，白面黑发，头戴礼帽，身着黑缎褂、银灰色的绸子皮袍，足蹬里夫呢棉鞋，一手撑手杖，一手拿纸烟，态度优雅，很像文人，不类武夫。

说起来，张作霖 13 岁时，在海城乡下读过三个月的私塾，他仅有的一点识字和文化的底子，就是在这时打下的基础。成名之后，难得的是，他还请北镇老进士李维桢为他讲过"四书"，请黑山县老秀才张兰合讲过《纲鉴易知录》，以此大略了解了中国通史。张作霖虽然读书不多，却相当聪明机警。在乡间时，人情世故体悟得十分透彻，举止行为不拘小节，异于常人。这应该就是现代人所说的情商极高。

1931 年九一八事变爆发时，国民党中将王铁汉任东北军独立第七旅第六二〇团团长，当时他毅然下令还击，顶着上面的"不抵抗命令"而打响了抗日第一枪。王铁汉在后来的回忆录中这样评价张作霖：

> 张老将崛起于草莽，识字不多，而精明强悍，有行政天才，知人善任，敢用人，肯信人，能容人，尤无地域观念，如秘书长郑谦江苏人，李景林、姜登选河北人，张宗昌、褚玉璞山东人，海军司令沈鸿烈、参谋长戢翼翘湖北人，何柱国广西人，杨正

治湖南人，黄师岳安徽人，冯秉权广东人，蒋斌、陈琛、萧其煊福建人，周亚卫浙江人。处于日俄两敌国交迫之中，未曾订过丧权辱国条约。在国家混乱的政局中，而创出二分天下有其半的局面，岂偶然哉。

孙中山之子孙科（哲生）的《八十述略》云：

翌年秋（民国十三年），我到沈阳，往见张作霖，商量讨伐曹锟和吴佩孚。从前听说张作霖是土匪出身，以为他粗鲁剽悍，及见面之后，方知他长得非常清秀，个子不高，不像土匪一类的人物。那时他正在进攻山海关。……当时我住在旅馆，他每天早上派专车接我到他的办公室，共进早餐，吃的是小米稀饭，生活非常简朴。饭后，照例由他的秘书长带着一个秘书和各方的函电公文，向他报告，并请示意见。他听完之后，逐一口头指示，由秘书记录办理，一百多件公文，不到一小时，就处理完备，非常迅速。当我和张作霖达成协议后，他的军队不久即打通山海关，进抵天津，曹锟亦随之下野。

在《张作霖二三事》一书中，王化一这样描述他：

张作霖出身草莽，不识之尤尤，而能叱咤风云，统一东北，经略蒙疆，进而问鼎中原，自有其成功之道理。法国福煦元帅到沈阳见到他，说过张作霖两只狐眼，机警过人。不可否认，张作霖心胸大度、不听谗言、知人善任、尊重人才，这些用人之道是他权谋天下成功的秘诀之一。

老张还有一件几乎尽人皆知的往事，也是趣事，可以更形象地说明他的性格特点。

当年在东北讲武堂第一期毕业生的毕业典礼上，按照安排，张作霖作一个郑重的训话，他特意叫秘书拟了一篇讲话稿。结果登上讲台之后，他刚说了一句"作霖戎马半生，饱经事变"后，下面的词儿就忘了。台上台下，寂然无声，老张一急眼便脱口而出："妈拉巴子，我来之前，讲稿背得滚瓜烂熟矣，看见你们一高兴就忘了！"无奈之下，老张索性走下台，巡视了一周。每见到长得精神的学员便问"叫什么名字"，然后夸他"好小子"。这样走了一圈又重新登台讲话："你们知道现今的潮流吗？中国是谁的？就是咱们的。你们都是好小子，好小子就得好好干！你们毕了业就可以当排长，然后升连长、营长、团长。只要不贪生怕死，有功我必赏。要什么，我都可以给什么。就一样我不能给。"话音落下，稍作停顿，然后扑哧一笑，"我太太可不能送给你们"。引起了全场笑声一片。

张作霖的口头禅"妈拉巴子"和蒋介石的"娘希匹"一样，在当时颇为出名。

从这件事可看出，张作霖惯于以利交人，更喜欢给部下画大饼。

如果盖棺论定，张作霖无疑是民国时期的封建军阀。但不可否认，他也做过一些值得肯定的事。他是一个非常复杂的人物，对他全盘肯定或者全盘否定的观点，都无法准确还原其真实的历史形象。

张学良在他的《口述历史》中曾经说过：

我有两个长官，一个是我父亲，一个是蒋总统。我对他们两人的评价是：我父亲这人有雄才，无大略；介公有大略，无雄才。

我父亲这人有雄才，我可以讲个例子给你听。有一次，我父亲被人扔了炸弹，三个人联合炸他。我父亲幸免一死，可那扔炸弹的有两个人被自个儿炸死了，剩下一个被逮住。

"你为什么要炸我？我跟你无冤无仇！"我父亲问他。

"因为你要复辟，你跟张勋两个人开会，要搞复辟，所以我们才炸你。"

"这事你误会了，我不但没参加复辟，我还反对复辟。"我父亲说。

"很可惜，我那两位伙伴牺牲了。我没有别的意思，就是恨复辟！你要复辟，我就要炸死你。"那人说道。

"好！如果真是这回事儿，那你误会了。我现在就放你走！你出去打听一下，假如我是搞复辟的，那你再回来炸我！"就这样，我父亲就把他放了。

来暗杀要炸死他的人，老张却可以大手一挥就放了。东北军一些老将领也说张作霖气度恢宏，敢用人，肯信人，能容人。

这一事件，也成为张作霖复杂人物性格中的一抹独特印记。

奉系里的派系

北洋军阀的起源可上溯到李鸿章，而基础则是袁世凯打下的。

在袁世凯离世后,首先从北洋新军里形成了以段祺瑞、徐树铮为首的皖系军阀和以冯国璋、曹锟为首的直系军阀。在皖系与直系明争暗斗之时,人们没注意的是,东北三省还有一股力量正在悄然崛起,这就是以张作霖为代表的奉系军阀。

北洋三大军阀派系里,皖系和直系属于正统的北洋系,开创者段祺瑞和冯国璋都曾是袁世凯的左膀右臂,而奉系则属于北洋系的边缘派,如果不是张作霖硬靠着枪杆子直起了腰杆,北洋军阀的大佬们原本是不会把这个出身草莽的小个子当回事的。

张作霖奉系军阀的形成,算起来应该始于1912年,当时袁世凯出任中华民国临时大总统,他开始对全国军队进行整编,同年9月11日,袁世凯批准将奉天中、前路巡防队合并改编为陆军第二十七师,驻扎于沈阳城和新民县,张作霖任师长。由此,张作霖算是搭上了北洋军的"末班车",为其日后的势力扩张奠定了基础。

张作霖当上师长后,他马上就任命了自己的几位拜把子兄弟,其中汤玉麟、孙烈臣为旅长,张景惠和张作相为团长。其他的团长、营长、连长,也都是张作霖的亲信和马仔。第二十七师的所有关系,几乎都可以用亲戚、乡党、帮派联系到一起,以帮派利益和兄弟关系的纽带组成了一个牢固的军事团体。

这种军阀制的武装,不论是民国总统,还是上面派来东三省的当权者,都不如张作霖本人对这支部队的影响力大。奉系军阀的雏形,由此开始才做大做强,形成了气候。名义上,奉系军阀是国家的军队,其实是张作霖的个人武装。

后来有人形象地形容,皖系军阀是一帮政客,直系军阀是一帮秀才,那奉系军阀呢?就是一帮马匪。

皖系的段祺瑞名声相对较好，他的信条是：不贪污肥己，不卖官鬻爵，不抽大烟，不酗酒，不嫖娼，不赌钱。他青年时还曾经被李鸿章派到旅顺督修过炮台。在军事和政治领域都有一定的建树。"小扇子"徐树铮是他的心腹。

直系的吴佩孚以"秀才将军"著称，性格狂妄。他在直系里流传着一句豪言："你们都说无有办法，我偏偏说吴有办法。"

吴佩孚不仅军事上有一定的才能，还擅长写诗文。其中不少诗作流露出对社会现实的感慨，例如：

> 民国军人皆紫袍，为何不与民分劳？
>
> 玉杯饮尽千家血，红烛烧残万姓膏。
>
> 天泪落时人泪落，歌声高处哭声高。
>
> 逢人都道民生苦，苦害生灵是尔曹！

这个有着"一嘴短短的红胡子，长脸高额，鼻相很好"的直系军阀首领甚至一度被当成"中国最强者"。1924 年 9 月 8 日，吴佩孚成为首位亮相美国《时代》周刊杂志封面的中国人，其影响力可见一斑。

外界常以"一群马匪"来形容奉系军阀，这一说法虽有调侃意味，却也暗含其独特的行事风格。在奉系内部，张作霖只要拔出枪来，拍到桌子上，嚷嚷两句"妈拉个巴子，那谁谁欺负咱们，弟兄们说咋办？"，奉系的将领们就会摔了酒碗，抄起家伙，拉出队伍就能打。至于能不能打赢，那是另外一回事了。

在北洋军阀的直、皖、奉三系里，又都是系中有派，派中有系，各方势力一直在不断地分化或重新组合。

奉系军阀里，早期张作霖为首的元老派颇具影响力，元老派也被称作黑山派（泛指辽西黑山县）。张作霖虽然出生在海城，但他一直把黑山县视为第二故乡。他成名之后建有两处家庙，一处在海城，而另一处就在黑山赵家庙村（今北镇市高山子镇赵家村）。奉系的大佬孙烈臣、张景惠、汤玉麟、张作相等人皆是黑山派最早的兄弟，他们都出生在义县、台安县和黑山县这一片辽西的土地上。

1907年，已经成为奉天巡防营前路统领（相当于旅长）的张作霖，在追剿蒙古族陶克陶胡的战斗胜利之后，在洮南的一座关帝庙中，与马龙潭、吴俊升、孙烈臣、张景惠、冯德麟、汤玉麟、张作相等七人磕头换谱，结拜为生死兄弟。按照年龄排序，张作霖排行第七，所以私下里张作霖常是大哥、二哥、四哥地叫着，维系着这份江湖义气和兄弟情谊。这些人，组成了奉系军阀最早的班底。

张作霖情商高的地方也在这里，平辈中可以利用的人，他就用江湖义气拜把子结为兄弟来笼络人。职务比他高、年龄比他大的，则以拜干爹或干妈来拉关系结人脉，张作霖的一生，拜的干爹干妈真不少。同时，他还利用子女联姻这种手段，笼络各路大佬。如他将六个女儿分别许配给蒙古族王爷之子和赵尔巽、张勋、曹锟、靳云鹏等北洋大佬之子。

总之，他用各种手段和办法来找靠山，编织自己的关系网。

奉系元老派原是一群绿林豪杰，大略只懂得大块吃肉、大碗喝酒，快意恩仇。这些浅显的认知，当然不足以治理一省一县。

为了弥补这些短板，奉系不断地补充和吸纳新鲜的血液，引入新的理念。这些后来进入奉系的人就被称为新派，新派人物表面上依附于元老派，实际上他们是有一定独立性的。

新派成员们多是同学关系，例如杨宇霆、姜登选、韩麟春、何柱国等都毕业于日本士官学校，他们进入奉系，都是同学之间的援引提携。

此外，还有张学良、郭松龄为首的少壮派，其中郭松龄又是陆大派。值得一提的是，后来一些少壮派的成员进入八路军序列，在抗日战争和解放战争中，他们屡立战功。如万毅、吕正操、郭维城、解方等人，中华人民共和国成立后，他们都成为新中国第一代开国将军，在新的历史时期，继续发光发热。

袁金铠拉王永江入圈

张作霖能成为一代枭雄，是因为他具备了古往今来成大事者所谓的一些过人之处，如爱才如命、挥金如土、杀人如麻。爱才如命是他成功的首要因素。自古以来，无论是称霸一方的绿林豪杰、成就霸业的诸侯将帅，还是君临天下的皇帝，都离不开知识分子的辅佐，都需要谋士、师爷、顾问来出谋划策。凡成功者，身边总有一批战略家、谋略家。而他们自己总是要礼贤下士、广纳贤才。

汉高祖刘邦依靠张良、萧何、韩信取得天下；诸葛亮助力刘备三分天下；明太祖朱元璋采纳了儒生朱升"高筑墙，广积粮，缓称王"的建议，挫败群雄、登上皇位。哪怕小小的水泊梁山忠义堂里，还有一个智多星吴用做军师。

张作霖对这些历史典故的粗浅了解，主要来自北镇县的老秀才李维桢和黑山县老秀才张兰合两人给他讲过的一些历史故事,还来源于民间艺人的演义和传说,而且张作霖受此熏染极深。例如他给大儿子取名张学良,据说就是崇拜向往初汉三杰之一的张良之意。因此,后期张作霖非常注重网罗人才。

1911 年,最后一任东三省总督赵尔巽在离开奉天时,曾经对张作霖说过这样一番话:你要想做一番事业,对国对民能有所作为,就不能单凭军队的武力,还要注意政治,特别重要的是用好人才,目前奉天可称人才的有三人:袁金铠、于冲汉和王永江。

赵尔巽是张作霖的义父之一,他说的话张作霖也真听得进去。不得不佩服这位清末名臣,眼光独到,他说的这三人确是奉系里的顶尖人才,这三人后来被并称为"奉系文治派三杰",也有人称之为"辽阳派三杰"。

张作霖掌握东三省军政大权后,野心越来越大,他十分羡慕历史上的刘邦、朱元璋这些以布衣起家而成王成帝的人。他内心的想法也一直在膨胀,在蠢蠢欲动,图谋向关内发展而逐鹿中原。因此,他整军经武,延揽人才而不分畛域。

张作霖深知"打江山容易守江山难",自己得到今天的位置已经很不容易,摊子越铺越大,怎样守好这个摊子呢?一起出生入死的老弟兄们带兵打仗不在话下,但是要让他们放下刀枪去管理城市、发展经济、掌控财政,可真是难为他们了。于是,张作霖放出话来:有才,你就来!我张作霖绝不会亏待于你,给足你展示才华的空间!

这就有点儿吐哺下士、开阁纳贤的风格了。张作霖明白,管理东北必须重用人才。这一层关系他明白,但是更深一层的是,如何用人才,如何让人才发挥作用。在这点上,当时的张作霖显然还理解得不够，他还停留在江湖义气和驾驭平衡关系上。

当时的张作霖身边，已经聚集着一批人才，形成一个精英班子了。当然，他不是靠选拔制度，而是靠感觉、凭利益关系把这些精英拢到了身边。精英班子的作用，就是让决策者不犯错误或少犯错误，即使犯了错误也能及时改正。

奉天军政两署秘书长袁金铠见张作霖真要招贤纳士，他的头脑中立刻就跳出一个名字——王永江。

袁金铠觉得这是个非常好的机会，他对张作霖说："卑职愿为将军举荐一人，此人名叫王永江，字岷源，奉天金州人。他博览群书，才学过人，年轻时已出人头地，金州本地人称他兄弟俩为'二陆双丁'，治事之能尤其突出。卑职出任辽阳警务提调时，曾邀请他担任辽阳警务学堂教员兼监学，此人不久便升任辽阳警务长，以干练和能办警务闻名于辽沈，为历任厅长所赏识，就连锡良总督都称赞他是'奉天省办警政的第一人'。"

"王岷源？"张作霖口中念叨着，背着手转了一圈，心想，莫非是他？"洁珊，这个人是不是那个当年根本不把我放在眼里、尾巴翘到天上去的王永江？"

袁金铠笑着答道："正是此人。将军还记得他？"

张作霖说道："当然记得。听说他还写诗抱怨我不重用他。"

原来，早在1912年，张作霖和王永江就有过一次交集。当时民国初立，张作霖拥兵自重，刚刚开始掌握奉天一方的军事大权。奉天官场上好多人都围过来巴结他，溜须拍马、行贿送礼者络绎不绝，有些人甚至以能够面见张作霖为荣。老张那时候刚进奉天城，也被捧得晕晕乎乎，膨胀得不得了。然而，唯独奉天民政科参事王永江，恃才自傲，常常处理完公事就回家闭门读书、作诗写字，修身养性，根本不屑与张作霖来往。张作霖听说奉天还有这般傲气的书生，十分不满，一直想找机会杀杀王永江的傲气。

当时的奉天总督赵尔巽很赏识王永江。辛亥革命时，曾经有革命党人士在铁岭起义，并夺取了铁岭县城。时任奉天总督的赵尔巽早就听说过王永江治警有方，曾经三次面见王永江，称赞王永江是"小孔明"。因此，赵尔巽选派王永江和张景惠带队伍前去收复铁岭，仅用几天时间，二人就收回了铁岭和开原两座县城。

王永江因此受到赵尔巽的嘉许，赵尔巽保荐他为奉天总督的民政司使（大约相当于民政局局长）。张作霖知道后，却故意来刁难，他问赵尔巽："王永江是什么人？我咋不知道？他能胜任民政司使一职吗？"

听了此话，赵尔巽虽然心中有气，但顾及张作霖的势力和面子，便婉转地说："这不关你的事，你就不要问了。"张作霖不再追问，但背地里却放出话来："如果王永江担任这个职务，我张某人一定会好好地'伺候'他。"

王永江听闻张作霖扬言要对他不利，担心张作霖真的会不择手段来对付他，因而连忙向赵尔巽声称患病，回到金州避祸去了。

自命清高的王永江见张作霖没把自己放在眼里，反而还要刁难自己，心中十分不悦。

经史子集吾心藏，才高七斗枉自狂，
前宵泣梦刘皇叔，方知沈阳非南阳。

据说这是当时王永江写的一首打油诗，因怀才不遇而发牢骚。不过，笔者在新出版的王永江《铁龛诗存》中并未找到这首诗。

《铁龛诗存》中有这样一首诗，是王永江在蛰伏时期的作品之一：

> 士元竟以酒糊涂，大耳如何慢凤雏？
>
> 才得荆襄宁志满，英雄通病是轻儒！

这是列在《咏史八首》中的一首，风格和寓意与前面那首打油诗很相近。王永江自比庞统，暗示张作霖像刘备怠慢庞统一样怠慢了他。

实际上，对于王永江声冠关东的出色才华与人品，张作霖早有耳闻。当初，他只是看不上王永江怀才自傲的牛气样子，才对其刁难。此时的张作霖已坐掌奉天，经过历练也成熟了许多，他当然希望有王永江这样的干才来辅佐他。如今袁金铠力荐王永江，张作霖也是满心欢喜，可他又怕王永江一时转不过弯儿来，还在计较之前的事，便笑着对袁金铠说："我哪里是不愿意用王永江？主要是他不屑来！"

袁金铠见张作霖这样说，知道他对王永江有了改观，便说："将军，王永江是一个文人，文人都有自命清高的毛病，爱面子。只要将军把面子给足了，以礼相待，日后他定当对将军言听计从，为将军效力。"

张作霖将信将疑，随后叫人备好一份厚礼，写好请帖，派人送到王家。

1915年时，王永江已经从牛海税捐局调任到省城所在的税捐局任局长，1916年又兼清丈局督办。这个职务，看起来好像是进了省府，实际上在当时的军阀政权里，属于核心圈的外围。王永江此时不过就是外围的一普通官吏而已。

家人告知督军府来人了，正在读书的王永江闻听是张作霖派人来请，看了帖子和礼品，心想：这是刮的什么风？这位张将军不是看不上我吗？他的土匪个性和粗野脾气，和我的性格也难相融，若没有真情实意，将来恐难相处，还是躲避为好吧！于是王永江对来人说："容禀将军，就说将军门前戈戟森列，我这个小人物到了门口，可是诚惶诚恐啊！"

办事人员回去后，把王永江的话复述了一遍。张作霖不明白王永江的话到底是什么意思，只好再找来袁金铠商量。

袁金铠一听，知道王永江的酸劲儿又上来了，他对张作霖说："将军，还是那句话，他就是要个面子。"张作霖哈哈大笑："这个王秀才，跟我这个大老粗兜什么圈子，好，我给足他面子就是了。明天你代表我亲自去一趟，告诉王秀才，他来我要亲自出迎！"

第二天，张作霖继续备厚礼、送帖子，不同的是袁金铠也同时到了。老友相见，寒暄过后进入正题。袁金铠说：

岷源啊，督军大人诚意相请，你就不要推辞了吧。你是有能力的，借这个机会也正好施展你的抱负。再者，张作霖这个人还是很好相处的，以前的事情都过去了，就不要再想了。现在好多人想巴结督军大人还来不及呢？你去督军府，督军大人要亲自迎接，这是多大的荣耀呀！从我对张作霖的观察来看，他这次是真有诚意请你，看得出来他想干一番大事业呢。俗话说，良禽择木而栖，贤臣择主而事。见机不早，悔之晚矣！有人赏识咱们，咱们为什么不抓住机会做出点样儿来呢?

袁金铠的一番肺腑之言,句句击中王永江的心窝。王永江认为,自出仕到现在,自己何尝不想一展才学?既然张作霖放低了姿态,真心用自己,和张作霖一起干,说不定真的会有一番作为呢?于是,王永江爽快地对袁金铠说道:"洁珊兄所言极是,请回禀将军,岷源明日一早定会去求见!"

奉天城里的"隆中对"

司马迁《史记》中记述的刘邦,开始出场时是一副地痞无赖相,据说还曾经往儒生帽子里撒过尿。后来,刘邦立定要取天下的志向之后,他便开始把有才的儒生当神一样供着了。

同样,张作霖也经历了这样的心理变化过程,最早他是轻视甚至是蔑视王永江这样有抱负的知识分子的,而且是一副混不吝、我行我素的模样。后来他明白了知识分子可用,而且有大用。于是,他也学会了用刘邦式的口吻对手下们说:

> 吾此位得自马上,然不可以马上治之,地方贤俊,如不弃我,当不辞厚币以招之。

这句话就是说,我这个位置(指奉天总督)是得自武力,然而却不可以用武力来治理奉天。如果地方上有贤俊之士愿意替我效力,我们应当以重金来招贤纳士。

第二天，王永江如约来到大师府时，早已有人迎在门口，进入帅府中门，张作霖就已站在正厅台阶下了。张作霖迎上几步，拉着王永江的手亲切地说："公何来迟？"王永江微微一笑，回答道："尚未晚也。"

为了表明自己器重王永江，张作霖特意吩咐副官："告诉外边的人，我今天有贵客，谁来了也不见！"此情此景，令王永江非常感动，张作霖给足了他面子。

张作霖和王永江的第一次见面，据说两人关起门来谈了近一天。

谈论的内容没有资料记载，当事人也没有回忆过。但有人猜测，张作霖肯定会问计请教王永江，这是在情理之中的。

说是问计，实际上也是张作霖对王永江的一次考核和面试。对王永江来说，应该都完成得非常好。

后来有人模拟场景写出来两人对话的一些内容，虽然完全是一种推测和想象，却也不妨姑妄听之。

两人见面寒暄之后，王永江一定是从宏观大局着眼开讲：

老子云，人法地，地法天，天法道，道法自然。顺天则昌，逆天则亡。我奉省土地肥沃，物产丰盈，且风调雨顺，四时分明。此乃兴者之地，王者之时，只需顺应天时地利，聚积人心，则大业可成也。

张作霖似懂非懂，说道：岷源啊，别文绉绉的了，就直接说，奉天省应该怎么干？

王永江说：欲求大略，先取大势，从我们奉天来说，最多的是什么？最缺的又是什么呢？

王永江停顿了一下接着说：奉天最多的是土地，最缺的却是人。

自清军入主中原之后，大清子民从龙入关，奉天省即十室九空，千里沃野，一片荒芜。大清执政的近三百年，因为这里是龙兴之地，所以对关外实行封禁政策。这一政策使得奉天人口增长缓慢，荒地越来越多，大好家园成麋兔逍遥之所，我们当务之急是以赎买手段将土地收归省有，然后开放关禁，鼓励关内流民出关，让耕者有其田，田者生其赋，这样何愁奉天省不能振兴啊？

张作霖听到此处，才有拨云见日、茅塞顿开之感，叫了一声好。

张作霖以请教的姿态提出了许多问题，王永江娓娓而谈，条分缕析，一一作答。

当然还会有很多话题，关于东北乃至全国的形势、关于经济发展、关于民生疾苦、关于行政官僚体制的沉疴顽疾等。王永江也会对许多人物、事件进行分析和评判……

总之，王永江把自己所思所想和盘托出，一吐为快。

这次谈话使张作霖对王永江有了极大的信任和高度的欣赏。张作霖不说有得"卧龙凤雏"的感觉，也是醍醐灌顶，击掌称快。

作为东北新兴力量代表人物的张作霖，虽然那时一心想当东北王，但既没有经济实力，更没有充足的思想准备，因此在执政时，很多事情都是仓促而为，毫无章法。王永江与张作霖的一席交谈，如果称之为东北新的"隆中对"，那么也是有诸葛而无玄德。

所以，王永江和老张之间的关系，很多人都认为用东晋时期谋士王猛与前秦皇帝苻坚来比喻大概更为准确些。

张作霖有一点极为聪明且值得称道，那便是在一席谈话之后，完全信任王永江，秉持用人不疑的态度。因为他发现王永江不仅学问渊博，可以仰取俯拾，勾引贯穿，而且独具敏锐的判断力、谨慎而又果

断的行政执行力，更重要的是能给奉军扩张武备带来实实在在的经济
支持。

谈话之后，即 1916 年 11 月 15 日，张作霖任命王永江为奉天省
卫生处处长、高级顾问，这是先明确了其职务级别。仅 5 天之后，即
11 月 20 日，张作霖再次对其委以重任，任命王永江为奉天省警务处
处长兼省会的警察厅厅长。半年之后，即 1917 年 5 月，王永江被任
命为奉天省财政厅厅长。两年后，即 1919 年 6 月，张作霖让其代理
奉天省省长。

至此，王永江在奉系才真正地升堂入室了。

进入奉系核心圈的上半场，王永江可以说是如鱼得水、飞龙在天
的感觉。

此时，张作霖对王永江一直是相当尊重和信任的。无论是在王永
江和汤玉麟的军警之争时，还是王永江在财政厅肃查各县税收中的贪
腐行为而枪毙了十四个关卡长时，张作霖都百分百地支持，毫不动摇。

其实在具体执行过程中，一定有复杂的角力、明争暗斗、结怨树
敌的时候，这是局外人难以了解的。

张作霖本就出身草莽，而且性本粗暴，人人皆知。凡军人入见
者，稍有不当，辄遭辱骂。但他对王永江则始终以礼待之。

> 王任省长时，帅府有事请省长至，坐稍久，张尚未自内宅
> 出，王即起身谓副官曰：我还有事，即掉臂而去。张闻之向不以
> 为怪。[1]

---

[1] 胡毓铮：《王永江的课史与自好》，载政协大连市金州区文史资料委员会、大连市文物管理
委员会编：《王永江纪念文集》，大连出版社 1993 年版，第 114 页。

身为下属的王永江，脾气比张作霖还大。张作霖帅府那边的人员，有被任用为县知事或税捐局长者，他们来见张作霖称谢时，在东北一手遮天的老张却告诫这些人：

> 王岷源脾气不好，很难伺候，你要小心，好好地做。

那时，官场中流传着一个歇后语：王永江进帅府，高人一等。

金毓黻曾说："故作霖与永江人谓为遇合之足称者，信然。"遇合，古人常指臣子遇到了善用其才的君主。

再说一个小细节，来看他们"蜜月"期间的关系如何。

1924 年 11 月 24 日，第二次直奉战争以张作霖胜利告终，他得意扬扬地进了北京。当时，他在北京给奉天的王永江发了一封电报，全文如下：

> 奉天王省长鉴，今日抵都，各事端绪甚繁，弟均以冷静处置。不久即回奉，请放心，无念。作霖。敬戌。①

从这一段电文能看得出是牛气的东北王给下属发文的口气吗？

每年张作霖过生日或其他节日，帅府都要举行一些庆典仪式。文官武将都早早来到大帅府，诸将如孙烈臣、张景惠、张作相、吴俊升

---

① 章伯锋、李宗一主编：《北洋军阀（1912—1928）第四卷 直系军阀的兴衰》，武汉出版社1990 年版，第 948 页。

等人都是肃立于阶下，张作霖一出来，众人便齐齐下拜称贺。王永江的省署小楼就在帅府后面，可每当这个时候，他决不露面。直到称贺的人都走了，他才离开省署前往帅府。

张作霖知道他的这一习惯，王永江一来，就立刻让人把帅府的门打开，微笑着走到阶下迎接。幕主如此礼遇，若是换成别的幕僚，难免要诚惶诚恐，不知所措，唯王永江处之泰然，他给张作霖行礼时也不下拜，仅拱个手，作个揖，其独特个性和在奉系中的独特地位可见一斑。

陆

文治派与将相和

王永江在其政治生涯的后 10 年，尤其是在奉系集团中的人际关系，其实可以概括为他和四位人物之间的关系，这四位分别是：君臣之间的张作霖、朋僚之间的袁金铠、将相之间的杨宇霆，还有一个是中日之间的岩间德也。

友人提携，走出金州

青年王永江经历了一系列的沉浮变故，在已经迈入中年门槛之时，他的贵人终于出现了，这位贵人便是远在辽阳的袁金铠。

袁金铠，字洁珊，奉天省辽阳县人，秀才出身，少年时就小有才气，喜研古经史。袁金铠和王永江是早年同在奉天参加科考而结下的文字之交。

1892 年王永江成为廪生，而后与其弟王永潮同入奉天萃升书院深造。萃升书院是清代东北地区赫赫有名的高等学府，创建于康熙五十八年（1719），并在乾隆初年更名为沈阳书院，后因俄国入侵关闭，于民国十七年（1928）重新开放招生，并聘请海内宿儒王尔烈等到校任教，此时改回萃升书院之名。它作为东北地区曾经的高等学府培养了许多名人志士。

现在如果到沈阳的大帅府去参观，出来后在附近随便逛逛，也许你就会发现"萃升书院"的牌匾，因为它们之间距离很近。

在这里，青年王永江和袁金铠惺惺相惜。但初时相交并不深，也许仅是彼此欣赏而已。尤其在通信、交通都不发达的年代，一别可能就是永别。

在科举时代，挑选府、州、县生员（秀才）中成绩或资格优异者，升入京师的国子监读书，这类人被称为贡生。贡生，意谓人才是贡献给皇帝的。

清代贡生又分几种：每一年或两三年由地方选送年资长久的廪生入国子监读书者，称为岁贡；逢皇室或国家庆典，除岁贡外，加选一次的生员，称为恩贡；每三年各省学政就本省生员择优报送国子监者，称为优贡；每十二年各省学政考选本省生员择优报送中央参加朝考合格者，称为拔贡；等等。

1902 年，王永江的弟弟王永潮再一次参加贡考获一等为优贡，优贡就有了候补当知县的资格。他们的父亲王克谦大喜过望，在金州城的亲友中到处借贷，为王永潮凑足了资费，让他去直隶省的保定府等候递补。

为什么要去保定府呢？因为清末官场有一个地域回避的制度，就是一般贡生不准在现居地和祖籍地做官，要到外省去。

或许从这时起，王永江就有了让弟弟外出当官，他在家里奉养双亲的朴素想法。这也符合古时辽南的民风，一般来说，都是长子留在家里继承祖业，其他的男子则出去闯荡江湖或开枝散叶。

因此，王永江开始研习医术，因其聪慧过人，颇有心得，还著有一些医书，如《癎疾蒙谈》《医学辑要》《方书选粹》等。

1900 年，各地义和团运动已成烽火燎原之势，奉天很多地方纷纷组织地方保甲和团练来维护治安。这时辽阳的袁金铠得到妻兄苏会忱相助之力，也开始办理团练。

1904 年，袁金铠出任辽阳警务提调。要保一方平安，他意识到首先要有一支好的警察队伍，而好的警察队伍又必须有人来培训，要先训练一批有素质的警察人才，这是基础。

1907 年春，袁金铠终于想到了在金州的王永江，但二人已多年没有见面。于是袁金铠试着给王永江写了一封信，请他帮忙了解日本在大连实行的警察制度情况。

那时，王永江赋闲在家，面对近代两次战火的屈辱、古城的陷落，他陷入了深深的思考中，面对三千年未有之剧变，他意识到必须睁眼看世界了。

他与那些喜欢口头发泄或诉诸非理智行为的愤青截然不同，是崇尚"师夷长技以制夷"的实干家。旅顺采真堂药店的关张和他在南金书院辞职这两件事的强烈刺激，促使他开始关注日本，并投入精力对其进行研究。在研究过程中，他对于日本的村屯制度和警察制度最感兴趣，且深得其旨。

袁金铠写信来求教的时候，王永江经过一番考察整理，很快就写出一份长长的报告。在复信中，王永江详细地介绍了日本警政实施办法等情况。袁金铠看后拍案叫好，大加赞许。正是王永江这封回信起了重要的作用，于是，袁金铠当即邀请王永江来辽阳警务学堂当教员兼监学。

就这样，王永江离开了金州古城老家，出去谋生。

王永江是金州人，为什么远在辽阳的提调袁金铠推举他当上了辽阳警务学堂的教员，并以此为起点而踏上仕途呢？

除了二人相识于清末科考，还有一说，就是王永江与袁金铠之间有个鲜为人知的搭桥人——于祥轩。

古代文人大多有一个朴素的理念：不为良相，即为良医。

年轻时的王永江看到父亲王克谦经营的"永庆和"店铺，本小利薄，赚钱无几，生活困窘。于是王永江和他的姐夫李景周（也是秀才）拼凑了一点资本，一起去旅顺口孙家沟开了个"采真堂"中药店，二人合力，坐堂看病、卖药。

那时的旅顺口刚刚兴起，正在建港、造坞、修炮台，吸引来大批外地劳工和商人，有点儿像现在的经济开发区。

沙俄统治下的旅顺在初建军港设施时，招聘了来自山东等地的很多劳工，经济也比较繁荣，药铺生意尚可维持。1904 年日俄战争开始后，日军占领旅顺之后，大批日商开始涌入，街面上到处都是日本人经营的店铺。中药铺受到西药铺的冲击，营收大不如前，最后"采真堂"维持不下去，只好停业倒闭。

在旅顺期间，王永江结识了同是金州人又同为中医的于祥轩。于祥轩开的药房叫"采春堂"，和王永江的"采真堂"仅一字之差，这说明两人之间的那种默契和相知。

日俄战争后，于祥轩为避辽南乱世，也是为了摆脱西药对中药的冲击，携家眷到辽阳继续开药房，药房仍叫采春堂。

于祥轩到辽阳之后，借行医之便，他广交当地商户和各界名人，遂得与袁金铠结为好友。于祥轩深知王永江的家世和学识，更了解他的为人。当他偶然得知袁要广招人才办警务时，便极力向袁保举了金州的王永江。于是袁金铠才给王永江写了一封信。

这是王永江生命中一个重要的拐点，如果没有这封信，恐怕就没有后来的王省长了。

人生际遇，有时候就是这样神奇。

2022年初时，旅顺博物馆举办了一期《半生仕宦　不改儒风——王永江生平及书画交游展》。展出的展品中，就有一封王永江写给于祥轩的书信，其原稿收藏在金州博物馆。

祥轩仁兄：今日寻得吸铁石一块，全块均能吸铁，如尊处无活者请来信，即便寄去制药，若尊处有能吸铁者即免得邮寄，请示知。再，蜜丸之药配好先寄下为要。

王永江启，廿一日。

王永江在日记中也记录过和于祥轩的来往：

于祥轩自辽阳来。因昔年为肇州事曾求余信，为之介绍。当事者今已办完，竟将熟荒田二方（按：每方10垧，150亩）酬，余拒绝不受，伊亦感佩而去。余平生不受意外之财，每见多贪不义，心实鄙之。①

从这些零星的记载中可以看到，于祥轩和王永江关系确实不一般。王永江一生中朋友并不多，这一方面是性格使然，为人孤僻、清高所致；另一方面，他的时间都用在了捧读功课上，没时间在社交场合混。

王永江去辽阳是 1907 年的春天。那时，从金州前往辽阳，给人感觉是到非常遥远的外部世界去了。这一年，对于王永江来说，是刻骨铭心的。这年秋天，王永江失去了胞弟王永潮。他肩上的责任，陡然沉重了许多。

王永江到辽阳之后，以日本警政制度为蓝本，结合奉天省和辽阳的实际情况，编写出多种关于警察制度的讲义，制定了一些章程和法令，得到校方和学生们的认可。不久，他就被提拔为辽阳警务长。因他办事认真，性格倔强，大公无私，在辽阳博得了官民的称赞。当时的东三省总督锡良特予嘉奖，称其为"奉省办警政的第一人"。

这也是后来袁金铠屡次向张作霖推荐王永江的原因之一。

总之，王永江的人生转折与袁金铠是分不开的。王永江早年的这首《怀兆佣》，是他和袁金铠友谊的见证。兆佣，即袁金铠。

　　美人香草旧相于，病里秋风念索居。

---

① 政协大连市金州区文史资料委员会、大连市文物管理委员会编：《王永江纪念文集》，大连出版社 1993 年版，第 125 页。

千顷汪汪黄叔度，一生侃侃蔺相如。

高谈昔日惊湖海，古道而今感笠车。

不见令人生鄙吝，停云霭霭望鱼书。

在这首诗中，王永江通过追忆当年求学时与袁金铠侃侃而谈的情景，表达了自己因思念袁金铠而产生的难言苦闷之情。

在辽阳期间，东三省总督赵尔巽曾调王永江率部前往铁岭镇压革命党人起义。他在自己的诗集中，也曾专门记述此事。

辛亥九月革命事起奉调晋省途中口占

浩劫茫茫孰挽回，水灾未了又兵灾。

鱼龙猛夺千畴去，鸿雁嗷鸣四野来。

百变沧桑馀杀气，万家烟火冷残灰。

伤心多少悲秋感，日落云横画角哀。

王永江自此在奉天逐渐崭露头角。

奉系里的"辽阳派"

从辽阳走出来之后，袁金铠曾是东三省总督赵尔巽的心腹谋士。

辛亥革命发生时，赵尔巽惶惶无措，于是召集手下亲近之人商议对策，此时袁金铠提出了上中下三策。

上策是，整军保境，震慑革命。具体为充实本兵，稳住客军。应尽快将张作霖、冯德麟的巡防营调到省城，分化蓝天蔚率领的新军的力量，待一切布置妥当，召集军政人员会议，公开宣布保境安民之策。这样，革命党人就再也无隙可乘。

中策是遥作勤王，静观事变。

下策是响应革命党，甘居叛逆，宣布独立，请皇上退位，成败如何，难以预料。

听了袁金铠的一番言论，赵尔巽茅塞顿开。

1912 年 1 月 12 日，赵尔巽在奉天召开保安会议，将张作霖等带进会场。当双方为要不要起义争执不下时，张作霖一阵恫吓，言辞强硬，充满威胁，逼得蓝天蔚、吴景濂等不得不听命于赵尔巽。

奉天的革命行动表面上是被赵尔巽、张作霖所绞杀，其实出谋划策的全是袁金铠一人。

清帝退位后，赵尔巽离开奉天前往北京，出任清史馆馆长一职。袁金铠也跟随赵尔巽前往北京，担任清史馆编纂。此时，袁世凯正在进行军事整编，打算将各地的巡防营整编为新军的师团制。张作霖敏锐地察觉到这一契机，便委托袁金铠在京城活动。袁金铠不负所托，为张作霖争取了一个二十七师的番号，张作霖就此成为中将师长，开启他军事生涯的新篇章。

袁金铠后来成为张作霖的得力幕僚，有一段时间，老张对他几乎言听计从。那时，张作霖刚刚主政奉天省，位置坐得并不安稳。而当时奉天还有一位军阀大佬冯玉麟，冯也是张作霖的把兄弟，资历比张作霖更老，他同样觊觎着督军的位置，这让老张颇有危机感。在这种情况下，老张急于招揽人才，做出成绩，巩固自己的地位，因此，他让袁金铠给他推荐人才。袁金铠也确实为张作霖推荐了一大批人才。

但是，后来王永江不仅取代袁金铠成为文臣之首，而且张作霖对他的信任和倚重也超过了袁金铠受宠之时。

从公元前 3 世纪到 17 世纪前期，辽宁的中心城市一直都是辽阳（旧称襄平）。从大汉的辽东郡一直到明代的辽东都司，实际上辽阳那时不仅是辽宁，而且还曾是中国东北地区的政治、经济、文化中心，交通枢纽和军事重镇，但是到了近代和现代，它十分无奈地把中心地位让给了沈阳，逐渐被边缘化了。

但是辽阳的文脉传承和文化积淀，其他地区是比不了的，毕竟是千年的地域中心和古城所在。在奉系的核心圈里，一直是有一个辽阳派的。所以辽阳派是以文人为主的。最初，袁金铠是张作霖军政两个系统的秘书长，也可以说是奉系的头号智囊人物，其地位也可说一人之下、万人之上。

张作霖在任奉天督军时曾对袁说：

> 我之有今日，皆六兄之谋。今后更望有关军政各事多加帮忙，富贵与兄共之。

张作霖这段话很直白，与当年陈胜、吴广的"苟富贵、无相忘"非常相似。由此可知，张之得势，很多地方实出于袁之谋划。

那时，以袁金铠为首的辽阳派在奉系里权势熏天，难免遭人嫉妒。例如，在 1918 年推选国会议员时，所有人选都是由袁金铠一人列名单，然后呈报张作霖审阅决定。当时，袁金铠门下已经有了一帮趋炎附势之徒，这已成常态，但也给他带来了意想不到的麻烦。

袁金铠推荐人有两个特点：一是他愿意推荐那些他认为真正有才能的人；二是他可怜那些饥寒交迫、衣食无着的人，愿意将他们推荐到一些能够养家糊口的职位上去。正因为如此，许多人纷纷登门求情，希望能得到他的推荐。这样一来，地处奉天军署前胡同里的袁金铠官邸，每到年节，上门送礼、求情办事者可谓川流不息、络绎不绝。

袁金铠很享受这一点。虽然袁金铠不敢明目张胆地卖官鬻爵，但是他的夫人苏氏可不是"省油的灯"，常常暗通款曲，到处卖好，然后再让袁金铠想办法善后。久而久之，奉天城里甚至流传起一句民谣："要当官，袁洁珊。"曾有人密告张作霖："袁金铠之门庭若市，奉天人皆知有秘书长，而不知有将军，其奈威柄下移何？"

当时，张作霖心中就犯起了嘀咕，身为老大，哪能允许别人抢尽风头？

据说，有一次张作霖召集属下大员开会，众人皆到，唯独秘书长袁金铠迟迟未现身，张作霖问起来，得到答复竟然是袁金铠的夫人责令他在家，他便不敢动身。张作霖非常生气，这才知道了袁金铠的夫人刁泼贪婪，收礼甚多，来者不拒。

经此一事，张作霖对袁金铠的态度发生了变化，更是对袁起了戒心。很快，袁金铠便失宠了，无奈之下，他只能跟随孙烈臣到黑龙江省署当了一段时间秘书长，这无疑等同被踢出了奉系核心圈。

袁金铠在黑龙江期间，王永江还为他写过一首诗，字里行间满是想念与感慨：

岁暮怀兆佣

乌桓杂部索伦东，朔漠山川指顾中。

玄菟郡遥乡国月，黑龙江冷塞门风。

诸侯宾客推王灿，蛮府参军屈郝隆。

闻道阳台云雨断，沈沈戎幕夜灯红。

直奉战争之后，袁金铠才重新返回奉天。

有一次袁金铠随老张进京，在北京写了四首七言寄给王永江，王永江随后也写了四首诗回赠：

袁洁珊以入京四诗见寄依韵和之

一

杏花春雨又相逢，华发将颠两鬓蓬。

欲买青山何处住，江湖满地夕阳中。

二

柔柔何处咏候旬，莫美桃园避世人。

除却武林溪上路，落花流水一般春。

三

天地蘧庐到处家，漆园无奈著南华。

濠梁悟得鲦鱼乐，流水无心送落花。

四

苍茫四海动征尘，处处欃枪自作斗。

跳出沧桑安步去，云山千里草鞋新。

两人是朋友，更是挚友。正所谓君子和而不同，在为人处世方面，两人却大不同。王永江不喜欢钻营、谄媚这一套，身上还有一股文人的倨傲和清高。两人这般反差，让人不禁联想到古代管宁与华歆割席的故事。但王永江与袁金铠虽行事风格大相径庭，却能彼此理解、相互欣赏，实在难能可贵。

说起奉系的辽阳派，必须提到的另一个文化人是于冲汉。于冲汉作为张作霖倚重的高级顾问，举手投足间既有地方民政官的派头，又透着儒士的风范。清末时，他曾考中过秀才。

1891 年，于冲汉任县丞及直隶总督衙门文案。1897 年，他留学日本，据考证他是东北地区第一个去日本留学的中国人。他精通日、俄、朝三国语言。其间，他还曾担任东京外国语学院教师，给日本人讲授中国语文。

1904 年，日俄战争后，于冲汉任辽阳交涉局局长，办理辽阳西部巡警事宜。1910 年，他任长春道台衙门帮办。翌年，他任奉天交涉司随办、辽阳知州。

1912 年 1 月 1 日，中华民国成立，于冲汉任外交部特派奉天交涉员、奉天巡按使署外交顾问。此后，他任张作霖所率第二十七师总文案，并任其外交顾问。1920 年，他任奉天官银号总办、东三省巡按使署总参议。同年 8 月，他任国务院参议。11 月，他奉张作霖之命作为特使前往日本。此后，他任辽阳电灯公司总经理以及鞍山铁矿公司、振兴公司总办，在这里他帮助日本人也包括他自己发了一笔大财。1922 年，他任东三省保安总司令部总参议。1925 年，他升任东三省特别区行政长官。翌年，他转任中东铁路督办。1927 年他辞职。

王永江病逝后，于冲汉和袁金铠被合称为奉天文治派的双璧。张学良继承张作霖大业后，因其同旧派疏远，故于冲汉的政治影响力渐失。

辽阳派里的王永江、袁金铠、于冲汉，又号称奉系的文治派三巨头。但后来，王永江是大家公认的辽阳派首领，是因为他的地位其他人取代不了。

辽阳派里还有白永帧、王镜寰、金毓黻等人，因此奉系里的辽阳派也是举足轻重、不可轻视的。

虽然王永江是辽南金州人，但他最早进入仕途、进入官场是在辽阳，所以大家都把他归入辽阳派。

金毓黻在《王永江别传》中曾经讲述了王永江在辽阳的一些逸闻：

光绪三十二年，辽阳州创设警务学堂，以邑绅袁金铠之介，来任教员兼监学，所裁成者甚众。迨诸生毕业，转主辽阳警政。永江邀广宁王镜寰为佐，而以警学诸生羽翼之。手订规章，严于考课。在职数载，遂以能办警察蜚声于辽左。维时辽阳交涉局长于冲汉与金铠为一邑人望所系，与永江厚善，昕夕往来无间。辽阳租捐征收局长高澍、但旭旦皆辽南名士，日就永江庐倾谈，娓娓不倦。高但等来不迎，去亦不送，领首揖客若无事焉。诸君子亦不以简慢咎永江。识者已知其气象加人一等矣。

文有王永江，武有杨宇霆

说到张作霖的成功，常常会听到这样一句话：老张文有王永江，武有杨宇霆。二人是张作霖真正的左膀右臂。

杨宇霆在军事素养方面，要远远高于张作霖的那些老弟兄。

据说，当年张作霖刚刚担任二十七师师长时，初进奉天，有一天在大街上看见一支队伍。这支队伍着装整齐、风纪严肃，张作霖见此情景，颇为惊诧。经询问，方知是兵工厂杨宇霆的队伍。随后，张作霖将杨宇霆找到师部问话，发现其真是个人才，便立即提拔杨宇霆为督军府少将参谋长。

当时的杨宇霆刚从日本士官学校毕业，干练多才，富于谋略，精力充沛，勇于任事，敢于负责。他在生活上律己较严，不溺于声色，不嗜于烟酒。这些情况，同样引起了王永江的注意，这也是两人相识初期互相欣赏的原因。

杨宇霆，字邻葛，奉天法库县五月乡蛇山沟村人，1904 年清末时期的秀才。当年，正当他沉浸在考取功名的喜悦中时，清政府宣布废除科举，金榜题名、报效国家路走不通了。

这些末代秀才的唯一出路，就是到奉天学堂学新学。毕业考试时，杨宇霆名列前茅，考取奉天陆军学校，后又被选派进入日本陆军士官学校学习。

日本陆军士官学校在民国时期名气很大，很多民国风云人物都曾在这个学校读过书。

对于这份难得的机遇，杨宇霆十分珍视。抵达日本后，他一如既往地认真学习。个性要强的他，为了练骑马，半夜偷偷加练，一次竟被惊马咬伤了。

除了学业优秀外，杨宇霆还善于经营关系，不但在同期学员中有不少好友，还和不少政要有联系，甚至孙中山都与他有书信往来。

学成归国后，他先是在长春担任陆军第三镇炮队队官，随后又在东三省讲武堂做教官，但真正改变他命运的，却是一个长他四岁的师兄——皖系的徐树铮。

在震惊中外的秦皇岛军火大劫案中，杨宇霆给张作霖立下汗马功劳，其中最突出的便是为奉系截获了一批军火。

1918 年，民国代总统冯国璋为扩充势力，向日本政府借款 4000 万元，购买了一批军火，即大炮、机枪、步枪三万余件；也有说法是由陆军部和日本泰平公司签订的军械借款合同，借款金额计 1800 万元，购买 27000 支步枪。

日本商船满载这批军火从日本启程，预计在秦皇岛港登陆。

杨宇霆毕业于日本士官学校第八期炮科 ①，徐树铮毕业于日本士官学校第七期步科。徐树铮时任北洋政府的陆军次长，为了拉拢奉系，他向杨宇霆透露了这个重要的信息。

杨宇霆获取信息后，因事关重大，迅速告知张作霖。据说张作霖反复权衡利弊，终于下定决心要吃掉这块肥肉。

1918 年 2 月，杨宇霆和张景惠带领奉军的五十三旅开拔到秦皇岛，杨宇霆与冯国璋派来接收军械的人员住在同一个客栈，因为同为北洋政府的人，两拨人还经常在一起吃饭喝酒，实际大家都在坐等日本轮船到港。

---

① 见沈阳市人民政府地方志办公室编：《沈阳市志》（第十七卷），沈阳出版社 2000 年版，第 44 页。

2月25日，日本轮船到达秦皇岛，冯国璋派来的接收人员把所有军械清点完毕并装上火车后，张景惠突然带兵现身，将车站团团包围。冯国璋派来接收军火的队伍人少势单，只好眼睁睁地看着奉系强令机车长倒挂车头而去。就这样，一列装满军械的火车开到了奉天。这些军火，本来是冯国璋用来装备四个甲种师的。

后来冯国璋与张作霖的扯皮经过就不细说了，那么这件大案对张作霖意义有多大呢？

仅拉回来的军火，就武装了七个混成旅。也就是说，张作霖的军队得以轻松地扩编二十多万人。

张作霖的秘书宁成恩曾感叹：没有这个大案子，奉军根本成不了气候。

为张作霖轻松捞到"第一桶金"的杨宇霆，用实际行动彻底让诸多老将心服口服，由此稳固了他在张作霖身边第一智囊的地位。

枪炮齐全的这批军械，对奉军的发展起到了决定性的作用。得到这些武器的张作霖一跃跻身顶级军阀行列，撑起了北洋军阀三大势力之一的奉系大旗。

同时，因为成功策划这次关键的劫械案，杨宇霆在奉军中声名鹊起。

大劫案成功之后，徐树铮和杨宇霆劝说张作霖入关，扩军拓地。张作霖也终于有了派兵入关助皖的念头，实际上，他是在皖直相争中去拉偏架的。这对奉系来说是从未有过的大事，因此张作霖特地召集文武官员来商议。

徐树铮也受邀出席，滔滔不绝地列举入关的种种好处，描绘长驱直入中原、军队锐不可当的宏伟蓝图，等等，把张作霖在内的许多人都说得心动不已。只有袁金铠表示反对，但却没有引起张作霖的重视。奉军入关，犹如打开了潘多拉魔盒，此后十几年间，张作霖、张学良父子俩数番从东北入关，每次出发前都踌躇满志，前途好像繁花似锦，到最后却只落得个雨打风吹去的凄凉下场。

作为那批军火的回报，张作霖按照与徐树铮的约定，派奉军进入山海关，意图染指中原，并着手组织援湘军。直系总统冯国璋迫于压力，无奈重新任命段祺瑞为民国政府总理，国内政治格局因此发生重大转变。

也正是在这次入关期间，杨宇霆和徐树铮两人走得太近了。两人甚至准备拉队伍自己干。然而，他们的异动没有逃过张作霖的眼睛。张作霖发现杨有异心之后，立即撤掉了他在奉军中的职务。

遭受打击的杨宇霆，对这件事的处理极为聪明。他当时没有为自己辩解，而是悄悄带着老婆、孩子前往北京隐居了。

结果没了杨宇霆的张作霖，在军政事务的处理上处处碰壁，遇到困难更没人给他出主意。张作霖对后来接杨宇霆班的人始终不满意，包括他最信任的把兄弟张作相。于是，张作霖常常对左右的人说，你们办事都赶不上邻葛。

杨宇霆，字邻葛，后期也有人称他为"小诸葛"。

民国时期有"小诸葛"之称的，实际只有徐树铮一人，徐树铮是皖系军阀的智囊人物。再后来，桂系军阀白崇禧也被冠以"小诸葛"之称，而杨宇霆的"小诸葛"之称，仅限于在东北奉系军阀内部。

纵观北洋军阀时代，有一个很有意思的现象。这就是北洋军阀的大佬们多是武人出身，所以几乎每一个大佬身边都会配备一个智囊型人物。段祺瑞身边是徐树铮，曹锟身边是吴佩孚，张作霖身边则是杨宇霆。

但很多智囊型人物只适合在幕后运筹帷幄，存在"谋有余而定不足"的情况，能干参谋，干不了将帅！

杨宇霆在张作霖的背后运筹帷幄，助力奉系崛起，干了很多大事。然而，1921 年他被派到江苏后，当了几个月的督军就被人打得灰头土脸地回来了。

1922 年 2 月，在杨宇霆被贬之后不久，张作霖又重召其回奉。回来夹着尾巴做人的杨宇霆更加谨慎小心，认真做事。不久，老张又任命他为东三省巡阅使署总参议，"所有一切军政大计都由他代张作霖主持和签署"。

杨宇霆聪明过人，有人形容他说：凡是张作霖想做的事情，不待说明，杨宇霆便心领神会地办妥了。

在此期间，杨宇霆建议设兵工厂，扩充军备，并自兼兵工厂督办。兵工厂先是增设了炮弹厂，后来又建设炮厂、火具厂、铸造厂、迫击炮厂等，共计"八厂四处"，工人达到两万余人，大小机器装备在万台以上。自此，奉军的后勤供应情况大为改善，杨宇霆凭一己之力，直接把东北地区的军工生产力提升到了全国第一的位置。

东北兵工厂后来规模之宏大、设备之完善，连日本人都为之侧目。因其不但能造一般的枪械弹药，而且能生产山炮、野炮，甚至被誉为"东方第一兵工厂"。

当然，这背后也是王永江的财政支持给他做了坚实的后盾。

杨宇霆视野开阔，见识也高其他人一筹。这也是张作霖后来看不上其他人的主要原因。

那时，强大的日本关东军，见了张作霖也得给三分薄面，就是因为张作霖背后有杨宇霆带出来的全新奉军，有一个实力雄厚的兵工厂。这使得日本即使垂涎东北，也一直不敢轻易动手。

从"两知"的将相和到分道扬镳

奉系里曾经有一个"奉系三杰"的说法，这三杰就是王永江、杨宇霆、郭松龄。

很多人都知道历史上有过"汉初三杰"的说法，汉高祖刘邦这样说：

> 夫运筹帷幄之中，决胜千里之外，吾不如子房；镇国抚民，给饷馈，不绝粮道，吾不如萧何；连百万之众，战必胜，攻必取，吾不如韩信。三者皆杰，吾能用之，此吾所以取天下者也。

如果拿"奉系三杰"和"汉初三杰"来做一比照，那么郭松龄远远不如韩信。郭自称是唐朝大将郭子仪的后人。他懂军事却没打过几次大仗；他有一些进步的新思想，但谋不如人，尤其最关键的反奉讨张之战，本形势大好，胜利在望，却以惨败人亡收场。

杨宇霆的确算是张作霖的智囊，但在政治远见和对局势的宏观把控上和张良仍有差距；杨宇霆深得张作霖信任，担任奉系参谋长之后，一度是被誉为奉系中的"张仪"，因为他和皖系等其他一些派系都有联系，善于纵横捭阖。

杨宇霆大刀阔斧地对奉系军队进行了改革。从严格意义上来说，韩麟春、姜登选、郭松龄等新派军人都是因为他的改革才得以进入奉军，这些人后来都成为奉军的中坚力量。

但王永江之功确实不逊于萧何，与他同时代的人也常常把他喻为历史上的萧曹、管仲。王永江主政奉天期间，为奉系的壮大奠定了坚实的经济基础，在奉系的发展进程中发挥了至关重要的作用。

历史就是这样奇怪，王永江刚进入奉系核心圈时，他和张作霖的那些老兄弟合不来，却偏偏和杨宇霆关系很好。

在两个人的相处上，我感觉王永江更主动一些，他不断向杨宇霆示好，这在王永江的人际关系网中是罕见的。两人都属于奉系里具有开放性视野的人物，又都是文人出身。杨宇霆是代表军方的新派人物，王永江是文臣之首。两个人前期的合作，有一点"将相和"的味道。

读王永江和杨宇霆的来往信件可以看出两人的关系密切，现在能见到的两人的通信就有十几封之多。在两人的通信中，王永江在有些信件文尾的署名竟不是自己的名字，而是简单两个字："两知。"

"两知"，即通信者双方都不用署名，就知道对方是谁。此外，他们还有一些信件是用"两浑"的落款。这就有些顽皮了。

同朝为官，却常常一来一往地书写信件，现代人也许会觉得奇怪，其实这是环境使然，时代需要。

两个人后来反目，成为对立派，说到底还是因为理念不同，尤其是政治理念。王永江考虑的是奉天省的发展和民生，杨宇霆想的是借助张作霖的力量实现个人野心。

两个人的矛盾始于军费开支，杨宇霆在任东三省兵工厂督办时，王永江是其眼中的"提款机"，他就是王永江一个大把花钱的"祖宗"。

杨宇霆认为，我兵工厂要用多少钱，你就得拿多少钱。他全然不考虑这些钱是如何辛苦积攒来的。这也是令王永江最伤心的地方。王永江说过这样一段话：

> 吾剔中饱，节冗费，竭五六年之心血，库存乃积至数千万，今邻葛乃欲置之于一旦，其何可者？

王永江曾说，整顿财政和税收：

> 如防水焉，璞之驻堤一丈，而杨乃决去一尺，则全堤俱溃，筑之力不加决之力大而且速，悍然不顾，于吾民大苦，而危象渐呈，此下野之所以不能不然也。

一个在努力地筑堤防洪，一个却在不断地开口子放水。
用王永江自己的话说：

> 在民国十二年以前，仆于当局之行为尚可矫正而匡救者，十之五六。自十二年杨氏回奉，而事渐不可复为。

这段话的意思是，1923年以前，在张作霖那里，如果王永江有建议的话，十件事中会有五六件事能够按照王永江的想法去做。但后来杨宇霆二度回来后，渐渐地在十件事里，大约只有两件事会按照王永江的意思去做。杨宇霆更多的是鼓动张作霖问鼎中原，一图霸业。

早在第一次直奉战争结束后，即 1922 年 7 月 8 日，王永江就曾写信给杨宇霆，劝其放弃内战政策：

> 现在潮流所趋，日重文化。此后以中国人与中国人斗，胜者不足荣，败者不足辱，且适以腾笑列国，虽据全胜，亦不过取列强于一噱，不足称豪于一时，反足以贻害国家而已。①

1924 年 5 月，王永江再次写信给杨宇霆，信中说：

> 至今日而谈王道，是为腐儒，然管子虽霸、霸亦有道。

王永江还在信中劝告杨宇霆和张学良都应读一读《管子》一书。王永江进一步从历史的角度强调："自唐以后，求霸且不易得矣。"他认为，"今之时局，能行管子之道者，犹可以强国，岂独一省地盘之区区关系哉？"

王永江最后对杨宇霆的行事作风提出警告：

> 弟等少年勇往，唯以愚陋之见观之，每办一事、但计目前之华好，而不顾其后，非持久不败之道也。行路有步骤，乃不倾跌；若锐进于一时，而后难为继，则善始者未必善终矣！②

① 中国人民政治协商会议辽宁省委员会文史资料委员会编：《辽宁文史资料》（第 25 辑），辽宁人民出版社 1988 年版，第 33 页。
② 沈延毅主编：《沈阳文史研究》（第四辑），沈阳市文史研究馆编委会编 1989 年版，内部发行，第 45 页。

两人同为张作霖的高级幕僚，虽然地位上、年龄上，王永江都高于杨宇霆，但这样直截了当地批评另一方，一是反映了王永江的耿直性格，二是表明了他对奉天时局发展危险性的担心。然而，这种毫不留情的批评方式，必然会引发杨宇霆的不满，心中对王永江产生芥蒂，为两人的决裂埋下了伏笔。

王永江的劝告和力争，仍不能阻止张作霖、杨宇霆推行武力的政策，第二次直奉战争还是爆发了。战争爆发后，王永江又力劝张作霖：战争结束后，切不可留恋北京，应速回东北。他说，北京如同一根没有肉的骨头，谁夺到手也无肉可食，不如开发东北，大有可为。

三星陨落，奉系倾颓

在某种意义上说，是杨宇霆"谋杀"了王永江。

1926 年，在王永江辞职回金州养病之时，张作霖曾多次派人去请王永江而未果，但他只不过是暂不出山，想以此争取一些条件，来保证今后民生的持续发展。

这时，杨宇霆极力向张作霖推荐刘尚清接任奉天省省长。王永江在听到刘尚清被任命为奉天省省长的消息后，急火攻心，当即大病不起。

说王永江完全不在乎名利和职务，是不现实、不真实的，人都是环境的产物。

1929 年 1 月，张学良枪杀杨宇霆之后，曾发布了一个东北三省保安总司令部布告。布告罗列了杨宇霆的罪行，其中之一就是其妨碍新政，主要指的就是杨宇霆对王永江的施政起了很大的阻碍作用。布告里说：

> 前如王永江之被摈，郭松龄之激变，果谁为之？近如金融之扰乱，战事之延长，又谁致之？司马昭之心，路人皆见，吾东省人皆知之。[①]

尽管如此，实事求是地说，杨宇霆不是一个反面人物。他在很多方面也为东北作出了不小的贡献。在外交方面，杨宇霆在一定程度上充当了张作霖的"外交部长"。

当时的对外交涉，最棘手的莫过于日本。日本方面向张作霖提出一些不合理的要求时，张作霖一般都说："好好，我叫邻葛来办。"如果日本人要求书面承诺，张作霖便百般拖延。据称，只要不立字据，杨宇霆总有办法使之打消、变通，将损失降到最低。

在交涉东北的铁路路权时，日本人几次想给张作霖施加压力，但总觉得底气不足，其原因之一，据战后解密的日本外务省档案记载，是"唯恐杨宇霆等反对派制造纠纷"而使日本已经取得的权益"化作泡影"。苏联学者也认为："张作霖之所以未与日本签订正式协定，是因为遭到杨宇霆的强烈反对。"经过几次交锋，日本人深感杨宇霆"不易对付"。在这场路权博弈中，杨宇霆始终站在维护国家主权的立场上，在一定程度上遏制日本的侵略野心。

---

① 黑龙江省人民政府办公厅调研室编：《黑龙江省情》，黑龙江人民出版社 1986 年版，第 1043 页。

当年张学良的心腹王家桢曾经谈道："日本顾问土肥原贤二和奉天特务机关长秦真次等都对杨宇霆加以诽谤。"这就让人不由得想起"邻国之贤，敌国之仇"的成语。

日本人认为：杨宇霆不除，难以侵占满蒙。1928 年 8 月 11 日，东京《朝日新闻》刊登了一篇文章，题为《狡猾哉杨宇霆》。其中说："我们过去把杨宇霆看成很诚恳、很恭谨孝顺的，是我们心目中最理想的养老女婿，指望他将来为我们养老送终，顶半个儿子使用。没想到，他的良心和心眼一转眼就变了，幸而我们的姑娘还没有给他。如果真给了他，不但不能给我们养老送终，还把我们的姑娘白白骗走了。"这种带有隐喻色彩的表述，也从侧面说明杨宇霆在抵制日本侵略东北计划中发挥的关键作用。

还有一个说法备受关注，即张学良除掉杨宇霆，也有日方从中挑拨的反间作用。

当年日本驻中国大使林权助到沈阳吊唁张作霖后，返回日本时在东京车站举行记者招待会。其间有记者问到中国东北的情况。他回答说："今天东北的实际情况，同我们日本当年幕府时期德川家康时代很相似。"

这个讲话迅速在日本各大报上发表，秘书译成中文给张学良看。张学良为此特意购书来查阅这段历史。原来在日本幕府时期，权势赫赫的丰臣秀吉死去，秀吉儿子丰臣秀赖继承了幕府大权。他虽年少英敏，但贪图享乐，不甚理国政，一切政务委其岳丈德川家康执掌。当时秀吉的儿子以为，他是能够控制他岳丈的，德川家康不敢对他有何异谋，因此假以实权，自己可以更自由自在地享乐。不料，后来德川突然发动政变，竟杀害秀吉之子丰臣秀赖，建立了德川幕府。林权助的这番言论，背后暗藏深意。张学良在了解这段历史后，或许意识到东北局势的微妙与潜在危机。

还有一种说法是，一个叫大川周明的日本人，送给张学良一本《日本外史》，并用红笔把丰臣秀吉与德川家康的一段史实勾画出来，暗示杨宇霆是德川家康。

杨宇霆当年积极入关的主战政策，遭到了奉系军界里很多人的反对，其中之一便是郭松龄。

郭松龄对杨宇霆是极端不满的，不仅仅是因为奉系里陆大派与日本士官学校派之争，这背后的渊源有很多。实际上郭松龄后来挥师倒张，主要针对的就是杨宇霆。所以战争爆发时，张作霖曾经让杨宇霆赶紧到大连去避一避。

郭杨两人都怀有大志，而且生活上律己极严。尤其是两人都不耽溺于声色，这一点是很多人都做不到的。同时，两人都受过正规的军事教育。在待人接物上，郭松龄比较严肃刻板而缺乏圆通；杨宇霆则懂得纵横捭阖，善于外交和应酬。这也是两个人矛盾频发、气味难以相投的原因。同时，张作霖信任杨宇霆，而张学良则信任郭松龄。

杨宇霆被杀后，于冲汉送了一副挽联：

棘门灞上如儿戏，我识将军未遇时。

意思是说，张作霖在未遇到杨宇霆的时候，他的军队就像是棘门、灞上的儿童嬉戏，而杨宇霆来了之后，奉军变得和周亚夫的细柳营一样了。这挽联虽有过誉之词，但杨宇霆帮张作霖改造和训练军队的功绩还是不可否认的。

可以说，杨宇霆是张作霖死后东北最后一个可以支撑大厦于将倒的栋梁。随着杨宇霆的离去，张作霖营造的东北神话便逐渐消淡于历史的舞台上了。

东北著名的历史学家金毓黻说：

> 自王永江死而作霖之业衰，自宇霆被杀而奉事不可为。甚矣，人存政举，人亡政息。

在奉系三杰之中，杨宇霆间接地干掉了郭松龄和王永江，然后自己又被小张干掉，奉系三杰全部陨落。

那时真是一个风起云涌的时代、一个辽沈英雄辈出的时代。他们中的任何一位被提起时，都会牵连出其他的很多人物和故事。那个时代也非常热闹，各类人物都不受约束地粉墨登场，不管是得到喝彩还是遭受喝倒彩，都在这时代洪流中留下了独特印记。

奉系三巨头张作霖、王永江、杨宇霆，在短短两年内相继离世，这标志着一个时代结束了。这个时代，对奉天省、东北地区，乃至整个中国都产生了重大影响。

1929 年 1 月，张学良处决杨宇霆时，同时被处决的还有另外一位重要人物常荫槐。当时常荫槐已是东三省交通委员会委员长、黑龙江省省长，在奉系是举足轻重的人物，他也是王永江提携起来的。

1924 年，京奉铁路关外段的客车上秩序非常混乱，特别是奉军官兵无票乘车，"妈拉巴子是免票，后脑勺子是护照"，无人敢管。这些官兵还常常殴打铁路工作人员，嚣张跋扈，亟待整顿。于是张作霖成立了一个奉军执法处，任命常荫槐为执法处处长。常荫槐亲自登车，率领执法处官兵去维持秩序。

执法处首先处理的是奉军某团长无票乘车的问题，这人在车上不但拒绝买票，蛮横谩骂，还要开枪动武，稽查员将其手枪夺下，带下火车，报由常荫槐陈准张作霖，当即在车站月台上枪决示儆，一时间奉军军人莫不骇然，无人再敢恣行无忌。

无独有偶，张作霖宠信的五太太手下有一名厨师，一次搭乘京奉铁路火车时，去到头等包厢，却没有购票的意思。常荫槐发现之后将他推下车，该厨师自恃身份，傲慢无礼。常荫槐让执法队当即在站台上就予以杖责，伤重致不能行动。

由此，多年来较为紊乱的铁路交通秩序有所改观，常荫槐得到中外旅客的称赞。

张作霖听到消息后对其也颇为欣赏。常荫槐是杨宇霆线上的人，杨宇霆乘此机会向张作霖进言，想让常荫槐来担任京奉铁路关外段的局长。

老张表示可以试用，但又说，事关行政方面的官吏任用，必须经王永江同意。老张把球踢给了王永江。

这是当年两人的约定，也可以说是王永江的"霸王条款"。

常荫槐几次想见王永江，但因王永江对常荫槐过去的一些作为有异议，避而不见，常荫槐急得抓耳挠腮。有一次，四洮铁路局局长卢景贵到奉天向王永江汇报公事，常荫槐私下求他帮忙。于是卢景贵乘机带他见了王永江。

第二天，王永江对卢景贵说："老将（张作霖）有意用常荫槐为关外段京奉路局长。我看他平时有些云山雾罩、张牙舞爪的样子，怕他做事不就范围，所以他几次来见我，我没有见。昨天你带他来，我看他的样子尚属孺子可教。你告诉他，他想当铁路局长就叫他试试看吧！"

常荫槐由此当上了京奉铁路局关外段的局长，这也是常荫槐进入政界的一个重要节点。

奉系元老派里的大佬们

在奉系军阀的大佬之中，除了张作霖高看一眼王永江之外，他的那些把兄弟初期对王永江都是采取敌视态度的，这主要是因为汤玉麟当时强势要求他们必须选边站队，他们不得已而为之。后来，大家看到王永江的确是一个治国理政的干才，为奉系的发展壮大作出了巨大贡献，纷纷转变了态度。但毕竟元老派和文治派的行事风格差异较大，相处起来总是会有些隔阂的。

元老派中，吉林督军张作相一直是支持张作霖起用新人的，因此他对王永江一直抱有与人为善的态度。

黑龙江督军吴俊升也是一个特例。吴俊升其人作为奉系军阀的大佬，是集强悍、愚昧、荒唐、贪婪于一身的。除张作霖之外，在东北吴俊升是第二号大财主，就是这样一个人物，和王永江的关系却非常亲密。

吴俊升比王永江年长，在奉系里资历深厚，但两人一见面，无论什么场合都是吴俊升先拜王永江，对王永江非常尊重，这在奉系大佬里面是独一无二的。吴俊升甚至把张作霖和王永江视为一体，即对张作霖如何就对王永江如何。

王永江也曾有两首诗是写给吴俊升的，这也说明两个人的关系不一般。

吴将军歌

（吴将军俊升，号兴权，以二十九师师长兼洮辽镇守使。征蒙匪时，曾为流弹所中，出视伤瘢因为是歌。）

吴将军，人之杰，将之良，我昔遇之辽河旁。

正值凯旋坐镇临故乡，与谈时事多感伤。

才雄志大貌混茫，阴符不爱尚父姜。

长鲸一吼蒲牢藏，黠虏忽又觑边疆。

将军一怒眦裂张，率师趋敌风雨狂。

誓殪獟獢屠封狼，猝飞一弹臂受创，裹创再战终擒王。

吴将军世稀有，归来携妓宴宾酒。

口不言功唯默守，解甲抚瘢笑如吼，斗大金印尚悬肘。

这首诗和王永江其他诗词的风格大为不同，摒弃了以往的委婉含蓄，采用写实的手法生动描写了吴俊升征战沙场的英勇身姿，字里行间满是对其的赞誉和钦佩。

后来，吴俊升和吉林督军孙烈臣分别赠给王永江一匹好马，俗称菊花青，王永江为此又写了一首诗：

骢马行

孙候吴候今健者，生平同好好良马。

千里能逢伯乐知，万金远市大宛野。

知我结习似支公，但爱神骏气如虹。

不惜络头空冀北，双双赠我连钱骢。

青骢立杖屹相向，骥首嘶风转惆怅。

银蹄踏铁蹴春泥，丹青未画瑶光上。

我本书生计已非，十年磨剑说戎机。

至今四海干戈际，谢艾边才百虑违。

对此名驹重太息，伏枥不鸣三品食。

愧煞当年傅休期，下作露布上杀贼。

后期，除汤玉麟外，奉系元老派的大佬们都纷纷与王永江交好。1926 年，王永江回到金州老宅时，有很多军方的大佬前去金州做说客，其中就包括吴俊升和张作相两人。这让人们看到奉系内部除了权力纷争外，也有温暖而真诚的惺惺相惜之情。

柒

知日派与"先觉者"

在中国近现代史上，日本可以说是中国的镜子，亦是中国的鞭子。

读历史，如果我们说到张学良，常常离不开蒋介石；而说到张作霖，也常常离不开日本人。日本人像梦魇一样，纠缠着张作霖，也死死地盯着中国东北这块沃土宝地。

但说起来，张作霖张学良父子始终没有把日本的阴谋看得太严重，并且有一种"谅他不敢"的糊涂自信心。作为奉系核心圈里的一员，王永江身在其中，也多少会有这样的观念。

回过头来看，我们才知道，那些年，日本关东军和满铁盘踞在东北的确是在下一盘很大的棋。可惜，身在其中的奉系军阀们却没有人能看到这一险恶局势，因此一步错，步步错，一直到九一八事变爆发，大家才如梦初醒，可惜一切都为时已晚，东北大地此时已陷入了日本的铁蹄之下。

武将出身的张作霖、张学良，虽然政治远见、格局以及视野存在一定的局限性，但是在关乎民族危亡的抗日问题上，他们的作为展现出深厚的民族情怀和高尚的气节。

提及王永江，在他的对日态度上，社会舆论和历史研究却存在分歧。有人说，作为奉天省省长的王永江，是反日巨头；也有人说，他是"日满一体建设大东亚新秩序的先驱者"，或者叫"先觉者"。

究竟谁是谁非？王永江在对日问题上究竟秉持何种真实态度呢？

满铁与关东军——东北挥之不去的影子

"学识通明，熟谙日人情形。"当年袁金铠给袁世凯写信推荐王永江时，说了这样一句话。这是好友对王永江能力的一种评价。

张作霖主政东北时期，奉天省内的日本满铁株式会社和旅大的关东州包括关东军等势力，是一个实际存在的大问题、大背景，它们宛若日本在中国的"国中之国"，形势错综复杂。现在的人很难切实体会当时的严峻局势。

根据中日之间一系列不平等条约，日本以要保护铁路为由，获取了每公里驻兵15人之权。如此一来，长春到旅大南满铁路段长期驻扎日本关东军15000余人。这些驻军又编成了若干守备队和一个师团，其中奉天有一个守备队，辽阳有一个师团司令部。此外，奉天省内还有日本警察约3000人。满铁成立之初，员工就有一万多人，此后人数逐年在增加，号称是日本的"东印度公司"。其实这些布局都是在为日本全面入侵东北作准备。

在东北的日本侨民就更多了。当时的奉天府就有几万日本侨民，他们多是日本浪人，来这里做生意淘金。

这些日本人居住的地方就是所谓的奉天"附属地"，"附属地"全称是"南满洲铁道株式会社附属地"。1905年日俄战争后，日本从战败的沙俄手中夺得中东铁路支线长春以南至旅顺段，改称"南满铁路"，并沿支线各主要火车站两侧圈占了大量土地。

"附属地"原始界线是：西至铁西区沈阳第二纺织机械厂（日伪时期奉天麻袋厂）西墙；东至和平区和平大街；北至和平区北七马路；南至和平区中山公园南墙外，再由南京街折至南八马路向西至铁路。这片区域中，铁路用地达12平方公里，市街用地多达48平方公里。

1907年7月，日本在"附属地"设立"南满洲铁道株式会社奉天出张所"。1925年2月1日，该机构改称"奉天地方事务所"，下设奉天、铁岭、开原、本溪四个地方区，分管铁路运营业务和各地区范围内建设规划、土地经租使用、房屋建筑审批以及房地租金征收等事务。1929年，日本侵略者的野心愈发膨胀，他们又扩大侵占奉天商埠地的预备界、北正界、正界等区域内土地，共计4平方公里。与此同时，在沈阳市郊区各火车站又占据0.6平方公里的土地。

"附属地"内出租的土地包括宅地、耕地和杂地。土地出租分为无偿使用和有偿出租两种：南满洲铁道株式会社自用土地，包括机关、学校、医院、公园等公用设施用地和日本军队、关东军警察署、邮政、观测所、操场、靶场以及其他公用土地均为无偿使用；其他住宅、工商业用地均为有偿出租。

张作霖领导的奉系就是在这样一个外军压境的政治环境里生存的。因此东北历任政府都不敢小瞧这个存在。然而要处理好和它的关系，又是相当令人头疼的。

所以，张作霖主政的政府聘请了日本顾问，有的还是他的私人顾问。外界有人认为，这些顾问是日本方面强行安插的，带有浓重的政治渗透意图，你不要也不行。

实际上，这是基于双方现实需要而形成的局面。老张的第一个顾问菊池武夫，就是老张主动聘请的，每年顾问费高达五万大洋。老张和他儿子张学良前后共聘请了十八名日本籍顾问。

东北形势复杂，北有熊东有狼。奉系政权就是在夹缝中求生存，所以无论哪个人来执政，都必须处理好这些外事关系。外交事务理论上应该是中央政府要处理的事情，实际上东三省因地理、环境的特殊性，不得不处理具体涉外事务。这一点，王永江和张作霖都非常清楚，他们深知所处的环境就是与熊共舞、与狼同眠。

从日本方面来说，他们早已暗中制定了"欲征服世界，必先征服中国，欲征服中国，必先征服满蒙"的策略。

不过，日本国内势力意见并非完全一致，也有可为我们所用的人和资源。《张学良的口述历史》一书中就有很多这样的事例，有的日本人因发表了同情中国的言论，回去就被干掉了。那时在东北的日本人，可以分为两类：一类为有野心的军人少壮派，即陆军省那些参谋包括板垣征四郎、河本大作等；另一类是年纪较大、喜欢中国儒家思想的人，这些人常带有一些亲华色彩。

总之，奉天省要做的一些实业、经济建设方面的事情，日本人都会插手，都想分得一杯羹。这使得身为省长的王永江，不仅要和张作霖这边协调好，还要应付日本人方面的诸多问题，这是客观存在的一个严峻现实，也是王永江施政过程中必须直面的挑战。

关于收复"关东州"失地的提议

在建设奉海铁路和创立东北大学的过程中，王永江的对日立场已清晰可辨。不仅如此，王永江在收回东北领土主权的问题上，也一直是态度明朗、立场坚定的。

1923年，王永江回金州过春节时，他曾对一些亲朋说过："金州地本属民国奉天省，租期二十五年已到，外长要求日本政府交还关东州，至今不果。我这个省长的家乡却在日本殖民统治下，实感惭愧。"

回溯历史，1898年，中俄签订《旅大租地条约》，俄国租借旅顺口和大连湾及其附近水域的租期是二十五年。1905年9月，日俄战争结束，日俄背着中国签订了《朴次茅斯条约》，条约擅自规定"俄国将从中国取得的旅顺口、大连湾的租界权及其附属特权，转让给日本"。

到1924年，这个不平等条约中所谓的二十五年租期已满。同年2月，王永江以奉天省省长名义，向日本驻奉天总领事提出收回"关东州"领事裁判权的要求。日本总领事强词夺理，陈述不同意的"理由"，王永江都一一予以驳回，双方争论甚为激烈。自此，王永江与日本方面关系急剧恶化。

后来，郭松龄倒戈反奉期间，张作霖为了得到日本的援助，慌乱中曾与日本方面签订了一项密约。这项密约主要内容是承认日本人在

"满洲"享有土地商租权和杂居权。事后，闻知此事的王永江向张作霖解释说，如承认日本在"满洲"的土地商租权和杂居权，就等于同意当年日本向袁世凯提出的"二十一条"了。张作霖也知道"二十一条"事件影响甚大，意识到事态严重，于是马上就让王永江想办法来挽回局面。

王永江找来省议会议长张成箕，让他召集议员来开会反对"密约"。后来王永江就以此为借口，把日本人的杂居权和土地商租问题无限期地拖延下去。

此后，日本方面曾多次找到王永江，态度强硬地要求兑现老张的承诺，但都被王永江拒绝，终使日本妄图通过密约进一步侵略东北的阴谋失败。与此同时，奉天省长公署还给各县地方长官发指示函：凡将土地或房屋租借给日本人或朝鲜人的，都应由官方经过仔细调查后批准，不准永久租借。实际上这从根本上杜绝了日本人非法取得商租权和杂居权的机会。

王永江在其任职的最后阶段，还曾经着手整顿东北税收，其中包括对一些日本商人的税收规范，可惜，正当王永江着手整理并且准备与日本人交涉之时，即因反对张作霖进关，无奈之下辞职归乡了。

其后主持奉天省税收的官员，仍然秉持王永江原来的设计思路，坚决要求日本铁路用地内商人照章纳税，并且必须购用中国印花。后来，因这一举措，奉天省每年税收竟增加千万元之巨。

正因为王永江在对日事务中展现出的坚定立场、卓越智慧和无畏勇气，当年日本驻奉天总领事吉田茂（此人战后曾任日本首相）曾说："在王永江面前感到可怕，好像他能看透你的内心。"

王永江始终坚持反日的立场，但在反日的方式方法上，他却主张采取比较温和的渐进办法，不主张使用激烈手段。因王永江深知，真正的抗日不仅仅是喊口号，而是要踏踏实实地行动。在他看来，要真正尊重敌人、正视敌人，才能战胜敌人。

所以五卅运动时期"学生罢课、工人罢工、商人罢市、农民罢耕"，他认为这是自杀政策，而且这种政策，只能使亲者痛而为仇者快！对这些事情如此的处理方式，难免让人感觉王永江有亲日之嫌。

王永江之所以反对用激烈手段反日，主要是出于对现实的考虑。一是当时奉系军阀的势力劣于日本在东北的势力，因而不敢轻举妄动；二是王永江所实施的许多政策和主张，实际是代表民族资产阶级利益的，反映了他们的要求。但由于中国民族资产阶级先天不足，资本力量极其有限，所以他主张"要干实事，……要埋头建设，这样才有能力抗拒强邻对东北的觊觎"。

由此，我们完全可以得出这样的结论：王永江属于知日派，但绝不是亲日派。

王永江在敌强我弱的境况下，始终站在国家与民族立场上与日本侵略者周旋，能进则进，不能进则尽量不退或少退。虽然反日手段较为温和，但那是现实与时代所限，不能苛求。王永江毕生致力于东北的经济、文化建设且卓有成效，实乃一位具有民族自觉意识的杰出政治家。

岩间德也、田岛富穗再到安冈正笃

1

在私交中，王永江也有日本朋友，这和鲁迅先生很相似，私人层面的往来不会影响其在大是大非面前坚定民族立场。

研究王永江，岩间德也是一个绕不过去的人物。人们认为王永江是亲日派，这一误解的产生，岩间德也从中起到了很大的作用，所以探讨王永江和岩间德也的关系，就显得尤为重要。

岩间德也，日本秋田县人，为秋田县小官吏之子。1901 年，进入中国南京同文书院学习，1904 年毕业后回到日本。

1904 年，日本在日俄战争中夺取金州之后，为笼络人心、稳定局势、巩固军事统治，金州军政署（日俄战争期间，日本占领军附属的统治机构，行使警察职权）于同年 10 月指使人筹备设立学校，选址在东门外原俄清学校旧址，利用原有教学设施，于 12 月开课。在学校筹备阶段，日本当局决定在日本国内聘任一位总教习前来管理学校。经金州军政署与日本外务省的交涉，岩间德也受外务省派遣来担当此职。

岩间德也到任后，金州当地士绅提出应该将学校定名为"南金书院"，原因是南金书院曾是清乾隆年间设立在金州文庙的一处县学，金州人向来以此为荣。另外原俄清学校旧址也是依靠老南金书院的教学设施建起来的。岩间德也在中国读过书院，因此深知中国传统文化的影响力巨大。为遮人耳目，也为掩盖学校教学计划的殖民教育性质，他同意以私立学校形式，将这所学校命名为南金书院民立小学校，这一命名得到了日本军政署的认可。

就这样，岩间德也成为新的南金书院的第一任院长。同时，金州乡绅阎培昌、倪宏达、曹正业和王永江四人以监督管理之名参与学校的日常管理；金州民务长刘心田从旁协助学校的监督与管理。1904年12月1日，在金州城内的一家私人书房中，三百多名学生参加了选拔考试，其中有五十八人得到了入学许可。

1905年10月1日，南金书院民立小学校被日军关东都督府强行改为官立，定名为"关东州公学堂南金书院"，岩间德也同时被任命为院长。

当代日本作家竹中宪一在2007年出版的《大连历史散步》一书中这样记载：

> 访问金州时，受到岩间德也接待的大町桂月在《满鲜游记》中这样说道："金州城南金书院的院长岩间德也先生任职十来年，诚实地说，他被称为金州的圣人。"（1919年）
>
> 岩间德也针对关东当局对中国人进行同化教育这一点提出异议，他提倡对中国人施行因地制宜的教育：与日语教育相比，更应该施行汉语教育；废除"奉读诏书"制，施行"礼拜孔子庙"；谋划由普通教育到实业教育的普及。
>
> 关东当局想要辞去不顺应其方针的岩间德也，加派了另一位院长。两位院长同时在校，并排相坐。结果，众望所归的岩间德也谋略更胜一筹，最终关东当局下派的院长返回了大连。

不久，岩间德也任职期满，他坚决拒绝了留任教职员的请求，回到故乡秋田。南金书院的教员们在日语精湛的原陆军大学教员刘雨田的带领下，组成团队，跨海来到秋田县由利郡的岩间德也家中。村中人对这群中国人的到来感到吃惊，把岩间德也的家围得水泄不通。教员们表示如果岩间德也不答应复职，他们就不回去。最终，岩间德也被教员们的热忱所打动，回到金州再任院长一职。

为了推动中日共学，岩间德也在南金书院的学校用地上建了一所日本小学校；安排中国的学生到日本农业学校留学。当时，金州女性的识字率仅为千分之一，于是他开设了女子部。

岩间德也在南金书院院长位置上干了二十五年。

2

王永江与岩间德也相识在南金书院，两人虽国籍不同、政见存在分歧，但却颇有相互欣赏的感觉。王永江对日式的教育内容深感不满。他敏锐地察觉到日本奴化教育背后的阴谋。虽然当时金州地区的状况尚不如法国作家都德《最后一课》中那般悲壮，但日本用的也是温水煮青蛙式的方法，结局是一样的。这是日本蓄意谋占整个东北的阴谋体现，根源是日本关东州和金州民政署的相关政策，岩间德也只是一个执行者。关于这一点，两人是有共识的。两人都出生于1872年，王永江稍长于岩间德也。

至于后来王永江聘任岩间德也为省长顾问，实际上也是双方各有所需。

张作霖在位期间就有很多个日本顾问，这是因为他需要同日本人搞好关系，也需要了解日本方面的动态。张作霖共聘请了十几位日本籍顾问，甚至包括后来成为关东军司令的本庄繁，这些顾问的薪水都非常高。

王永江担任奉天省省长时，必然会和日本人交涉一些事务。比如，遇到一些需要磋商讨论的问题时，就需要一个中间人或者一个类似翻译的人物从中沟通协调。两人私交甚笃，王永江聘请岩间德也为顾问也是顺理成章的事情。

1923年春天，满铁还特意为此事发了一份文件：

> 王省长拟聘金州南金书院院长岩间德也为顾问一事，当经电达关东厅在案，本日接准伊集院长官复电开该员应聘尚无窒碍等因到馆相应至达，贵署长即请查照转里。
>
> 　王省长为荷此致　奉天交涉署长史　驻奉总领事赤塚正助
>
> 大正十二年四月六日 [①]

不可忽视的是，岩间德也说到底是日本人，始终是要为日本当局效力的。1915年，他就曾让满铁空手白得了中国重要的矿藏——大石桥菱镁矿资源。为此，他获得了满铁的感谢奖状和一万元礼金。

最能说明两个人关系的，是王永江病重之时，岩间德也闻讯匆匆从日本赶到金州，尽管王永江当时已经无法起身和交谈了，两人仍见

---

① 辽宁省档案馆编：《奉系军阀档案史料汇编》（第4册），香港地平线出版社、江苏古籍出版社1990年版，第159页。

了最后一面。

3

王永江病逝之后，最早专门论述王永江一生事迹的著作《王永江》，就是由岩间德也策划，一个叫田岛富穗的日本人撰写并出版的。

《王永江》一书的副标题是"大东亚建设的先觉者"。

所谓先觉者，指事先认识觉察、觉悟早于常人的人。田岛富穗在书中称王永江是"大东亚建设的先行者、先觉者"。"大东亚建设"是日本的侵略梦想，田岛富穗此举是把他的想法强加给王永江。岩间德也和田岛富穗都认为王永江是亲日派，才会有这样的表述。

田岛富穗是日本群马县人，他在日本本土的高等农林学校毕业后，便来到中国长春，在伪满洲国兴农合作社任职。

九一八事变后，日本人残酷掠夺东北经济。1933 年，日本建立金融合作社，这成为其控制东北农村金融的最早组织形式。1937 年日本又成立了农事合作社，加强对东北农村经济的掠夺。由于金融合作社和农事合作社在业务上存在矛盾，伪满政府于 1940 年 3 月公布《兴农合作社法》，专门成立兴农部，将金融合作社与农事合作社合并，改名为"满洲兴农合作社"。兴农合作社的标志由一个繁体的"兴"字组成，它是日本侵略东北后建立的一个农村经济合作组织机构。

此前，伪奉天省政府要编纂一套《奉天省农事合作社志》，让田岛富穗任编辑。田岛富穗认为，要编纂这套书，首先要掌握奉天省在伪满洲国成立之前的政治、经济、工业、民情等信息。

田岛富穗在全力搜集资料的过程中，得知 1922 年时前奉天省省长王永江曾试点区村制的事情。他认为这是地方自治的先驱，不论是在政治层面还是经济层面，都有着重要的意义。于是，田岛富穗认为深入研究王永江其人，追寻其经纶事迹，是了解旧军阀时代某段时期中央与地方真实情况的一条捷径。此后，田岛富穗便埋首研究王永江。恰巧王永江的三子王贤澋也在兴农合作社工作，通过王贤澋，田岛富穗又结识了岩间德也。田岛富穗得知岩间德也曾是王永江的顾问，且与王永江私交甚笃，便前去拜访。岩间德也向他讲述了王永江的一些事迹，田岛富穗听后激动得几乎无法自控。

田岛富穗和岩间德也接触之后，两人话题一致，相谈甚欢，颇有相见恨晚之感。岩间德也就鼓励田岛富穗写一本关于王永江的书，而书中的内容和引用的资料，都是岩间德也提供的。

两个日本人合作写的一本关于中国人王永江的传记，自然会存在着立场和认识上的偏颇，不带个人观点立场的文字是不存在的。

田岛富穗认为，岩间德也与王永江相识的二十余年间，二人如影随形，所谓兄弟骨肉也不外如是。因此，如果说有谁能够知晓王永江在世时的一举一动、一言一行、所思所想的话，应该非岩间德也莫属了。所以他认为，岩间德也口中的王永江，就是最真实的王永江。有了这个理念，田岛富穗才会说：“王永江是日满一体建设大东亚新秩序的先驱者。”

田岛富穗在这本书的前言中写道：

当时的奉天省以怪杰张作霖为首，军阀并立，官场派系极为复杂离奇。官员之间名为同僚，实质无法知晓对方心思，为明哲保身，自己也不轻易吐露心声，致使出入进退常遭人怀疑，例如亲日者王永江还时不时被误会为反日顶梁柱。但对王永江本人来说，这个误会反而是好事，使其能在世间舆论的掩护下向自己心中所想的目标迈进。

越是了解王永江见识之远大，就越是显得吾人凡庸之渺小。笔者深知王永江之才，本非我等才疏学浅且来满时日尚浅者所能企及。彼早于二十年前就已经洞察到东亚今日之事态，主张日满联手建设大亚细亚之事。笔者之所以斗胆著此书，乃是希望能够向世人传达这一事实，让世间知晓其经纶之道的一端。

笔者坚信他日必有后学接手写作王永江的正传或评传，本略传如能抛砖引玉，则余愿足矣。"支那事变"[1]之后，大东亚战争[2]爆发，目前正当酣战之时，大亚细亚的建设也在稳步进展中，在此背景下，追寻先觉者王永江的事迹，探究其经纶抱负之事可谓意义重大。

这显然是带有日本侵略立场的片面解读，与王永江真实的形象和理念大相径庭。

王永江病逝前，岩间德也其实一直在筹备让王永江去日本做一次访问。当然岩间德也有他的想法，王永江则是想出去看一看，抱着学习、观察的态度，也就同意了。于是岩间德也给他联系了日本著名的汉学家安冈正笃。

---

[1] 注：日本对七七事变的称谓。
[2] 注：日本美化侵华战争和太平洋战争的称谓。

安冈正笃后来在《王永江》一书的序言中提道：

> 十六年十月，王永江病逝于金州宅邸，享年五十六岁。他本来打算在当年赴日一游，与他义结金兰二十余载的岩间德也先生先他一步回到日本，在我家和我谈话之时，偶然收到王永江病危的消息，至今无法释怀。
>
> 王永江学《易》，深晓此道，著有《易原窥余》。我造访他的时候，他说自己正在给《阴符经》作注。关于《阴符经》的成书，目前众说纷纭，朱子谓此书"非深于道者不能作"，还亲自写了《考异》。王永江似乎还精通卜筮，郭松龄作乱，张作霖面临危机，众人焦头烂额之际，唯独他悠然自得。据他占卜所云，张作霖气数未尽，冬至过后叛乱就会平息。果不其然，冬至翌日郭军就在白旗堡一役惨败，郭松龄本人曝尸辽河边。

王永江的亲日之说，主要是出自这些欣赏他的日本人之口。因此我认为，田岛富穗根据岩间德也提供的材料所写的回忆录不足为凭。

王永江晚年被传由反日变为亲日，日本方面的用意不外有二：一是想借王永江之名，达到欺骗中国人民的目的；二是用以表明其"同化"工作卓有成效，从而使自己获得更多的好处。另外，所谓"日满一体建设大东亚新秩序的先驱者"，这是日本帝国主义的惯用语言，是他们按自己的政治需求给王永江戴的帽子。

在现存的历史文献和历史档案中，是找不到王永江晚年亲日的真凭实据的。

20世纪60年代，田岛富穗撰写了一篇回忆性文章《谈王永江》，文中称：如果王永江还活着，可以肯定，他会重新出山，在新的"满洲国"里为中日"合作事业"积极地作出贡献。1963年，田岛富穗又出版了一本新的《王永江》，其执着精神倒是令人敬佩。但基于他此前的观点和立场，我们不得不对其新作的客观性和真实性，保持高度警惕和审慎的态度。

4

离开金州和南金书院之后的岩间德也，在新京（今长春）"建国大学"担任客座教授。在此期间，他另一个更重要的职务是伪满洲国的"满洲天然纪念物保存协会"副会长。

"满洲天然纪念物保存协会"主要致力于文物考古相关事务。岩间德也在这一领域取得了一些成就。他发现了董家沟汉墓群。此外，旅顺博物馆收藏的甲骨文大龟甲也是他的重要发现成果。值得一提的是，这件精美文物名为"帝辛巡逊卜甲"，又名"岩间德也大龟甲"，是旅顺博物馆的镇馆之宝之一。

这块龟甲距今约3600年，龟甲长20.45厘米，宽10.65厘米，厚0.85厘米，刻有甲骨整字258个，字数在现存甲骨中位居第二。

1904年，岩间德也在河南安阳殷墟"幸运"地收购到一片基本完整的龟壳甲骨。岩间德也后来将其从金州转运至在日本京都大学工作的好友水野清一手中保存。1932年，郭沫若先生得知此事后，请水野清一拍摄了此片龟甲的照片并将其著录于《卜辞通纂》中，郭沫若先生在书中将它命名为"岩间大龟"，即"岩间德也大龟甲"。该书出版后，岩间大龟很快在学术界引发强烈关注，罗振玉等学者均将其编入自己的著作中。名声大噪后，岩间大龟失踪了。

21世纪初，"下落不明"的岩间德也大龟甲被证实收藏于旅顺博物馆。经考证，它是在1932—1933年时被岩间德也卖给了当时的旅顺博物馆。

岩间大龟记载着商纣王的秘史：商代晚期，诸侯纷纷叛变。纣王得知诸侯国有异动，无法决定该去镇抚哪一个，就用甲骨祈求帮助。岩间大龟还记录着史书不曾提到的资料，比如当时摇摆不定的诸侯国多达5个，以及纣王一直是亲自领兵四处巡弋镇抚等。

1943年，岩间德也在去赤峰巴林左旗所在地林东考察古迹的途中染病而死。林东是辽代的上京遗址，坐落着辽太祖耶律阿保机的祖陵。

捌

与张作霖分道扬镳

王永江对于与张作霖的合作，从开始就心存疑虑。早期，他在《嘲云》诗中写道：

> 山前山后白云横，欲问白云何处行。
>
> 用汝原期作霖雨，可曾出岫为苍生。

这首诗实则是王永江内心的自白。他期望通过自己的能力为苍生带来福祉。

在奉系里做官能实现这一抱负吗？这是王永江心中一直萦绕的一个大问号。

王永江与张作霖，因历史机缘相遇，却不能相得益彰。他们本有机会携手共进，实际合则两荣，但事实上，他们离则俱损。可惜可叹啊！

转折点发生在第一次直奉战争之后

王永江入仕和后来在奉系从政的经历中，有过多次说不干就不干的率性而为。别人做官，都是努力要保住自己的乌纱帽；王永江，却非常爱惜自己的羽毛，满怀为国为民的情怀，致使他在官场上一言不合便会辞职。

这也是性格使然吧。

1906 年，正是日本侵占东北地区的开始时期，王永江应聘到金州南金书院当汉文教员。不久，当他得知日本关东州要推行奴化教育政策，不准学校再继续教四书五经等国学内容时，出于对传统文化的坚守和奴化教育的抵制，愤而辞职。

1908 年，他在辽阳担任警务局局长时，因知州欧阳焘的贪暴，无法施展自己的抱负，他愤而辞职，毅然回到古城老家。

1912 年 6 月，东三省总督赵尔巽保荐王永江署理兴凤道尹。任职期间，因维持地方治安时和军队发生摩擦，难以实现自己的施政理念，仅干了三个月，他又辞职挂冠回到家乡。

1913 年 1 月辞官归来时，王永江还写了一首诗：

辞兴凤道归途口占

掉首挂冠去，初非愧折腰。

悬鱼嗟吏少，佩犊叹民骄。

狐点威蒙虎，鼠张慈恨猫。

青山知客意，正遗白云招。

1916 年，他任奉天警察厅厅长时，和张作霖把兄弟、旅长汤玉麟发生冲突，此事轰动奉天，他随即托病，留下辞呈，回到金州。这些事件不仅体现了他不畏权势的性格，也显示出他面对官场复杂人际关系时的无奈与坚持。

王永江进入到奉系核心圈之后，掌握了全省的民政大权，也有过两次辞职回乡的经历。

试想，位居奉天省省长之高位，是多少人梦寐以求、终身向往的一个位置，他却能说不干就不干。

这还不包括 1912 年赵尔巽任命他署理奉天民政使、1924 年北洋政府任命他为内务总长，他都坚辞未就。

因此，有人评价王永江的这些作为是"百年来，官场无此行径"。

王永江，就是这样一个在世俗眼里行事风格独特的怪人。

王永江当上代省长之后，第一次撂挑子是在 1922 年。这是王永江和张作霖两人执政理念的第一次正面碰撞。

说执政理念，在当年的语境里是没有这个概念的。或者说，就是张作霖和王永江的想法是截然不同的两个路子。简言之，张作霖要逐鹿中原，发起内战；王永江要保境安民，发展经济。

这一次的冲突中，两个人并没有彻底决裂，表面上还是客客气气的。王永江照旧称呼张作霖雨帅、巡按使，张作霖依然称呼王永江岷源兄，但暗地里两人却在较劲。最终，王永江在这场博弈中获胜，实际上这也体现了张作霖的胸怀和义气。

从某种角度来说，这一次冲突的实际结果是双赢的。

这次冲突的起因是军费之争。自袁世凯去世后，北洋军阀分裂为直、奉、皖三系，他们互相攻伐，混战不断。于是当时形成了"袁殁段继、段倒吴起、吴败张喜"的局面，各方势力关系变幻莫测，形成了一个可笑的昨日之敌、今日之友、明日之敌、后日之友的怪圈式的循环，如同一场闹剧。

1920 年的直皖战争之后，直、奉两系军阀共同控制了北京政权。后来，为了扩张势力，双方矛盾趋于激化。1922 年 4 月上旬，张作霖带领奉军开入山海关，与吴佩孚的直军对峙。4 月 29 日，第一次直奉战争爆发。奉军以张作霖为总司令，率四个师九个旅，约十二万人发起进攻；直军以吴佩孚为总司令，率七个师五个旅，约十万人迎战。

但仅仅一周时间，张作霖就败退出关。经英、美传教士调停，双方宣布停战。这是张王两人此次冲突的大背景。

直奉战争刚刚爆发时，王永江是支持开战的，这从一些电文和历史文献中都可以看到。第一次直奉战争失败之后，当看到战争成为可怕的烧钱机器时，王永江当即改变了自己的立场。

1922 年 4 月 22 日，即第一次直奉战争正式爆发前，王永江给吉林省的孙烈臣、黑龙江省的吴俊升等人发了一封电报，电云：

> 吉林孙督军、卜奎吴督军、热河汲都统、察哈尔张都统、绥远马都统同鉴：密。
>
> 现在巡帅已于皓日通电，表明出兵宗旨，谅已接洽。卢督军已来电赞成。诸公同声同气，素所敬佩，似当急速通电赞同。但电中立言，宜主持公论，略带讥评则可，指名谩骂则不可。一得

之愚，伏祈采。王永江。养印。①

那时，吉林省省会在吉林市，黑龙江省会在卜奎市（今齐齐哈尔市），热河是现在的承德市，察哈尔是现在的张家口市一带，绥远是现在内蒙古的一部分，包括呼和浩特市。

这封电报表明王永江当时是完全站在张作霖的立场上，代表张作霖通电支持对直战争。同时，他以奉天省省长的名义呼吁各地大佬通电声援，试图营造一个支持战争的舆论氛围，先打一场宣传上的攻势战。

从电文中我们可以看出，奉天省作为东三省老大的地位是明确无疑的。因此这封电报只有王永江有资格这样发，吉林、黑龙江、察哈尔、绥远，虽然其长官职务同样是督军、省长、都统等，但其权力层级和实力影响力与奉天省相去甚远。

论身份，王永江只是奉天省省长，和吉林、黑龙江两省省长在一个层级，但王永江发文却完全忽略两省省长，直接点的是两省的一把手——督军。

从电报里还可以看出王永江的口气，完全是在教这些地方长官怎样做文案，怎样发声、叫好、点赞。毋庸置疑，这些人也一定是会按照这个路子做的。

战争爆发后，奉天省营口道尹何厚琦曾经立即站队表态，他给王永江发电说：

---

① 辽宁省档案馆编：《中华民国史资料丛稿：电稿 奉系军阀密电》（第二册），中华书局1985年版，第133页。

　　拟联合三道同各知事，捐俸薪一月，购办食用物品，呈送军前，以备大帅奖给敌军士之需，藉表文弱微忱，而鼓战士之气。①

何厚琦要联合奉天省的三个道尹，各自捐出一个月的薪水来支援前线。当然，这更多是官场的一种姿态和表演。

王永江于 5 月 5 日复电：

　　该道暨商会，筹拟犒师，肺恳热忱，殊堪嘉尚。惟我军此次出发，本不欲累及官民，来电所陈，特代辞谢，并已转达帅座矣。②

通过王永江拒绝捐赠俸薪的言辞可以看出，他清楚地了解奉军已有战争的物质准备，也从侧面反映出他对战争失败或许早有精神准备。

就在同一天，王永江还给前线的秘书长杨宇霆写了一封信，责备许兰洲、常荫槐违背原作战计划而导致失利，并安慰杨宇霆：

　　但胜败无常，只要心地安闲，尚可整军复战，万不可稍有急躁……但求我军退至天津以东，作极坚固之守势，持极坚定之心气。不求必胜，稍振士气，然后乘机观隙，别出奇兵，多方以扰之。只能相持耐久，终有必胜之日。……只要持耐心，走稳步，

① 辽宁省档案馆编：《中华民国史资料丛稿：电稿 奉系军阀密电》（第二册），中华书局 1985 年版，第 133 页。
② 同上。

打硬仗，磨来磨去，我之进退均有余，彼不难情见势细也。万万不可稍有燥气，是为至要！^①

从以上这些史料中可以得出结论：王永江在第一次直奉战争开始时是积极的、主战的。此时的王永江，在奉系政治集团中享有极高的地位。电文中的语句，看似平常，实则尽显居高临下之势，除了老张和王永江，恐怕再找不出第三个人可以用这样的语言风格来发电报。

这充分说明，王永江主战是出于自愿的，并非身不由己、随大溜的鼓掌点赞。然而，随着战事推进，奉军前线受挫，王永江对战争的态度就发生了一个大转变，"永江始悟主战之非计"，于是力主保境息民。在后来的岁月里，王永江多次劝说张作霖"幡然变计"，放弃偏重武力的思想，"另决彻底改革方针"。

金毓黻在《王永江别传》中曾说：

作霖督奉之初，唯永江之言是听。永江如不主战，则奉军可不入关，以与直军争衡。惟永江方睦于宇霆，受其怂恿，合词主战，爰有十一年奉直之役。奉军既遭挫败，永江始悟主战之非计。由是力主保境息民，而与宇霆意见渐相左。

王永江由主战到反战的态度转变为何如此之快，令人不禁深思。"手眼明敏，长于裁断，具有近代政治家之风度为足多"的王永

①　来新夏主编：《北洋军阀（四）》，上海人民出版社 1993 年版，第 732—733 页。

江，在这一态度及思想变化的过程中，是否有某种一贯的深层理念在背后支配呢？

从更深层次分析，王永江秉持的以地方发展和百姓福祉为核心的理念可能是他转变态度的深层原因。

以退为进赢了第一局

那时在奉系核心圈里的王永江，正雄心勃勃地计划推进实施一系列省府改革和经济发展项目。然而他也清楚地知道，奉系军方那些大佬的想法却很简单，如果想让他们认为你是一个好省长，那就是你能收来更多的税，然后一转身就把税收再转交给军方的人，如此而已。

国计民生？口号而已。发展经济？对牛弹琴。当然，这种情况并非奉系独有，当时全国的各省也大多如此。

除此之外，王永江当时的健康状况也在恶化。

1920 年 12 月，奉天省省长办公室曾突发火灾，这场火灾的原因不明，相关资料鲜有详细记载。总之，在这场火灾中，王永江左眼被灼伤，近乎失明。也有说法称，王永江保存的一幅珍贵宋人字画也毁于火灾中。总之，这场火灾莫名其妙又损失严重。

此后，他一直戴墨镜来保护视力受损的左眼。从那时开始，王永江留下的在公共场合的照片，无一例外都是戴着圆形墨镜的。

1922 年初，王永江疲惫感日增，而奉军又在紧张地备战中，军费开支如流水，王永江没有办法扭转整个局势，因此，他一直处于一种焦虑、忧闷、高度紧张的状态中。

到了 1922 年 6 月，第一次直奉战争中，奉军失败已成定局，但军方却没有反省思过之意，反而要加大投入，继续扩军。王永江对此深感失望，因此决定离开省会奉天府。省府圈里的人都明白这无疑是王永江的一种无声的抗议和反对。王永江对外给出的公开的解释则是，眼病困扰着他，使他难以继续坚持正常的工作，履行省长职责，因此他请假一个月，前往大连接受日本医生的治疗。

为什么要去大连治疗？这是因为奉天的医生建议他到大连满铁医院的日本眼科专家那里诊治。

但是，无论是官方还是奉天省的民间精英们却都知道，这种表面的解释只是一个借口。他们心里清楚，奉天正在经历着一场深刻的政治危机，这场危机的根源，是省长王永江和张大帅，原来并非同路人，他们不是一个想法、一个路子啊！

这种危机带来的不确定性令人担忧，因为大家都知道王永江其实是在和张作霖进行抗争。

当时，奉天省议会正在开会，会上还有吉林省、黑龙江省的代表。省议会议长白永桢也是辽阳人，他曾是张学良少年时期的蒙师。他坚定地支持王永江，因此，议会当即发声挽留王永江。这在某种意义上，虽然没有正面反对张作霖，但实际上也是向张作霖发出了挑战。

这些人都非常关注王永江离开省府之后奉天的政治前景。他们中的很多人在奉天有投资或者经营商业。由于王永江的改革，奉天经济稳定且繁荣发展，他们手中持有大量的奉天票子，自然都不希望看到生意受影响，更不希望手里的票子贬值。

1922 年 6 月 30 日晚上，王永江坐上南满铁道株式会社的火车离开了奉天，于 7 月 1 日早晨到达南满铁路线上的金州驿。下车后，王永江直奔古城南街的老宅子——金州民政署金州会南街四八四番，更早些时候老宅标注的是金州民仓街四番户。

王永江刚离开奉天，关于他的各种猜测、八卦，像野火一样在奉天城里开始蔓延，人们议论纷纷。对于高层人物的去留动向，中国的老百姓向来是有关注和打探八卦的心理的。

7 月 4 日，王永江又从金州驿坐火车到达大连驿，陪同老父亲王克谦一同入住满铁医院内科病栋的 18 号室。

满铁医院，即今天的大连中山区解放街 6 号的大连大学附属中山医院。满铁医院始建于 1909 年，1926 年竣工，建筑面积达 32685 平方米。这栋建筑地上五层，地下一层，采用现代框架结构，外部造型简洁凝重，采用竖线、咖啡色面砖，尽显朴素大方。

建筑风格决定着一个城市的气质。大连这个城市，因为它有许多凝重的老建筑，始终给人一种独特的挥之不去的历史感。中山医院这栋建筑，就是其代表性建筑之一。

王永江乘坐的火车抵达大连站时，月台上热闹非凡，前来迎接欢迎的都是大连市里的头面人物。大连商会会长郭学纯即郭精义，是大连八大富之首，他是王永江的老朋友。还有日本南满铁道株式会社的外务课长、颇受日本人赏识的刘雨田和朱翠杰等人早早便在车站迎候。

当时的《泰东日报》是这样报道的：

奉天省长王永江氏，向者因病告假。先入奉天红十字病院调养，嗣因其父王益之氏，在金州病笃，故急遽回里省亲。前日午后七时，王氏同其父益之，及继母如夫人令子等，乘火车由金州来连。即乘自动车直入山城町满铁病院，内科病栋。当有满铁外事课长，及多数亲友到站迎迓。

《泰东日报》1922 年 7 月 8 日是这样报道的：

> 现寓满铁医院之王永江氏，此番由奉归里。外闻风传，有不辞张使，私自潜回之说。近据奉天来人云：王氏本拟在红十字病院，养病一个月，即销假视事。因接到家中急电，其父病笃。即通告张使，要回里省亲。当有军官多人前往挽留。翌日，张使亦亲往慰问。王氏允于假满后，回奉办事。始束行装就道云云。昨日记者亲访王氏，询及回里看相。据王氏所叙，亦如以上相同。惟挽留之军官，共有八名。孙烈臣氏代表发言，语极恳切。大致谓君（指王氏）如不干，我们仍固结团体。大家一同下野，全然不干云云。彼以假满后必然回奉以慰之。嗣而张使前往慰留。尝问，是否汝有意不干，假捏电报，借此回家。彼答以家父八十一岁，方奉祝之不暇，岂忍加以诅咒？即出电报以示之，张始释然。彼又允许，如假满后，彼于其父病体痊愈，决然回奉供职云云。

报道的意思是，省长王永江本是请假回金州看望病重的父亲，但外界揣测他要撂挑子不干。起因是大家都知道，他对军方的绝对话语权是有意见的。消息传出后，挽留之人纷至沓来，吉林省督军孙烈臣首先来挽留王永江，他很仗义地说，如果你不干，我们就一起都不干了。

　　孙烈臣是奉系大佬里最懂军事的，一度在军界里是排在张作霖之后的二号人物。但他也是反对发动直奉战争的。

　　张作霖也前来慰问，就是新闻报道中简称的"张使"，全称应该是东三省巡阅使，他问王永江，是真的不想干了，还是拿假电报来当说辞？

　　王永江回答，家父已经八十一岁了，怎么可能用假话来诅咒他啊！王永江出示了金州发来的电报原文，张作霖才相信。

　　但奉天府官场和商界的一些高层人士，依然认为王永江这次回金州，就是撂挑子、不想干了，大家为此都忧心忡忡。

　　奉天刚刚走上发展经济的正路子，他们都认为，王永江在主持民政上成绩显著，且不可或缺。

　　这些风言风语当然也会传到张作霖的耳朵里，张作霖心里也有些不托底。于是，张作霖安排实业厅厅长谈国桓和杨宇霆分别给王永江发电报。这两个人当时和王永江私交甚好，张作霖想借助他们之力，督请王永江尽早返奉。与此同时，张作霖还安排人专程到大连慰问王永江，说是慰问，实际是一次双方的摸底谈判。

　　在此期间，王永江和杨宇霆的关系还是很密切的，平时也有书信往来。王永江回金州后，曾经给杨宇霆回过几次信，字里行间透露着他对奉天局势的关注，以及内心的种种纠结与思索。下面即是其一：

　　　邻葛弟鉴：

　　　养病兼扶持家父之病，故未得静养，而反将增剧矣。此间中外人士，多来看病，因得知他处之消息不少，直吴自与奉协议撤兵后，而所来之侦探乃愈多，可见其防奉之心，一日未忘也。昨又派来六七人，间有密往奉省者，弟已设法利用某方面，恫吓之使逃，今已吓走。烟台张使（忘其名）派来者四人矣。此间消息极灵，无一人能掩过耳目者也。省中军数，已有规定否？将来定额为若干数？现在潮流所趋，日重文化。……

大安[①]

多小兄江顿首

1922年7月19日，作为张作霖特派专使的于冲汉、谈国桓两人乘满铁火车来到大连驿，两人下榻在福顺厚钱庄后，便马不停蹄地赶赴满铁医院看望王永江。

在于冲汉之前，开原县的知事文耀斋也专程到大连，前往满铁医院探访王永江。他此行是有所请示的。第二天，文耀斋即返回开原。

于冲汉此行的目的，自然是要确认奉天城里的那些传言是否属实，这代表着张作霖与军方的态度。谈国桓当时任奉天省实业厅厅长，是王永江的部下，也是王永江坚定的支持者。所以，这样的人员组合，也很有意思。

两人同王永江断断续续谈了三天。谈判过程中，话题不断展开，时间很快就流逝了。

此时，辽阳派的另一位领袖人物袁金铠也正在大连逗留。不过他是在大连最大的富商郭精义那里客居，而且袁金铠本人在大连也有房

---

① 辽宁省档案馆编：《中华民国史资料丛稿·奉系军阀密信》，中华书局1985年版，第36页。

产。因此，王永江在大连住院期间，两人肯定也有交集。

7月21日，于、谈两人结束大连之行，返回了奉天。

从后来公开的部分谈判内容可知，王永江当时答复二人，他是要回到奉天的。但因病势尚未痊愈，其老父亲虽然已经出院回家休养，他本人还需要在满铁医院调养若干日，之后先回金州老宅，等到老父亲的身体彻底康复后，便回奉天供职。

这期间，大连的《泰东日报》和奉天的《盛京时报》都连篇累牍地报道王永江回到老家的消息，因此，王永江回金州看病这件个人私事，就变成了整个奉天省公众舆论界都在关注的一件大事。大家普遍认为，当时的奉天省离不开王永江的治理，因此《泰东日报》记者曾专门前往大连，采访王永江，问及奉天省今后的施政方针。

王永江在接受采访时，特意讲到要推行民主自治：

> 拟采取循序渐进之法，具体的就是要选择优良县分五六处先行试办。例如沈阳辽阳安东等县（那时沈阳就是一个县），地方称富民智较优，作为模范似宜。而对于民间自治权，官厅亦取逐渐退让之法，必要初次官厅妥慎监督，遴选公正绅士，及硕儒名流充任议员襄办政务。

7月26日，王永江出院回到金州。因住院期间前来探视的人员众多，为表感激之情，王永江特地在大连的《泰东日报》和《"满洲"报》上登广告，向亲朋好友致谢。同时，他还派专人遍向各亲友处投递名片，以表谢别之意。

王永江在满铁医院住院期间，有感而发写了几首诗。其中《"满洲"报》1922 年 8 月 1 日刊载了他的一首七律：

大连医院楼上瞩目有感

欲从海外觅金丹，哪识仓扁再世难。

仙佛心情空色相，山河风景异悲欢。

万家榆柳更新主，一片帆樯泊旧滩。

群水横飞惊病起，高楼无语倚栏杆。

这段在满铁医院住院的日子，是王永江难得的闲暇时光。没有了案牍之劳，王永江可以放松心情，写一点儿诗词来自娱自乐、抒发情怀。这期间他写成《游星浦》《星浦望海》《退病院归里侍疾十四韵》等多首诗词。

7 月 26 日，金州南金书院院长岩间德也专程来到大连，他是来接王永江一起返回金州的。

7 月 30 日，心急火燎的张作霖再次派人到金州探望王永江，急切询问王永江回奉天的明确日期。王永江却依然没有给出准确的答复，个中缘由，旁人难以揣测。

从 7 月 1 日离开奉天，踏上归乡之途，这是王永江任省长后第一次回古城老家。到 8 月 6 日返回，其间他休息了一个月多一点的时间。

日本人西片朝三在大连创办的中文版《"满洲"报》，对王永江回古城一事特别关注。他特意派记者专程采访，随时发电文，因此王永江回到古城和抵达大连的新闻，《"满洲"报》的报道是最多的，其次才是大连的《泰东日报》。

《"满洲"报》1922 年 8 月 2 日报道：

财政厅长王永江前此之不肯返奉，确为不可掩之事实。昨据政界最确消息，以王氏为奉天中坚人员，数年以来，功绩甚巨，兹以平常之政见事而任令其去，无异暴露个人不能容人之短，况奉天今后将取开放主义，与天下人共天下，而于股肱旧员，不先邀同，何足以昭来。兹因于前此除派于谈以次要员赴连敦劝外，后仍函电纷驰，函请遄返，辞意恳切，犹如望岁。

王氏一感于张氏之倚望，一以如再固执，无论与张司令感情将伤，且恐外间发生种种议论，诸多不宜，为是昨已有电到奉，定于三二日内返任视事，惟省长一席，无论中央命令或省民选举，决不就任，依旧代理，犹可奉命。一俟继任有人，即当让贤云。又讯张总司令之函，盼其返者，因理财现无适当人物，亦其最大之原因云。

这篇报道采用了新闻综述的形式，有新闻事实也有分析评论。从报道中可以看出，王永江回金州、大连的这一个多月的时间里，奉天官场和工商界人士如热锅上的蚂蚁一样。很多事情需要王永江去处理、去拍板，每一个决策都关乎奉天的发展。新闻里有一句话说得好——"犹如望岁"。望岁，盼望秋收的意思，形容盼王永江回奉天，就像农夫盼望好收成一样。

这不仅反映了当时的社会背景，也真实再现了人们对于王永江返回奉天的迫切期望。

重返奉天，飞龙在天

王永江从金州重返奉天一事在奉天省是一个轰动性的大新闻。

消息刚一传出，奉天省便以军政两署名义派了一位高官到金州迎接，这位高官便是佟兆元，他的职务是奉天交涉署署长、东北巡阅使张作霖的顾问之一。佟兆元其实也是王永江的支持者，王永江后来委任他为奉天纺纱厂的第一任厂长。

1922年8月6日晚，佟兆元陪同王永江一起坐火车返回省府。火车到达奉天火车站时，他们受到了站台上七十多位官员和地方士绅的热烈欢迎。这里边有很多高级民政官员和奉天省杰出的企业家，少帅张学良则是以个人身份去迎接的。

《"满洲"报》是这样报道王永江归来的：

> 已于六日晚九时三十五分之火车偕佟署长自金州来奉，张总司令当派于参谋谭秘书长及王副官等到站迎迓，他如代理财政厅长、清丈王局长、警务王处长、教育谢厅长、司法单张两厅长，张汉卿旅长纯以个人驱车到站迎迓。日本人士出迎者亦不少，站台之上，热闹之极。

> 王氏下车后，与各要人一一略道契阔，旋即登车入城。王氏面目清瘦，而精神则甚清爽，据云其眼疾已大见痊可，唯心脏疾犹不时小感苦痛之时，辄以手抚胸焉。

这派头，这场面，一时风头无两。

王永江在车站向大家解释说，眼病见好，但心脏还有一些症状。

也许，就是现代人常说的供血不足引起的心悸吧。

第二天晚上，奉天省实业厅厅长谈国桓、教育厅厅长谢荫昌和佟兆元等十余名亲信圈里的人在奉天明湖春酒楼宴请王永江，为他接风洗尘。

蒙古族人吉谦家境富贵，特嗜美食，他于 1919 年在奉天城内钟楼南皮行胡同（今沈阳和平区民族南街）寻得一处二栋二层楼作店址，开设了"明湖春"酒楼，其规模之大，在奉天首屈一指。老沈阳的明湖春与洞庭春、鹿鸣春三家酒楼号称"奉天三春"，而明湖春是"三春"之首。民国初期，老奉天的厨行分为两派，本地的叫"奉帮"，京城来的叫"京帮"。早期奉天著名的"两楼"德馨楼和万兴楼即是"京帮"。而明湖春凭借自身特色，在奉天饮食界占据重要地位。

在这里为王永江接风，自然是备受关注，树大招风啊！

仅隔了一天，9 日晚，奉天商会等五团体暨银行界人士为王永江举办接风宴会，美其名曰"却病宴"。短时间内，两场高规格的宴请，足以彰显王永江在奉天举足轻重的地位。可以说，1922 年夏天，王永江是以一种凯旋者的姿态回到省城的。在那个年代，笔杆子敢和枪杆子叫板的，王永江绝对是第一人。

1922 年王永江对张作霖发起的挑战，其实是一盘很容易输掉的赌局。王永江之所以没有输，离不开张作霖的慧眼识英雄。张作霖的过人之处，即在于其善用人并且能容人。

此时的张作霖已经发现，王永江和他的支持者们可以为奉军提供资金，也可以推动经济发展，创造更多的财富，因此，他明智地作出了妥协和让步。

王永江也抓住时机，对张作霖提出要求：在军政、民政分离问题上，必须保证省政府的合理诉求和发展理念得以贯彻。同时，利用看病这个机会，他离开奉天省政府这个圈子，让自己保持一种灵活性，可以闪展腾挪，以便日后与张作霖谈判的时候，有回旋的余地。

张作霖作为一个军阀，坐拥东北王的赫赫威名，本性是骄傲的，个性更是非常顽固的。回顾往昔，他从来没有在属下面前低过头。例如针对当年汤玉麟的挑战，张作霖就始终没有让步。

但是面对王永江要撂挑子的威胁，他却展现出截然不同的态度，仍然希望王永江留在奉系圈子之中，他特意通过吉林省督军孙烈臣挽留王永江，足见其诚意。

在张作霖的武治派圈子里，并非所有人都认可王永江。汤玉麟等保守势力认为，王永江太过张扬，过于挑战奉系的权威了。

当张作霖的奉系高级将领们对王永江的去留进行激烈争论的时候，省政府已因为没有了王永江的主持陷入了混乱状态，财政储备也越来越少。最后，张作霖意识到这种对峙局面使他无路可走，所以开始同王永江进行谈判。

1922 年，无疑是王永江与张作霖两人关系的一个转折点。表面上看，王永江获得了更大的权力，但实际上，两人之间开始有了隔阂。最明显的表现就是，张作霖不再像以前那样信任王永江了。

有些事情，表面上看是胜利了，实际上却隐藏了失败的危机；有些事情表面看是失败了、妥协了，实际却潜伏着反攻的信号。

1922 年秋天，王永江返回奉天之后不久，他就与实业厅厅长谈国桓全力以赴开始完成实业厅先前开展的一些重要的项目，其中，省政府赞助的奉天纺织厂的创办备受瞩目。这无疑是向日本控制下的地方棉纺织市场发起的挑战，这个纺织厂便是后来的奉天纺纱厂。

奉天纺纱厂于 1919 年开始筹备。1920 年 6 月，成功订购纺机一万锭、织机一百台。同年 10 月，厂址勘定为奉天府小西边门外十间房北商埠界内，1923 年纺纱厂正式开工。初期有员工一千多人，后来逐渐增至五千余人，工人每天工作十二小时。全厂年获利三十万元大洋，是当时世界上新建的最大的纺纱厂。

奉天纺纱厂旧址位于现在的沈阳和平区抚顺路 66 号，在皇寺广场附近，占地面积约十万平方米。现存的老建筑仅剩下一栋"品"字形的仿欧式办公楼。现在看，这栋大楼依然十分经典别致，拱券式门窗别具一格，主体建筑为三层，在中间上部另起钟楼一层。在正面二层楼阁中间镶嵌有罗马式圆形立钟，并设阳台、宝瓶式护栏。

2004 年，奉天纺纱厂旧址被列入沈阳市首批不可移动建筑文物，后又被列为国家工业遗产。

军费之争与理念之差

王永江和张作霖两人从遇合到分手，都始于战争或军费之争。战争，当然指的是北洋军阀内部直、皖和奉系之间的战争。但是直系也好，皖系也罢，一开始压根就瞧不起奉系张作霖。

皖系的段祺瑞还曾经写诗讽刺张作霖：

　　某将军分气豪干，故乡千里东海岸。

　　　　自从显名到今朝，暗叱风云乾坤变。

　　"某将军"，指的就是张作霖。其实在很长一段时间里，老张和段祺瑞的关系还是很融洽的，只不过后来闹僵了。

　　直系吴佩孚有一首《满江红·登蓬莱阁》，也有嘲讽张作霖之意：

　　　　北望"满洲"，渤海中风浪大作！想当年，吉江辽人民安乐。长白山前设藩篱，黑龙江畔列城郭。到而今，倭寇任纵横，风云恶。甲午役，土地削；甲辰役，主权堕，江山如故，夷族错落。何日奉命提锐旅，一战恢复旧山河！却归来，永作蓬山游，念弥陀。

　　这首模仿岳飞《满江红》的词，表面上斥责的是倭寇，实际上暗指与日本相勾结的张作霖。通过这首《满江红》，他要让直系的士兵们时刻牢记"一战恢复旧山河"的神圣历史使命！

　　皖系和直系军阀的首领都颇具文采，这是张作霖难以企及的，但是在后来的战争中，老张打仗打赢了，段祺瑞也好，吴佩孚也罢，都只好下野走人。

　　所以战争的输赢，并不取决于谁有文化，战争只决定最后谁能留下来。

　　第一次直奉战争爆发时，王永江是支持老张开战的。这种支持，是在尽谋士、尽下属的职责，这从一些电文和现有的文献记录中都可以看出来。但是第一次直奉战争失败之后，王永江当即就改变了自己的立场，公开表明自己反战的主张。

王永江从支持开战到反战的态度转变为何如此之快？为什么他后来会坚决反战呢？

自 1922 年起，军费开支就开始直线上升，除第二次直奉战争约 7000 万元的额外支出，每年的日常军费支出开始达到 1800 万元；兵工厂每年支出 2300 万元；张作霖的个人活动费和机密费近千万元，而奉天在年总收入较高的 1925 年，也只有 2300 万元的年收入，就是说，将所有能够加征的赋税再行增加，也难以填平这样一个巨额开支的大窟窿。

张作霖念念不忘扩军备战，至 1924 年 9 月，东北陆军总兵力扩充至 25 万，同时组建了海军和空军。10 月，为了策应、声援皖系军阀卢永祥与直系军阀齐燮元争夺上海，张作霖发动了第二次直奉战争。王永江为此着急上火，一下子就"左目失明，心脏漏血"①。

而省府这边，王永江早已筹措运作要建东北大学，要修奉海铁路，要建奉天纺纱厂，处处用钱，而钱都让张作霖烧在战火之中了。

王永江认为：东北山环水抱，自成一区。而土地之广，资源丰富，均超越欧洲之大国。闭关自守，保境安民，埋头建设，以求生存于强邻觊觎之中，一域之偏安，亦存国家之命脉也。

而张作霖当时却正是膨胀期，好战而欲罢不能，大有中原舍我其谁之气概。

第二次直奉战争奉军大获全胜，张作霖并未见好就收，而是乘胜穷追，到处抢占地盘，陆军经费支出就达一亿多元，占全年总支出的

---

① 王永江晚年用"左目失明，心脏漏血"描述自己的病情。可见王永江于民国十五年阴历正月初八致张作霖函中内容。

80%①，这也导致东北地区货币贬值、物价飞涨，人民怨声载道。

第二次直奉战争爆发时，在大连泰东日报社供职的金州人毕大拙写了一首诗《哀兵祸》，从中可以对当时的状况窥见一斑：

> 乍听中原鼙鼓声，千家痛哭鬼神惊。
>
> 正当李郭称兵日，未许天心厌战争。

郭松龄事件促使他下定最后的决心

1

1924 年，在第二次直奉战争前的一次军政会议上，曾有过这样一个场面。

会场里，张作霖居中而坐，王永江和杨宇霆分坐左右。杨宇霆首先发言，他对当时关内形势作了全面分析，对奉军的实力作了充分估计，认为今时今日是入关争霸的最好时机，机会一失，将难再把握。张作霖听罢频频点头，决定奉军大举入关。

会议结束后，张作霖忽然想起来，岷源兄今天怎么如徐庶进曹营，一言未发，感觉不对，便单独去问王永江："岷源兄，怎么今天没发表意见？"

---

① 《东三省金融整理委员会报告书》满铁调查月报第 13 卷第 2 号——1933 年第 193 页。

王永江脱口而出："我没有意见。"

张作霖何等精明，当然听出了其中的深意，连忙说："不要看会开完了，你如果有意见，仍然要听你的。"

王永江先是以"事已定，不说了"为由推托，但见张作霖态度诚恳，促其发言，于是重申了奉系应该保境安民、不应该卷入关内之战的主张。张作霖听后，觉得有道理，当即宣布："一切照王省长的主张，先不入关。"

然而，当天晚上，以杨宇霆为首的主战者又群集大帅府，他们将今比古，陈说万端，都认为奉军今日不入关扫平直系，将如项羽当年将秦陕之地拱手让与刘邦而贻恨千秋一般……张作霖开始动摇。

当时的主战派里，除了杨宇霆，还有奉系里的山东派张宗昌和后来的孙传芳等人，这些人一再鼓动张作霖的野心，要他问鼎中原，自打江山。

自然，每个人都有自己利益的小算盘，都想借此来为自己捞油水、争地盘。实事求是地说，只有王永江考虑的是东北的大局和民生的发展。

第三天，张作霖又食前言，宣布奉军总动员，向关内进发。这一决定彻底拉开了第二次直奉战争的序幕。

在奉系里，已经多次争论过这个问题——是保境安民、开发东北，还是用兵关内、逐鹿中原？这也是奉系军阀史上最为激烈的一次政见纷争。

王永江的理想是"当极力主张缩减军备，共图文化。他日使奉省为庄严灿烂之奉省，不当使奉省为焦头烂额之奉省"。所以，王永江是坚决的反战派。除了王永江，奉系的一些老兄弟，如张作相、孙烈臣等也都是反战派。当然，他们反战还真不是赞同王永江的观点，而是为了维护自己的既得利益。因为他们手中已经掌握了一切，舒适而安逸，何必去关内打仗冒险？

张作霖这人有个毛病，就是要做一件事，明明心里也在犹豫着，七上八下，但如果恰在此时有人公开反对、公然指责，反而会促使他下决心，非做不可，典型的"顺毛驴"脾气。

1925 年末，第二次直奉大战刚刚结束，郭松龄在滦州毅然竖起倒张大旗，其军队势如破竹，一路无阻，顺利穿过新民县，到达白旗堡车站附近，逼近省城。此时，奉军主力已全部入关，奉天所余者俱老幼残兵。张作霖得知消息后十分惊慌，手足无措，慌忙把自己的家产都搬到了日本满铁"附属地"内。奉天城内的居民见大帅如此，也纷纷拖家带口逃到"附属地"，奉天城内城外乱成了一锅粥。

一天晚上，张作霖对王永江说："我现在决定去大连，省城的事情全权交给你。我已准备好汽油，走后就把房子烧掉，绝不让后来者住进去。"

王永江神色镇定地说："现在还不到走的时候，就是走，我们也一同走，不能你一个人走。再说走也不能烧房子啊，你在东北这么多年，应该给东北人留个念想。据我从《易经》上推算看，郭松龄待大雪一过，他就完了。黑龙江骑兵驻在辽源一带，我已和吴兴权（吴俊升）谈过，让他们星夜兼程赶来支援，我看没什么问题。"

已经蒙圈的张作霖听了王永江话后，说道："岷源兄，我听你的，一切拜托于你，我不走了，我也不烧房子了。"

王永江迅速将驻在东边道凤城县、归省署直接指挥的一个独立营，调到省城后派往巨流河阻击郭军。同时，他又催吉、黑两省军队，速从侧后方截击郭军。为探听日本对郭军叛奉的态度，王永江派省公署顾问岩间德也和满铁驻省公所所长镰田弥助去日本领事馆及满铁本社联络，征询日本政府在郭叛奉事件中的立场。

不久，岩间与镰田二人带回消息，日方的答复都是支持张作霖，并由铁道守备队派出一个师团的兵力，沿铁路线部署，名义护路，实际上是阻止郭军越过铁路线进入省城。

于是，张作霖借助日本的力量，以内外夹击的策略，最终打败了郭松龄。

在整个郭松龄事件中，王永江起到了稳定军心的作用。反观杨宇霆，先是躲到了大连，后来回到奉天也是萎靡不振。

当时奉天形势危急，不仅是张作霖，有的县知事都已经开始准备逃走了。例如铁岭县知事用马车拉着两个皮箱和一位"太太"，由县公署搬到铁岭日本站内的松华旅馆去住。他白天到县公署露露面，夜晚则偷偷跑到旅馆去住宿。这个情形由铁岭县警察局局长汇报给奉天省警务处处长陈奉璋，陈奉璋又报告给王永江。

王永江得知此事后，立即宣布把铁岭县知事撤职，另派省公署科员张戡去接任县知事。果断迅速地处理这件事，王永江就是在向众人表示省公署尚有权威，省长还在正常办公，以此警告其他县知事，杀鸡儆猴。

2

郭松龄事件平定之后，张作霖把曾经向东三省父老许下的"悟武力之非，知民治之要"的承诺又一次抛诸脑后，再次将目光投向中原，悍然继续进军。

一时间，军费暴涨，民生疾苦，东北三省怨声载道。目睹这一切，王永江彻底失望，极度伤心。在郭松龄叛奉事件期间，由于局势复杂，过于劳神，王永江的"心脏漏血病"也愈发严重。本以为事件平息后，东北能迎来休养生息的契机，可张作霖又自食其言，使王永江彻底明白了，自己为桑梓尽一点义务之抱负，已难付诸实施。怀着最后一丝希望，他对张作霖又做了一次劝谏：

> 大帅，我们现在需要的不是关内的地盘，而是充实内政、巩固根本。军队以能够保境自卫为度，不可以派兵远去关内，争夺地盘。把有用的钱消耗在打内战上是毫无益处的。东北地大物博，而今民生凋敝，发展实业、教育、交通、屯垦等项事业，非常重要。如果我们裁减军务，缩小兵工厂，让裁下来的军队去东蒙屯垦，把兵工厂改为修械厂，金融不受军费之牵动，约有三四年时间，东北将有很大发展。否则，一切期望，将成泡影，其前途是很可忧虑的。郭松龄事件就是前车之鉴。

好大喜功的张作霖自然听不进王永江的逆耳忠言了，他说："在关里的军队，暂时不能撤回，还得多准备几个钱。"

接着总参议兼兵工厂督办杨宇霆，也来找王永江商谈增加军费，强调费用不但缩减不了，还需增加。理由是驻关内军队，仅依靠当地收入，不足以供开支，必须从东北拿钱来维持。王永江坚决拒绝，仍坚持缩减经费。结果杨宇霆又搬来了张学良，二人联合施压要求王永江破除万难，也要供给足够的军费，军队不但不能撤，还要前进。

王永江心中满是无奈，却依旧坚守底线，不肯松口。他深知财政已病入膏肓，积重难返。原来现大洋 100 元可兑换奉小洋 158 元，1925 年骤增到 234 元，1926 年又增加到 270 元，奉小洋一再贬值。

灯火阑珊、夜深人静之时，王永江一人在省公署楼里踱来踱去，他已经连续几个夜晚失眠了，最后，他拿出卦钱自己摇了一卦，试图通过这古老的方式，探寻命运的转机。

不料，王永江摇的这一卦竟是否卦。否卦是《易经》六十四卦之第十二卦，《大象传》卦辞是：天地不交，否。君子以俭德辟难，不可荣以禄。否卦的卦象恰好与泰卦相反，三阴在内，三阳在外，阴占了主位，有阳衰阴长之象。否卦卦辞还说：否之匪人，不利君子贞，大往小来。

不吉利。

儒家讲修身齐家治国平天下，多是站在"辅相"，即王永江现在的地位来说的，讨论的是如何辅助贤明君主治理天下。这里的前提必须是贤明君主，是可治之世，那么遇上昏暴君主、遇上乱世，怎么办呢？遇上这种情况，君子就只有"俭德辟难"，收敛起自己的德才，不可以荣以禄。

众所周知，王永江对于《周易》的研究颇深，并且著有《易原窥余》等多部著作，这些著作后来被列入《易经》研究的经典行列中。

人们往往以为《周易》中的阴阳八卦符号具有独特神奇的超前预测的功能，所以几千年来，历代的高人逸士因研习《易经》而功成名垂者，历历可考。王永江即是其一。

卦亦如此，王永江反而能静下心来，安然睡去。孔子也说过：危邦不入，乱邦不居。天下有道则见，无道则隐。如今局势如此，他心中已有了决断。

袁金铠早年在日记里曾经有过一段自我感慨和抒怀。我感觉，这段话放在 1926 年的王永江的身上，倒是很贴切的。袁金铠是这样说的：

> 披沥心肝莫省事于惊涛骇浪之中，置此身于荆天棘地之内。名满天下，谤亦随之，古人大抵如是，我何如人能免物议，惟以热肠苦口一片婆心，不见谅于人，亦不求谅于人，还我空空洞洞之本来，一任泯泯棼棼之毁誉，知我罪我所不顾也。

"王永江用笔杆子伐我"

1926 年 2 月 18 日，王永江下帖子，在奉天的明湖春大酒楼宴请了两桌客人。当然，能进入王永江饭圈的人物也是屈指可数的，都是平时和他比较亲近的朋友和忠实下属。其中包括王镜寰、张之汉、曾有仪、阮振铎和商埠局总办刘效坤、商埠警察局长张定坤、电话局局长王魁斗、高等法院院长单豫生等人。

酒宴上的头一道菜是造型别致的"鹿尾白菜卷"，结果菜一上来，众人都叫不出名来，王永江却笑而不答，让大家猜，众人猜了许久也没猜对，他才悠悠开口："鹿尾你们都不知道吗？"言语间，带着几分神秘。

饭后，他又送给每人一张自己签了名的半身官服照片，说是留作纪念，大多数人只当是寻常馈赠，只有王镜寰心中一动，隐约察觉王永江此举或另有深意。果不其然，当王永江后来递交辞职签呈时，赴宴的人才醒悟过来，原来那是告别之宴啊！

回想起宴会上"鹿尾白菜卷"那道菜，"鹿尾"即暗喻走到路的末尾，无路可走了，同时也寓意"路危"，白菜卷则寓意"铺盖卷"。

宴会结束的第二天，王永江向张作霖请假，希望回金州探望老父亲。那天恰巧是正月初九，也是王永江的生日，张作霖以为平时廉洁而又孤僻的王永江是为了躲避应酬和人情往来，故意回乡待几天，于是爽快地答应。

2月21日，王永江登上了开往金州的火车，在车厢里，他回望一眼站台上送行的人们与奉天驿的洋红色楼体、灰绿色穹顶，心中应该是无限惆怅和失落的。

上车后，满铁主办的《"满洲"日日新闻》的一位日本记者就凑上前来，询问他对当前一些事件的看法。在省政府工作时，王永江强调，政府官员有必要鼓励地方发展交通设施，尤其应重点关注公共教育方面，这是关系民生与未来的大事。这次与记者的谈话，完整地刊登在次日的《"满洲"日日新闻》上。

22日一早，王永江再次回到古城。这一次，他已经有了刚刚落成的新宅子。老宅还在南门内民仓街和姜家街交集处，王永江父亲王克谦与继母住在那里。王永江的新宅位于西门内即现在的民众街，这栋宅子虽然是新建的，却看上去极为普通，怎么看也不像是一位省长的住所。在后来友人的回忆中，对这栋新宅有这样的介绍：

外观颇卑棷，不似显宦之居，二门自题"澹泊宁静"的四字额，其命意可知。

同想起奉天的大佬们，人人都有好几处张扬气派的大公馆，连王永江属下的王镜寰都建起了大公馆，唯独王永江没有修建奢华府邸。在老家新建一处宅子，还是"外观颇卑楔，不似显宦之居"。

那个时代，既无纪委监察，也无举报监督，大家都随波逐流。王永江却一直以儒家"士"的标准来要求自己，做到"富贵不能淫，贫贱不能移，威武不能屈"。在他心中，节操和气节比生命更重要，他用读书人心中的传统道德理念来约束自己，实在是太难得了。

2月28日，杨宇霆和张学良根据2月26日特别会议的结果，致电王永江，称张作霖健康状态不佳，华北局势紧急，敦促王永江尽快返回奉天。

3月1日，王永江写了一封辞职书，让二儿子王贤潍亲自送到奉天呈给张作霖。也有资料说王永江是发的电文，实际上这封辞呈是王永江手写的小楷，墨色饱满，字间独立，笔锋疾驰却不失章法，通篇凝聚了他铿锵的骨气以及为家乡鞠躬尽瘁的爱国爱民之情。后来，这篇辞呈甚至成为书法精品而被传诵，还被收录在罗春政编著的《关东书法名家辞典》中。

因此，辞职书一定是王永江亲自派人送过去的，全文如下：

签为才弱事纷，留职无益，请开去本兼各职事。窃永江从将军治奉，将十年于兹矣。初意本期举实业教育吏治交通屯垦诸大端，逐渐发展，兼营东蒙，以为利用厚生根本之图。唯是将军督奉之初，岁入不过千万，全恃抵借内外债，以济军政各费之不足，故债累日深，自民国六年，俾永江以财政重任，勉竭愚忱，不避劳怨，得以财政日裕，内外债渐次偿清，度支由是以不乏之，此正艰巨缔造之时也。然枯竭始苏，余款无几，仅办轻而易举者数事。至民国十一年秋，又俾以兼任省长，节用剔弊，岁入益增，过三千万以上，而至四千万矣。乃又值时局不靖，战端屡开，知进而不知退，而卒因军事之牵动，致金融紊乱，且犹复牵动不已，则一切期望，将难达到，民生日蹙，复何以固根本而图发荣？夫金融财政，为万事之母，东省西连蒙古，地大物博，仅凭此有限之财力，即使收神返顾，专精致志以经营之，犹非数十年难以尽举。诚使以将军之雄才大略，用之于此，未始不可洋洋乎称东北之大风也。今观将军之雄心，意在彼而不在此，得勿借箸为筹者，计有所失乎。郭叛以后，非数年休养生息，难复元气，夫时局如此，简练军实，自属必要。然备兵自卫，与呈兵争雄，则利实相反。昔管仲治国，三十年始一用兵；燕昭礼士十九年，仅乃报齐；汉武连年穷兵，卒有轮台之悔。古之曰明王贤佐，犹且如此，况中原兵交方盛，民生凋敝之秋，独东北一隅，最得地利，本足以自强，无恃外求，乃不速为图之，轻内而重外，忽近而图远，是将自投于荆棘之中，而纳人民于水火之内也。年来屡值危疑震撼，劳精疲神，致左目失明，心脏漏血，或逾月而一病，或一月而数病，勉力指持非不自惜也，顾桑梓之邦，忧心独切，不遑计一身之安危。非见利则趋、见害则避者之比也。今金融为军事牵动，竟出常规之外，而战争又无时可息，则数年所期望之诸大政，必无所资以进行可知也，使永江在职，不过等于脑满肠肥之一大官而已，并无益于桑梓，并无裨于将军也。与其违心求合，不如息影蓬门。倘将来时局变换，有可以实修内政之时，苟余年未尽，尚可勉效驰驱。今非其时，务请开去本兼各职，另简贤员，不胜感激之至。①

这封辞职书的副本由王永江的顾问岩间德也在同一时间交给了新闻媒体并公开发表，表明王永江去意已决。这在奉天立刻引起了轩然大波。

张作霖收到王永江的辞呈之后，当即复信：

王省长鉴：来函敬悉。自与我兄同舟共济以来，辛苦维持，深资倚俾。当此时艰日亟，尤应合群策群力，共励进行。若因时局之难，辄思远引，则弟亦何尝不欲求退，其如求去不得何！吾人做事，当为后世计，不当为一时计，尚望以大局为重，早日言旋。若有为难之隐衷，尽可从长计议，我兄爱好之意，亦复相同，原不难一致商洽也。张作霖冬。②

四天后，王永江收到张作霖的回信，他认为张作霖对自己辞呈的意思了解得不够，其中更有责难之意。于是，他马上又给老张复电——这一次发的是电报，再次申明辞意，电文注明的时间是 1926 年 3 月 5 日：

---

① 中国人民政治协商会议全国委员会文史资料委员会编：《文史资料存稿选编 晚清·北洋》（上），中国文史出版社 2002 年版，第 917—918 页。
② 中国人民政治协商会议全国委员会文史资料委员会编：《文史资料存稿选编 晚清·北洋》（上），中国文史出版社 2002 年版，第 918 页。

来电敬悉，永江前请辞职，非畏时局之难别无难言之隐。唯前签所谓实业交通屯垦教育吏治诸大端，皆非财政莫举，而财政尤非金融稳固莫办。今凡关于军事之繁费，皆不论有无，随便向官银号支取，是以金融紊滥，财政亦无从整理。若就缩小兵工厂及军备，尚非三四年之期限不能恢复。今军备扩充如故，兵工厂之消耗如故，粮秣处之铺张如故，又间有购外国军械之费，而一切之浪费无论矣。试问凡此请教从何而来？区区盐款，不过二十分之一耳。夫官银号之票额，贷给商民，随时可以归还，今尽入消费之途，而无归还之法，奉票安得不失信用？而日益低落，奉票愈低，则经费愈增。譬如从前用一千万可以足用者，今非三千余万不能相抵。不思远虑，但顾目前，即使军备增至数十倍，兵工厂增至数百倍，粮秣处增至数千倍，而财力耗竭，奉票奉纸，人民破产，不待人之来攻，而奉省已不能自为生活矣。虽增至十百千倍何益？此自杀之道，尚何有于实业交通屯垦教育吏治之可为哉。此永江为将军后世计，为桑梓祸福计者不亦远且大乎。人言乱世人才为不祥之物，永江不愿留职，不甘为不祥之物也。若将军能幡然改计，以兵足自卫为度，而将兵工厂缩小一半，作生产事业，汰粮秣处之冗费，去骈枝之机关，裁冗滥之闲员，省财力以救金融，均度支以兴庶政，永江虽竭驽钝，死而后已，又何所辞？此无待再计而可决者也。否则永江不忍视将军之投入荆棘，人民之陷于水火，唯有匿迹销声，不问世事而已。掬诚布公，不暇择言，维将军图之。[①]

① 中国人民政治协商会议全国委员会文史资料委员会编：《文史资料存稿选编 晚清·北洋》（上），中国文史出版社 2002 年版，第 918—919 页。

这封电报也经媒体发表了，一些言辞犀利，如"不知远虑，但快目前"，直击张作霖痛处，张作霖如鲠在喉，于是不再写信挽留。

1926 年王永江的辞职，引起了奉天官场的一次大地震，对于整个奉系系统的打击，比郭松龄兵变反叛那一次更为严重。究其原因，郭松龄虽手握重兵，公然倒戈，但他毕竟是来自外部的威胁，尚在可控范围；而王永江的辞职则是在内部动摇了奉系的根基。加之前文所述，这封辞职信经媒体全文发表了，后来，张作霖曾恨恨地说，郭松龄用枪杆子伐我，王永江用笔杆子来伐我。

这句话，既有对王永江离去的惋惜，更有对奉系未来走向的深深忧虑。

众说客云集古城，张作霖望眼欲穿

收到王永江的两封辞职信后，张作霖尽管十分恼火，但他和奉系集团的高官们都知道，现在的奉天离不开王永江，便派出了一系列代表团屈尊到金州古城与王永江谈判，劝说他回到奉天复任省长。

1

1926 年 3 月 3 日晚，第一个说客团抵达金州。这个说客团由张作霖长子张学良和奉军军团长、吉林督军张作相组成，算起来，王永江的第一封辞职信一发出，老张就安排他们来了。两人在火车站受到王永江顾问岩间德也的迎接。

在奉系里，这两人都与王永江相处得很好，包括后面陆续来的说客团人选，其实都是精心挑选、大有寓意的，不是乱点鸳鸯谱，谁都可以来的。

张学良和张作相受到王永江热情而礼貌的款待，但他们发现，王永江不愿意谈论任何所涉及的事情。因为王永江知道，说了也没用。张学良和张作相于当晚便返回奉天。

两天之后，即3月5日，张作霖派出他的日本军事顾问之一松井七夫来拜访王永江，结果无功而返。

第三个说客团由黑龙江督军吴俊升率领，陪同前来的还有师长阚朝玺和四洮铁路的主管马龙潭。在当年王永江与汤玉麟军警之争正较劲的时候，阚朝玺是在背后出力把汤玉麟挤出奉天的一个关键人物，而马龙潭则是张作霖拜把子兄弟中的老大。如同前两次一样，王永江依然坚持自己的意见，他对奉天的全部幻想都已经破灭，拒绝考虑返回奉天。

除了老张派出来的说客，还有自发组织的劝说队伍。

奉天的一些文官和商界成员同样关注着因王永江辞职而要崩溃的奉天省的未来，因此王永江在奉天的朋友和支持者们组织了他们自己的代表团。1926年3月，王永江在省里强有力的支持者们像朝圣一样陆续来造访在金州的王永江的老家，努力劝说王永江，希望他继续掌管省里事务。

3月5日晚，王永江接待了一个由沈阳商会会长张志良率领的说客团。3月7日，政务厅厅长王镜寰的两人团也来到金州。3月11日，王永江接待了老朋友抚顺县知事陈亚新的来访。

其中最大的一次集会是在 3 月 10 日，超过二十位的奉天官员和精英聚集在金州。集会对外的正式说法是他们和王永江一起为王克谦庆寿，而其真正的目的是劝说王永江返回奉天，继续担任省长职务。

参加这一次集会的省政府官员包括政务厅厅长王镜寰、教育厅厅长祁彦升、奉天市市长曾有翼、省警务处处长陈奉璋、奉天警察局局长陶景潜、奉天纺纱公司总经理孙祖昌、京奉铁路局局长常荫槐，还有沈阳商会总会会长张志良、奉天省议会副议长冯景翼以及沈阳农务会会长、省律师公会会长和教育会会长等。

古城金州有史以来第一次接待了这么多来自省城的政界要人、商界大腕，一时间，古城老街的饭店异常红火。如今，金州老菜的传人们还在热衷于拿少帅张学良做文章，诉说张学良当年如何喜欢金州老菜。

3 月下旬，王永江还收到了一份由东北大学的系主任、教师和部分学生代表签名的长长的请愿书，他们热切地恳请王永江返回省府。后来，东北大学每个班级派一名代表，一起来到金州探望王永江。王永江特别高兴，他对学生代表表示，我将来还要和你们一起为国家做些事情的。

奉天省府的官员、精英与张作霖安排的代表团一样，都没有成功说服王永江。王永江果断决绝地斩断了与张作霖的所有联系并拒绝返回奉天。

3 月 24 日，之前曾来尝试说服王永江的黑龙江督军吴俊升和奉天第二十八师师长汲金纯组成的一个说客团又来到金州。两人在奉系军事机关的地位毋庸置疑，他们拥有同意任何条款并能得到张作霖同意的权威。然而，两人想促成王永江与张作霖和解并使王永江返回奉天的计划再次落空。

时光匆匆，6 月中旬，华北的局势朝着有利于奉天的方向发展时，坐镇北京的张作霖又派遣他的高级顾问于冲汉来金州拜访王永江。在于冲汉之后，可以说奉系集团里有分量的大人物，唯一没有去见王永江的就只剩下张作霖本人了。

张作霖自恃身份，当然不想就这样低头，在他看来，自己的权威是不容挑战的，他给王永江的面子已经够大的了。确实，在奉系中，没有第二个人可以像王永江这样对张作霖发出挑战。

于冲汉是一位经验丰富的谈判代表，凭借出色的说服能力，深受倚重，享有张作霖授予的绝对权威。但是，于冲汉费尽口舌，也未能打动王永江，没能让他改变主意，返回奉天为张作霖效力。

又一次，张作霖派其子张学良前往金州，有资料记载，这一次张学良是乔装秘密而来，时间很短暂，行程匆匆。

老张让小张两度前往金州，其用意甚远，甚至蕴含着将来托孤的考量。对于少帅，因为他是奉系的未来，王永江自然也是高看一眼的。

王永江诚恳地对小张说，我之所以如此坚持，是为了挽救奉天大局、为了黎民百姓。此事我已再三思量，绝非率然。在郭松龄事件未结束时，我已有所表示，说过奉天省金融被军费一项完全牵制，陷入了万难局面而勉强维持。如今局势若不变，难以复出，请少帅转告老将，勿以我为念。

王永江在私下里说到张作霖，常常尊称其为“老将”。

张学良两次亲赴金州，不仅仅是代父行事，也是他支持和认同王永江主张的一种诚意的表示。王永江的保境安民经营东北的想法，对于年轻的张学良肯定有所触动。

1928 年，张学良主政东北之后，就开始大刀阔斧地推行改革，以裁减军费、整顿金融为首要措施，大幅削减军费开支。对整个军队进行缩编，由四十万人缩减为十五万人，并以旅为东北军里的最高编制单位。同时，张学良对东北大学加大了投入，让其进入了最辉煌的发展时期。这些举措，正是对当年王永江的理想和主张的继承与践行，也可看作为王永江的理念证明。

在王永江去世时，张学良送来的挽联也有这样的句子：

富庶已成共推管晏，指挥未定遽失萧曹。

2

1926 年 2 月 25 日，王永江回到古城老家的第三天，金州当地的几位重要士绅曹世科等人，协同金州民政署的一些日本官员，在金州商会为王永江举办了欢迎午宴。

此后，除了接待奉天说客的来访，王永江也走出老宅，主动拜会了一些重要人物。

金州当时隶属于日本殖民下的关东州，且王永江一直与日本方面有来往。7 月 8 日，王永江前往旅顺的日本关东厅，拜会儿玉长官和关东军司令白川。大连的新闻记者十分敏锐地注意到，儿玉与王永江会谈了一个小时，这在以往是十分罕见的。

同月，王永江与北洋政府前总理、皖系的段祺瑞在大连会晤。两人都是下野之人，共同语言应该多了些。

由于此前满铁株式会社社长先到金州拜访过王永江，8月3日，王永江在岩间德也陪同下乘车来到大连，下榻在大广场的大和宾馆，回访会见了满铁社长安广并接受宴请。此外，王永江还拜会了大连民政署长和大连市役所的杉野市长。

10月10日，《东北大学周刊》创刊，此时依然兼任东大校长的王永江亲自撰写了发刊词。在发刊词中，王永江谆谆教诲东大学生："学术的进步不是一朝一夕所能成功的！就如同样处于战争的晚周列国，即便人民因战争无法正常耕种，但孟子、荀子等大家依然坚持推崇自己的学说，以平靖时局的动荡。而他们的学生及后人一直坚持传播他们的品德风范，以端正人心。几百年之后，他们的学说依然在发扬光大。俗话说：人能弘道，并非虚言！所以，我们创办《东北大学周刊》，就是希望它能彰明学术以发扬国学的精华。"

1927年初，王永江写了一首《答客问》诗：

> 问我闲居寂寞无，哪知宁静胜冰壶。
> 人将血气为知识，我自神明调节趋。
> 蹇叔还乡怜霸业，刘基归隐让谀夫。
> 从今聊解青山笑，一任枋榆燕雀呼。

这首诗，是当时有人来信问他辞职之后是否寂寞，王永江以诗作答：宁静独处对调节身体大有好处。诗中引用了两个典故。秦时的蹇叔经百里奚引荐，进入秦国，辅佐秦穆公。蹇叔本是淡泊名利、与世无争、乐于农耕的隐士，曾经反对秦穆公偷袭郑国，但意见未被采纳，导致秦军在崤之战中遭到晋军伏击，全军覆没，主帅孟明视等被俘。后来，他用心辅佐秦穆公成就霸业，使之位列"春秋五霸"。刘基就是刘伯温，元末明初的政治家、文学家。他是明朝的开国元勋，辅佐朱元璋平天下，谋略高深，人莫能测。朱元璋多次称他为"吾之子房"。民间也流传着"三分天下诸葛亮，一统江山刘伯温"的说法。然而，刘伯温后来受到了朱皇帝的猜忌。

屈原的"世溷浊而不清，蝉翼为重，千钧为轻；黄钟毁弃，瓦釜雷鸣；谗人高张，贤士无名"，也许用在此时也是十分贴切的。

那段时间，家里访客不断，王永江还写下了这样一首诗：

炎夏中有客自省中来

故旧二三人，相别月六七。

乍见惊予颜，谓予腴胜昔。

转问何清癯，渠言乃如一。

唏嘘涕新亭，同抱忧时疾。

何必效三闾，憔悴空无益。

四时有盛衰，日月殊朝夕。

天道犹如此，人事何能逆。

与君且称觞，敬之乃终吉。

来了一些故旧，几个月未见，一见面就说王永江气色好多了，却也清瘦了些。读这些诗，可看出王永江讲古比今，世事洞明，所谓大道理都懂，但现实中他还是难以释怀。这正是人的复杂与矛盾之处。

在众多说客轮番劝说无果后，张作霖终于沉不住气了，打算放下身段来请王永江，当然，老张前来是有缘由的。

1926 年的 7 月 18 日，张作霖乘满铁会社的专车从奉天南下，同行的还有高级顾问郑谦、参谋长于国翰、军事顾问俞恩桂、交涉署科长李德新等十余人，日本顾问松井七夫也一同前往。

19 日上午，张作霖抵达旅顺，先后会见了关东军司令官白川义则、关东厅长官儿玉秀雄；20 日，一行人又来到大连，会见了满铁社长安广伴一郎等人。张作霖此次大连和旅顺之行，是专为答谢在奉郭战争中，日方给予的支持的。

21 日，张作霖在返回奉天途中，特意让专列在金州驿停车达两个小时，派人进城去请王永江，希望面谈一次，但王永江却坚决不见。在金州驿站台上望眼欲穿的张作霖最后只好悻悻离去。

不过，笔者在辽宁社会科学院主办的杂志《东北地方史研究》1986 年第 2 期上，读过署名为魏福祥的《王永江传略》一文，该文对这件事描述得较为详尽。据其记载，1926 年 7 月，张作霖因事到金州火车站时，将王永江请到火车包厢里，两人面谈了十五分钟，张作霖希望能与王永江能和衷共济、共渡难关，但王永江仍托词未允。

而金毓黻的《王永江别传》中则记载：

> 作霖念永江能，思挽之再起，尝以事诣大连，车经金县驿，意永江必来迎候，停车伫望久之，永江终不肯来，作霖叹息而去。

这便出现了两个截然不同的版本，两说不同，难辨真假。但从整个过程来看，张作霖为请王永江，甚至超过了三顾茅庐的规格，其良苦用心也是令人赞叹的。

3

1927 年 1 月 18 日，王永江第三子王贤灏举办婚礼。这场婚礼轰动一时，吸引了奉天省众多人物来金州送贺礼。在前来送贺礼的队伍里，有张作霖的代表韩秘书、北洋政府前国务总理靳云鹏的代表苏顾问，以及代省长莫德惠的代表王冠吾。

一众人里，当然还有奉天政界、工商界等中外来宾。据新闻媒体报道，当日宾客多达六百余人，收喜幛五百余架，金州几条老街的饭店座无虚席。大连的《泰东日报》在报道中描述道：鼓乐喧闹，车水马龙，盛极一时云。

后来被誉为中国近现代史著名专家的金毓黻，当时是一个小年轻，他作为奉天省一个道尹的代表也去参加婚礼祝贺，事后他曾写古风诗一首表示感慨和赞叹。

呈金州王岷源省长

骎骎奉使趋南苏，平明上谒高人庐。

主人冠服阼阶立，嘉宾速驾纷传呼。

佳儿佳妇耀双璧，前庭交拜翻襜褕。

男娶女嫁愿粗毕，家事敕勿来关吾。

终日键户下帷坐，精研大易读阴符。

澹泊宁静标所尚，明志致远遂其初。

姓名不使渔樵知，入城莫觅中丞闾。

古云大隐隐朝市，惟公当此真不虚。

在这里，金毓黻与一般的金州人打听王永江的住处，竟然没人知道。金毓黻不禁感慨，王永江贵为一省省长，却不张扬，给人一种大隐隐于市的感觉。

事有转圜又生变

1927 年 3 月 28 日，张作霖在北京再次让东三省官银号总办彭贤拿着他的亲笔书信前往金州，试图劝说王永江出山。有资料记载，自1926 年初王永江辞职之后，彭贤先后六次到访金州，他应该是奉系高官中到金州次数最多的一个人。

这一次，他又是来劝说王永江重返奉天的。王永江当时郑重地写了一封回信，托彭贤带给张作霖。这封信也大有深意：

> 不晤将军一年又二月矣。想履缕嘉祥，为颂为慰。
>
> 三月廿八日，彭总办奉命来访，送达盛意，感激实深。夫我之去年辞职，非不欲相助为理，乃以政见不同，不能不自明去就。然亦为三省久远计，非为一身计也。不过有小人中伤之言，用惑听闻耳。唯此一年又二月中，无日不以三省安危为念。今不以直戆为嫌，遣人劳问，自不能不再伸愚见。夫有生者，不讳死，有存者，不讳亡。讳死者，不可以得生；讳亡者，不可以得存。生死存亡之际，豪杰之所以宜究也！古今凡图大事者，莫不先植生存之基，避死亡之渐，外审大势，内定大谋，而后乃利用时机，可进则进以图功，不可进则退自以保，以和于国人。谚云

"旁观者清"。今以旁观者之见衡诸大势：南军蒋介石主意尚较稳健，而过激之左派犹不能相容。倘蒋倒而左派势成，则南北和缓愈无希望。彼抱其过激主意，非推倒一切不止。晋军冯军皆彼党援，国民运动，南北一致，一蚁溃堤，防不胜防。乃欲以孤立无援之众，处四面皆敌之中，不可谓势之安也！三省民生日困，金融淆乱，政象所趋，根本动摇。倘有奸人利用，民众暴动、复将安归？蜂虿有毒，民言可畏。当元气斫丧之余，冒外撄群敌之险，不可谓计之得也！纵使兵精械足，尽有江北，而祸机四伏，为患更深。十四年苏皖事起，郭遂倒戈，内外鼎沸，岌岌濒危。虽侥幸转圜，然可偶逢而不可常恃也！殷鉴非遥，来日之难，更有百倍于此者，不可谓时机之堪利用也！此可退而不可进，宜自保而不宜进争之时也！千人诺诺，不如一士谔谔。与将军十年相交，情礼兼至不愿以诺诺相欺。夫匹夫见辱，拔剑而起，争胜负于生死之顷。此小不忍则乱大谋，非远虑深算能屈能伸之道也！如以愚言为合于时势，幡然变计，则第一宜速回辽东，节财用而爱人民，屏小人而登贤俊以保根本。第二，请另决彻底改革方针。如政见相协，江虽不才亦必竭驽钝以相助。此后出处，仍视政见如何为转移。不知将军之政见今复何在也。昔钟离者对齐宣王曰，大王不用妾言，安用妾身？今反不如一媒母乎！军事防害民政，非断然改革，无以为善后之谋，将军其有意乎？[①]

> 民国十六年三月廿八日

---

① 王凤杰:《王永江与奉天省早期现代化研究》，吉林大学出版社 2010 年版，第 262—263 页。

这封信，王永江是经过深思熟虑，是充满感情的，而且他的态度也是大有变化的。在金州老宅蜗居的这一年多，王永江心里是矛盾的、焦虑的。虽然因与老张政见分歧，决然去职归乡。可是他的心中却无时无刻不在惦念着东北局面，忧国忧民。

身居斗室却心怀天下，王永江对于东北乃至全国大势的判断都是非常精辟、准确的。他的目光早已越过了古城与赫山、白山与辽河，在热切注视着东三省乃至全国的形势变化。

所以他直言不讳："夫我之去年辞职，非不欲相助为理，乃以政见不同，不能不自明去就。"然后接连用了三个"不可谓"的排比句详尽分析了国内及省内形势，直言张作霖问鼎中原的危险与错误。

第一个"不可谓"指出张作霖已孤立无援之军，处于四面皆敌的困境，局势极为不稳，点中了张作霖错误行为的要害。

第二个"不可谓"指出东三省民生日困，金融淆乱，根基动摇。此次冒险对外树敌，绝非明智之举。他把东三省民困财竭的危机看得如此透彻，乃是张作霖顾及不到之处。

第三个"不可谓"指出张作霖执意入关、打内战做法可能造成的严重后果。

基于此，王永江断然认定："此可退而不可进，宜自保而不宜进争之时"，呼吁张作霖"幡然变计""速回辽东""以保根本""另决彻底改革方针"等。

王永江多次上书张作霖，皆是情真意切。他的出发点是"为三省久远计，非为一身计"，在这一封信里，他一再强调"三省"而不是奉天，这也是大有深意的。

这一次他明确告诉张作霖："与将军十年相交，情礼兼至不愿以诺诺相欺"，并提出"如政见相协，江虽不才亦必竭驽钝以相助。此后出处，仍视政见如何为转移"。这一句话非常关键，实际王永江是要张作霖一句承诺，表明事有所缓，王永江有了出山的意愿。

王永江秉承的理念和儒家积极"入世"的观念是相通的。虽然出仕能使他的抱负和主张得以实现，这是他的人生追求。但是，他认为，如果不是靠道义去做官，做了官之后不能实现自己的"道"，单纯为做官而做官，甚至为名利而做官，都是不可取的。这也是孔子所说的"道不行"，宁愿"乘桴浮于海"。用这一点来解释王永江的前后行为就明白了：他更看重为官之道，若不能践行"道"，单纯为名利做官，他是不屑为之的。

然而，就在彭贤还没有返回北京复命之际，张作霖在杨宇霆的鼓动与怂恿下，一时冲动，下令公布任命刘尚清为奉天省省长。

原来，杨宇霆听说彭贤又去游说王永江，便对老张说：

> 永江素骄蹇，屡以辞职挟公，公以卑辞相邀，而漫不以应。无礼甚矣，今固不乏堪任省长者，何必永江？

老张心里本来就不痛快，也觉得王永江太牛气了，加之奉天省的代省长莫德惠早就表示难以胜任，便问："然则以何人为宜？"杨宇霆答："有尚清在，其才亦不下于永江。"

张作霖犹豫再三，终于下令正式任命刘尚清为奉天省省长。王永江闻讯，气血翻腾，急火攻心，心脏漏血症复发，再次卧床不起。

金毓黻说，任命之令朝下而永江夕死矣。从某种程度上说，王永江就是被气死的。

大星陨落，死因谜团

在奉系里，王永江虽身居高位，看似风光无限，实则内心矛盾重重。他清醒地意识到，自己已经不再是一个单纯的知识分子，而是奉系官僚机构中的一分子。他的名字被规整地记录在奉系官员的花名册和薪水簿子上，他如同被无形的绳索捆绑，身不由己地被拖上奉系发动战争的战车。正是因为意识到这一点，王永江终于下定决心，要和热衷打内战的老张进行切割，以保持自己知识分子的独立性，坚守士大夫的风骨。

> 我本赤手来，误入繁华路。
>
> 愧无济屯才，富贵亦何趣。
>
> 人慕宠赂章，我畏性灵蠹。
>
> 如入宝山行，毕竟赤手去。
>
> 手赤无挂碍，性空无顾虑。

　　　　我来果何因，我去复何处。

　　　　恍兮惚兮中，一点灵台悟。

　　这首王永江写的《自语》，不同于他过去那些壮怀激烈的诗词的语言风格，读来似有消沉之意，实际是他当时心境的真实写照。

　　1926年2月，王永江从奉天那个名利场回到寂静的古城，从喧嚣和众人簇拥之中回归宁静的生活。他的身体却是极度疲惫的，心情也是极度绝望和伤心的。奉天府的那些事情还在他的脑海中萦绕，没有人能这么快地转换角色，能这么快就把一切都放下。

　　在这样的情绪里，即使王永江通晓《易经》、深谙中医之道并且曾行医问诊过，但对于自己的身体，依然是无能为力的。正所谓善医者不能自医，他的身体状况一天不如一天。在此期间，如果张作霖能早些回心转意，再度真心请他出山，凭借骨子里的坚韧与热情，王永江的身体定能逐渐康复，起码还能再为东北奉献十年以上。可一旦这股支撑他的精气神消散，希望的火苗彻底熄灭，人是会在一瞬间被击溃的。王永江，也未能逃脱命运的无情捉弄。

病逝家中却有挥之不去的谜团

　　1927年11月1日，王永江在金州老宅突然病逝。

　　王永江病逝的消息无疑像晴天霹雳一般，在奉天瞬间炸开了锅。一时间，人们痛心不已，议论纷纷。

　　关于王永江的离世，众人一直认为有很多疑点。关于他的死因，基本上有两种观点：一种认为，听到张作霖正式任命刘尚清为奉天省省长的消息后，王永江情绪极度低落，于是病情急剧恶化，包括心脏漏血加重，还有资料说是肾衰竭，最终不治而亡；另一种说法认为他是被日本医生谋害致死的。

事发当日清晨，王永江突然感觉身体不适，长子王贤泌匆忙前往金州民政支署，在那里才能挂通大连市内的长途电话，然后向大连满铁医院求治。满铁医院派来的是户谷银三郎博士和满铁大连医院的院长。值得一提的是，1927年春，王永江因病住进满铁大连医院治疗，就是户谷银三郎主治的。据说，1925年日方派往北平为孙中山诊病的医生也是他。

户谷银三郎赶到王家之后，将所有人都赶出了王永江居住的里屋，他和日本护士独自在屋里进行诊治。约半小时后，王永江之父王克谦敲门要求进去看看儿子，却被拒绝，理由是会影响治疗。可仅仅一刻钟，户谷银三郎便出来宣告："经抢救无效，省长归天了，进去看看吧！"王克谦悲愤交加，怒吼道："活着不让我看，死了让我看还有何用？"愤而摔门不进。长子王贤泌等人匆忙进屋察看时，惊见王永江嘴唇和脸色发紫，便怀疑他是中毒身死。

王克谦说的当然是气话，他返回后，进屋看永江时，还对大家说：这是假死，一定会醒过来的，他绝不会忍心先我而死啊！身边亲朋邻居哀声一片。

尽管对王永江死因有疑问，但身处日本统治之下的金州城内，众人敢怒而不敢言。当家人正在痛苦悲伤之际，日本医生和护士悄悄地溜走了。后来家人给王永江穿衣服时，发现他的胳膊上有针眼，这无疑加深了他们的疑虑。古城里的一位老中医也不禁感叹："省长虽然病重，但不至于一天也过不去啊……"王永江在日本医生的治疗中猝然逝去，实在令人难以释怀。

就在一个月前，满铁安广大平副社长回日本时，王永江还前往大连码头为他送行，足见当时他的身体并无大碍，他的病逝实在太过突然。

我们总是有一种善良的心理，觉得日方不太可能会用如此卑鄙的勾当，搞小人暗算。尤其王永江还曾经十分赞赏他的一些日本朋友的个人品行，但他万万想不到的是，在国家利益面前，这些所谓的情谊都轻如鸿毛，不值一提。

敌国良将，我国之仇也。日本人也是深谙此理的。

早在1927年的春夏之间，日本极具权威性的《朝日新闻》在头版以大标题发表了一篇评论，其大意是：欲夺取满蒙，必先铲除王永江。副标题：他是个骨子里反日的分子！这篇评论的全文还曾被日本一本政论刊物转载过。

王永江的长孙王谔廷回忆说，这张《朝日新闻》报纸是先祖父生前收藏的，他在收拾书房时曾亲眼见过。《朝日新闻》所载此文是有其背景的，据说在这以前，日本当局召开了一个秘密会议，策划进一步侵略中国的步骤。

王永江辞职回归金州后，正当奉天的舆论作出种种猜测、形势扑朔迷离之际，日本的《朝日新闻》竟迫不及待地大放厥词，亮出了王永江是不受日本欢迎的人物，泄露了欲置其于死地，清除"障碍"，进取中国的阴谋。

还有一件事，就是1926年王永江返回金州时，日本关东军方面竟然也一直在密切关注着王永江的动态，并派人监视他的言行。现在已公开的搜集报告多达十二页，这件事的负责人是松井少将，他把监视王永江的记录作为密件封存起来，实际搜集的材料应该更多。

回顾王永江的作为以及他在日本方面的影响，日本对他下手并非毫无可能。当年关东军和日本陆军派为了排除异己，实现他们的野心与梦想，常常会采取一切极端手段。例如，直系军阀吴佩孚的死，就被怀疑是日本医生下的手。再如，伪满洲国的第一任总理郑孝胥的死也与日本医生有关。1938 年郑孝胥在长春暴亡，当时就有传言，郑孝胥是因为有反抗情绪而被日本医生毒死。

还有末代皇帝溥仪的祥贵人也是如此。1942 年 8 月 13 日，祥贵人谭玉龄患病，经过治疗没有好转，"帝室御用挂"吉冈安直叫来当时长春市市立医院的院长、日本医生小野寺为她治疗，可谭玉龄猝然去世，年仅 22 岁。溥仪始终认为，是日本人害死了谭玉龄。

再如，鲁迅先生的死也疑点重重，他也是经日本医生治疗后去世的。他的儿子周海婴认为其父极有可能是日本人谋杀的，负责治疗的日本退休军医须藤嫌疑最大，事后他有意躲避周家，许广平多次去日本找他，他都想方设法躲避。

更诡异的是，须藤当时还给鲁迅先生用了激素，周海婴曾回忆，母亲许广平亲口对他说，这是不合理的治疗方法，"因为激素是促进肺结核活动的，肺结核在活动期是不能用这些药的，可是须藤却用了。这个疑问不仅我母亲有，包括叔叔、其他朋友都有"。

再回到王永江病逝的话题上，诸多线索相互交织，这就不能不让人产生许多联想。王永江的大女儿，就是霍忠钦的奶奶王慧芬，曾经坚定地认为，王永江就是被日本人害死的。

古城的出殡仪式和铁龛纪念公园

1

王永江病逝之后，远在北京的张作霖致电王永江二儿子王贤漳：

> 余接令尊噩耗，悲惶交并，昨已明令优恤，并遣袁金铠代余致祭，令祖年近古稀而今遭此不平，河鱼之痛定所难免，然有害健康，勿使过悲，希足下（指幼源）为余达之，余与令尊凤昔交谊至深，兹闻噩耗，悲何能堪，慨乎世难频仍，正希令尊垂援诘意，竟为宿疾逝世，遥闻之下，倍增哀悼，足下宜节无济之哀，宜思大事之寄，犹望伐余灵前诚意，奠祭之庶，慰令尊英灵于冥府。[①]

与此同时，张作霖还宣布，追赠王永江"勋三位"，特派奉天政务厅厅长关定保前来金州灵前致祭。袁金铠也代表张作霖专程赶来吊唁，亲手奉上五千大洋的治丧费，以表心意，他庄重地宣布追赠王永江为"勋三位"的谥封，这一谥封承载着对王永江一生功勋的高度认可。

王永江的弟子、奉海铁路总裁王镜寰也从奉天匆匆赶来，望着王永江的遗照痛哭不已，涕泗横流，他献上的挽联是：

---

① 政协沈阳市委员会文史资料委员会编：《沈阳文史资料·第二十一辑·北洋时期东北四省区军政首脑》（内部发行），1994 年版，第 127 页。

治世仰奇才，十数年察吏安民理财兴学，化被桑梓，突闻霮耗传来，白叟黄童齐坠泪；

论交称知己，二十载同忧共患课事督功，谊如手足，讵料长星忽陨，青天碧海痛离群。[①]

王永江的好友、实业厅厅长张之汉接到消息，立即乘火车急赴金州，火车上张之汉一夜难眠，作了挽诗两首：

一

鹏鸟悲鸣镇可惊，锋车载梦此南行。

分明轮轨前游路，碾作酸风苦雨声。

二

苏门啸断涕横流，又感人琴吊子茜。[②]

一夜飞轮七百里，载将热泪到金州。

东北史研究的开拓者和主要奠基人、当时任奉天省议会秘书的金毓黻也有挽诗两首：

乱世人才信不祥，凭将此理问苍苍。

① 政协大连市金州区文史资料委员会、大连市文物管理委员会编：《王永江纪念文集》，大连出版社 1993 年版，第 184 页。

② 沈阳市档案馆、沈阳市文史研究馆编：《石琴庐诗文集》，沈阳出版社 2020 年版，第 548 页。

叶公民望能兴楚，李晟天生本为唐。

西鄙崔苻忧跳掷，东山丝竹感悲凉。

斯人不起国无寿，太息南州失一王。

三千珠履趋跄盛，百结儒冠拜命迟。

最感钟期流水奏，难赓束哲补亡诗。

验方昔把膏肓起，采颂新劳驿使驰。

惆怅金风吹败叶，寝门哭祭再来时。

（自署：门下士金毓黻顿首拜献）①

曾代理东边道道尹、本溪湖煤铁公司总办的谈国楫挽联是：

读书抱澄清志，行政施匡济才，名世岂虚生，何期正展经纶，一朝归去；

在公是长官身，论私有通家好，噩音忽飞至，不禁横挥涕泪，百感交并。②

王永江病逝之后，奉天、大连等地各界人士前来吊丧，灵堂前人流如织，络绎不绝。

---

① 政协大连市金州区文史资料委员会、大连市文物管理委员会编：《王永江纪念文集》，大连出版社 1993 年版，第 189 页。

② 政协大连市金州区文史资料委员会、大连市文物管理委员会编：《王永江纪念文集》，大连出版社 1993 年版，第 187 页。

2

1927 年 12 月 9 日，朔风凛冽，天沉地暗，这一天是王永江出殡的日子。

在金州会的组织下，古城百姓倾城而出，父老乡亲们都来为王永江送行。

出殡队伍浩浩荡荡，最先走出古城南门，而后再拐向东南方向的肖金山脚下（现东风村）。队伍最前面的是八人哀乐乐队，吹吹打打为队伍开路。按当时的习俗，乐队后面是打路鬼二人，执火药旗二人，喷钱兽二人，狮子四人，磕头童子二人，拿金银山四人、碑楼一人、鹿二人、鹤二人。

紧接着，是马队十一人，大碑一人，暖阁一人，女乐八人以及文武官二人。随后为条幡二十四人，大幡二十六人，金银库古铜鼎各一人。再往后是二十四孝人偶。此外，还有喇嘛十人、僧侣十二人，奉天来的道士十人及金州各寺庙道士若干人。

这是当时大连和奉天各报纸记载的实况，算下来，走在最前面的属于仪仗人员的就有百余人。

送葬队伍的后半段，最前面的是王永江的长子王贤泌，他身穿孝服、手捧遗像，面容悲戚，引领着后面三十二杠的棺椁。之后是亲朋好友，八方来宾。队伍绵延逶迤，边走边源源不断地汇聚人流，从古城南门走出来之后，一直走到东面的肖金山落凤坡。

下葬的现场挂满张作霖、黎元洪、徐世昌、段祺瑞等人的挽联、挽幛，然后是奉天省各界的悼词。最后，是王永江的私人顾问、朋友岩间德也所致的悼词。

王先生：

汝与我生于不同国籍、不同土地。然不知如何之宿世因缘，使吾们在过去二十三年间结下了胜于兄弟之深交。

二十三年，即使是生于同一家庭的兄弟、长于同一处的朋友，在"二昔"这样悠长之岁月中，无论是思想上，还是感情上、利害关系上，无丝毫之相违与冲突，始终不变地持续交往也绝非易事。

然吾们之间之所以能结下如此之深交，一是由于汝宏大之人格，吾如今再次痛感于此。汝宏大之人格是汝情谊厚、操守坚、明达事理、信人不疑，特别是重礼仪，与人相交久之对汝愈发敬重，倾葵之念、思慕之情愈深。更何况汝学识深厚、见识高远，且超越名利、行政、财政均有非凡之政绩等等，这些足以使吾敬畏之念愈深。

不仅是吾深感与此，日中两国之人士，知者不知者皆将汝作为真正国家栋梁之材，不仅东三省之开发，即便国家之统治也可安心托付之大人物来敬慕。

然汝十数年来被宿病困扰，不仅未能充分开展活动，且时势非、行政见难。

汝隐退悠游故山，举天下之人诚感遗憾。

然病总有痊愈之时，时势总有转移之时，渴望那时汝再当经国济民之重任，吾深信于此。

每每与汝会谈，论国事、披沥心情。带客月官命上京之时，吾亦怀此念。

孰知竟接汝病危之报，惊愕之余日夜兼程仓皇而归，幸得见汝一面，却未能再有深谈之机会。

是天是命，汝终成不归之客，每每想起深感遗憾，无以言表，唯有以泪洗面。

汝，留下伟大之功绩，名扬天下，恐汝乃微笑着逝去。

而吾，今后再与谁述情怀、论国事？每想到此甚感孤行茕茕、形影相吊。

今兹对灵轴谨述所怀，以代悼词。①

在王永江病逝之后的第三天，1927 年 11 月 3 日，日本人主办的《"满洲"报》即发表了一篇《王氏之略历》的文章：

王永江，字岷源，别署铁龛。原籍山东登州，世居金州城内，祖父以来均务商业。氏生而聪慧，长有大志，深研救国济民之道前，以岁贡生改选府经历，保升知县，又保升知府。旋充辽阳警务长、铁岭县知事、辽康牛海奉天等税捐局局长，并任东三省总督府民政科参事、礼学科参事、都督府秘书等职，功绩卓著。民国元年六月任奉天民政长，是年十月任奉天兴凤道尹。民国三年，牛海税捐局长。

民国五年十一月，张作霖改革省政时，任为奉天警务处长，兼省会警察厅长，扫除弊政，焕然一新。民国六年五月，更任为奉天省财政厅厅长，兼任东三省官银号督办。以其得意的财政手

---

① 《铁龛省长哀挽录》，辽宁东记印刷所代印，第 5—7 页。

段，多年穷乏之奉天财政，予以根本的整理。不数年，偿还奉天省库外债，并有巨万之盈余。民国十年七月，兼任代理省长。十一年六月，任奉天省长印花税处处长、东北大学校长。迨民国十四年冬，郭松龄倒戈后，王氏反对张作霖偏重武力，再三进谏，迄未获纳，遂于十五年三月辞职回里。

王氏身长丰胖，英姿飒爽，头脑明晰，胸襟豁达。居常韬光匿彩，俨然无能。一朝有事，则意气凌霄。有飞则冲天，鸣则惊人之概。智而勇，文而武。或为牧政官，或为警务司，或膺财政之任，所至之处无不功绩昭著。奉省十余年，内政修明，复不遗余力于外交，尤知当务之急。吾人方冀其重出故山，挽回狂澜，不意宦途积劳，病患心脏，竟以五十五岁于民国十六年十一月一日归道山，此不禁令人悼惜也！

3

金州古城东南有一座小山曾叫城照山，也叫东山，是古城一处著名的景点，这里曾建有铁龛公园。

铁龛，是王永江的号，王永江被安葬于金州城东肖金山南麓王家的祖坟里（今大连市金州区中长街道东风村冯家屯一户村民的菜地）。1930年，正值王永江病逝三周年，金州的一些乡绅和大连市内的部分富商，怀着对王永江的敬重与怀念之情，共同发起倡议，打算在城照山上修建一个铁龛公园来纪念王永江。

修建公园的经费来源于各界的捐款赞助，共筹集到捐款小洋

22065 元。这些资金被用于修筑亭子、纪念馆、纪念碑、正门、串井、事务室等等之后，还略有剩余。

公园陆续栽植了松、柏、榆、柳、桃、李、槐等树木，并修建了亲民馆、思源亭和王永江纪念塔等。在纪念塔身的正中镶嵌了一块记事碑，碑文《金县铁龛公园记》由天津赵荩撰写，长白宝熙书丹，碑文翔实介绍了公园内的风景、内部设施和修建公园的目的等。整个公园位于城照山的南半坡，占地六十余亩。

1945 年 8 月 15 日，日本无条件投降，22 日，苏联红军进驻旅大地区，铁龛公园和附近的金州商业学校都被苏军占领并作为兵营。直到 1954 年，苏军全部撤离，并于 1955 年，中苏两国海军代表分别在《辽东半岛协议地区海军防务交接证书》上签字，中国人民解放军正式接管旅大地区陆海空三军防务。可惜的是，到了 20 世纪 70 年代初，铁龛公园内的设施全部被拆毁改建，如今仅能从过去的老照片和出版物上看到铁龛公园旧时的样子。那块记事碑目前仅存碑帖，藏于中国国家图书馆。

铁龛公园虽已消逝，王永江的墓地和墓碑却还在肖金山南麓的东风村冯家屯的一块农田里。前些年，金州博物馆工作人员曾经对其进行了重修。其中方墓志被金州博物馆收藏，王永江墓也被公布为大连市市级保护文物。

如今，城照山上树木茂盛，已然成为人们休闲健身的好地方，人们不曾想到，这里曾经有个金州小有名气的、以人名命名的公园。

祭文、悼诗折射出的历史评价

1

如何评价王永江的一生及其地位呢？

奉天省实业厅厅长张之汉，作为王永江几个忠心耿耿的幕僚之一，他评价王永江的一首诗是这样的：

> 衮钺轻身计，风雷脱腕间。
>
> 出为张太岳，归则谢东山。①

诗中提到的张太岳即明朝政治家、改革家、内阁首辅张居正。他辅佐明万历皇帝朱翊钧进行"万历新政"，史称"张居正改革"，辅政生涯长达十年，推行了著名的"一条鞭法"等改革措施。

谢东山则是东晋时期政治家、名士谢安。谢安年少时，便以清谈知名，屡辞辟命，隐居于会稽郡山阴县之东山，与王羲之、许询等游山玩水，同时悉心教育谢家子弟。他历任征西大将军司马、吴兴太守、侍中、吏部尚书、中护军等职。在淝水之战中，谢安作为东晋的总指挥，以八万兵力打败了号称百万的前秦军队，使晋室得以存续。谢安多才多艺，善行书，通音乐，性情娴雅温和，处事公允明断，不专权树私，不居功自傲，有宰相气度。

---

① 沈阳市档案馆、沈阳市文史研究馆编：《石琴庐诗文集》，沈阳出版社 2020 年版，第 554 页。

张之汉以张居正比拟王永江出仕时的作为，以谢安比喻王永江归隐后的气度，这无疑是对王永江极高的赞誉。当然，也有很多人拿古代其他贤相来比喻王永江，如春秋时期的管晏、汉初的萧曹等等，但更多人认为，东晋时期的王猛和王永江的际遇和角色更为相似。

王猛是历史上东晋时期前秦的政治家、军事家。

王猛出身贫寒，但其人瑰姿俊伟、文武双全。与东海王苻坚一见如故，后来成为苻坚的股肱大臣。他鞠躬尽瘁，综合儒法，选拔廉明，励精图治。政治上，抵制权贵，整肃吏治，强化中央集权；军事上，军纪严明，平定五公之乱，统兵攻占前燕都城，都督关东六州军事；经济上，劝课农桑，开放山泽，兴修水利，实现田畴开辟，仓库充实。执政的十八年间，北方一度呈现小康景象。可惜天妒英才，他于公元375年病逝，年仅五十一岁。

当年桓温北伐，桓温请王猛谈谈对时局的看法，王猛在大庭广众之下，一面扪虱，一面纵谈天下大事，滔滔不绝，旁若无人。后来在王猛的主持下，前秦革新措施带来了一派崭新气象。百姓歌唱道："长安大街，杨槐葱茏；下驰华车，上栖鸾凤；英才云集，诲我百姓。兵强国富，垂及升平。"

经过王猛的改革，前秦一跃成为北方最有活力的国家。而此时苻坚下令发动统一北方的战争。在王猛强大的攻势下，北方各国相继被灭，但王猛的身体因长期操劳也垮了下来。苻坚见王猛病危，赶紧询问后事。王猛对苻坚说："晋朝虽然僻处江南，但为华夏正统，而且上下安和。臣死之后，陛下千万不可图灭晋朝。鲜卑、西羌降伏贵族贼心不死，是我国的仇敌，迟早要成为祸害，应逐渐铲除他们，以利于国家。"

但苻坚统一北方后，他自恃"强兵百万，资仗如山"，欲灭亡东晋，实现混一六合之志，不顾王猛临终的劝告，于建元十九年（383）亲统大军南伐东晋，结果折戟于淝水之战，国势大衰而最终被杀。

从王猛和苻坚两个人的人生轨迹来看，和1500多年后东北王永江和张作霖的合作非常相似。

日本著名汉学家安冈正笃也在《"满洲"近代名相》一文中评价王永江说：

> 他起于满洲边鄙，阳寿不长，跟随张作霖时也遭遇排挤。或许因为这样，他在王猛这位历史英雄身上看到了自己的影子，时常感怀。王猛，字景略，博学，尤好兵书，为人严谨，但又气度恢宏。他出身贫穷，隐居于华山，传说他在桓温北上之际出山与之谈论经纶，一边抓虱子一边高谈阔论，旁若无人。然而，桓温终容不下王猛。此后，五胡十六国之一的前秦君主苻坚起用了王猛，任之为宰相。王猛发挥本领，不借野蛮的武者之手，便让前秦以长安为大本营，牢牢地掌控了北方。苻坚野心勃勃，想乘势征服江南的东晋，统一天下。可是前秦内部并非铁板一块，还有不少后顾之忧，王猛进谏苻坚，主张保境安民，莫要妄动兵戈。可是王猛一死，苻坚立马挥军攻打东晋，大败于淝水。经此一战，前秦急速衰落。读到此处，或许他也不由得把苻坚与张作霖联想到一起吧。他写诗咏王猛：
> 中原失志始归秦，扪虱高谈动鬼神。
> 正朔江东终念晋，英雄死何不犹人？
> 然而，王永江之于张作霖终究不是诸葛亮之于刘备，最多也

就是王猛之于苻坚，可能还不到。杨宇霆等张作霖的心腹都是军人，即绿林出身，不免有一些夜郎自大、沐猴而冠之徒。张作霖在他们的唆使之下，也有了自恃财政盈余，趁中原动乱之际去抢一杯羹的心思。王永江自然要阻止，于是二人起了争执。想不到张将军竟然如此汲汲于功名、耽于权力斗争，他的军人部下对政治一无所知，被他们煽动的最终结果就是自取灭亡而不自知——王永江对张作霖失望透顶。

一个日本汉学家对一个中国人物的评价如此精准，入木三分，令人钦佩。

的确，王永江的诗词中用典很多，而写王猛的尤为多。例如《咏史八首》的其一：

> 垂老郦生投汉去，穷途王猛入秦来。
> 男儿屡欲匡时策，不必严陵又钓台。

郦生，即汉时郦食其，一直隐居不出，直到等到了沛县刘邦才出山，凭三寸不烂之舌立下大功，即后世所谓"凭轼而降齐七十余城"。

年轻时的王永江也盼望能像郦食其那样得遇明主，然而张作霖不是刘邦，甚至连苻坚都比不上。所以王永江只能效法东汉严子陵不应光武帝之召，躬耕富春山，钓鱼度日了。

在另一首诗中，王永江写道：

狙公喜怒本无常，奉檄东来侣虎狼。

忍死雄心王景略，一生反相魏文长。

微闻曼倩以官隐，哪得郦生假酒狂？

回首故乡山水好，角巾打点为徜徉。

王景略就是王猛。从这些诗中可以深切感受到王永江对自己人生机遇的感慨，以及对理想与现实差距的无奈。

金毓黻曾评价：

特永江与作霖，以气类之相感，治奉十年，言听计从，一若王猛之与苻坚。虽云凶终隙末，未能全其始终，亦遇合之足称者矣。

2

王永江病逝之后，收到了全国各地发来的诸多祭文、挽联、挽诗等，其中奉天省省长刘尚清的祭文颇具分量，它代表着官方立场，从官方权威的角度对王永江的一生给予了肯定。此外，奉海铁路公司和东北大学暨附属中学全体师生的祭文也意义非凡，这是王永江主持的两大实业和文化项目。但是我在细细读过后，认为少帅张学良发来的祭文写得最好，虽然是少帅幕僚们的捉笔代劳，但其中蕴含的真情实感，以及对王永江的客观评价，皆跃然纸上。

这篇祭文是以张学良个人名义发来的，文后同署名的还有其麾下的军团长韩麟春，祭文如是写道：

公禀天地清淑之气，生于南苏，为琅琊望族。幼攻举子，经史百家无不淹贯，文采披纷，士林引重。长以明经，蜚声贤路。办税清田，赋任警务，掌度支。所至皆有政声。晚年出掌奉省，本其大有作为之志，创办新政，造福桑梓，勋名功绩，昭昭在人耳目间。于以知天之生公，非为一身一家而生，乃为东省人民而生也！当公之在位也，革故鼎新，兴利除弊，百姓日蒙其麻而不知。及其飘然远引，息影田园，而东省之父老子弟，遂日日望其再起东山。以为一再敦促而不允，久之当有转圜之意；家居养疴而不出，将来或有出山之时。而今已矣！公逝矣！人民之望绝矣！呜呼！天殒不爱斯民耶？胡不愁遗一老，而忍令公之一卧不起耶？故吾等不为公之一身一家哭，而为东省人民同声一哭也！谨遣代表，备具祭品，聊藉俚语以当哭。呜呼哀哉！尚飨。①

文中的"幼攻举子，经史百家无不淹贯，文采披纷，士林引重"，以及"办税清田，赋任警务，掌度支。……乃为东省人民而生也！"写得都极为准确而又真诚，而非空洞无物的官样文章。

前些年，凤凰卫视曾经播出过对张学良的一个专访，晚年的张学良在访谈中，还交口称赞王永江是一个明白人，东北得益于他的努力才发展起来，才有了经济实力。

1927 年 9 月 13 日，辛亥革命元老、著名教育家黄炎培先生还曾经到访金州，与王永江畅谈许久，这大概是王永江病逝之前接见的最

---

① 政协大连市金州区文史资料委员会、大连市文物管理委员会编：《王永江纪念文集》，大连出版社 1993 年版，第 180 页。

后的来访者吧，当时陪同的人员是天兴福的邵氏父子。

　　遗憾的是，两个人交谈的内容并未留存记录，但可以想见，他们所探讨的话题必然饱含对国家民族的忧虑和热爱之情。

　　仅仅一个多月之后，王永江便溘然长逝，黄炎培痛心之余，写了一首挽诗。

> 芒角孤城莤，州门万泪迸。
>
> 有怀赠长策，无计弭佳兵。
>
> 小试烹鲜手，殊方颂佛名。
>
> 灵根常不坏，绝笔了此生。[①]
>
> （自注：九月十三日，访公畅谈。别未五旬，不期永诀。公最后墨宝有"灵根不坏"句，于邵君慎亭处见之。）

3

　　除了这些官方的祭文、挽诗外，民间也有许多人为王永江的逝去而感到惋惜，纷纷写诗抒发内心的沉痛，尤其同是金州人的文友李义田特别伤感，两个人相识三十余年，诗词唱和也最多，他写的几首悼念诗可见其悲愤心情：

---

① 政协大连市金州区文史资料委员会、大连市文物管理委员会编：《王永江纪念文集》，大连出版社 1993 年版，第 189 页。

追吊王岷源（永江）

一

文章功业各千秋，论世知人宜少休。

扪虱莫侪王景略，卧龙漫拟武乡侯。

古今合见无双士，中外允推第一流。

死果何归生何在，一凭众口自悠悠。

二

论定盖棺事有无，浮言休信妇夫愚。

东山空望起安石，西海何因吼子胥。

伟抱自伤工未就，奇才尚恨计犹恨。

而今往事皆如梦，苍昊徒然付一吁。

李义田在这首诗后加的注解是：

岷源归隐，众皆有东山再起之望，岷源未殒前有重九观潮
诗。结句"如听钱塘吼子胥"，其中之郁愤已极。

后来，李义田挥泪又写下了一首《哭王岷源》：

文字结交三十年，感君高谊薄云天。

苑枯不杂时流见，书简常劳驿使传。

致病多因悯水火，居官从不为金钱。

而今风骨俨犹在，回首前尘迹惘然。

读了李义田这首挽诗，旅居大连的广东南海诗人胡子晋有感而发，也写了一首《王省长岷源先生挽章》：

> 关东山气正崔嵬，郁此殊才拔地来。
> 得主已成今管晏，陈书休说旧邹枚。
> 民生憔悴谁同悯，文献凋零我独哀。
> 还念金州李遗老，卅年交好泪盈腮。

李遗老，就是李义田。

同是旅居大连的广东诗人黄伟伯也写了两首《吊王岷源》：

一

> 文章经济两便便，桑梓留名万口传，
> 却惜长才仍未竟，正如王猛事符坚。

二

> 素车白马集金州，得与山人半日游，
> 倾吐肺肝消块垒，今宵况值月当头。

让我颇为感动的是，东北大学文科的青年学子王德生，听人说起王永江的故事后，不禁为之叹息惋惜。他认为王永江之死是东北栋折榱崩之虞，对全国也是一大损失。出于这样的感慨，他也写了一篇悼念文字，发表在东北大学的校刊征文中。这篇文章广为流传：

王公行状征文

公讳永江，字岷源，号铁龛，奉天金县人。以岁贡生起家，长辽阳县警务，有政声。武昌事起，除夕铁岭陷，公奉檄往，未数日，乱定。共和初元，尹兴凤道，病，辞归。复出为辽康牛海会城权吏，廉俭自持，综核有方。奉天督军兼省长张公贤公，遂以公为警务处长，政声益腾。六年，迁财政厅长，时库支拮据，积债累深，公辟其源，节其用，别其弊，财以大裕。

十一年，兼代省长。制县为八区，区二十村，村五百家，村置正，区设长，县有监督，以交通上下之情，政无不达，事无不举。允以利用厚生为亟。采西安金沟煤矿，设纺纱厂，以倡实业；筑奉海铁路，廓县区驰道，以便交通，设治金川县以举屯垦。严文官考试以饬吏治，创东北大学以兴教育，惟战阵累岁，耗巨金，致公欲举者而或辍废，已举者不获扩充，每言辄以为憾。

十四年，郭松龄叛。大军逼新民，叱咤之声相闻于城中，城中如鼎沸，士宦商贾之携其妻妾，抱其子女，捆载其重器，以逃徙者，日以千万数。惟公居处晏然如昔时，躬督励警甲，城遂不乱。事平，罹心脏疾，归。上书说张公曰，郭叛以后，非数年休养生息，难复元气，夫时至今日，简练军实，自属要图，然备兵自卫，与逞兵争雄，则利害相反。昔管仲治国三十年始一用兵，燕昭王礼士十九年仅乃报齐，汉武连年穷兵，卒有轮台之悔，古之明王贤佐，犹且如此，况中原兵交方盛，民生凋敝之秋，独东省一隅极得地利，本足自强，无待外求，乃不速为之图，轻内而重外，忽近而图速，将自投于荆棘之中，而纳人民于水火之内也。不听。

又曰，不思远虑，但快目前。即使军备增至数十倍，兵工厂增至数百倍，粮秣厂增至数千倍，而财力耗竭，奉票低废，人民破产，不待人之来攻，而已亦不能生活，虽增数十百千倍何益，此自杀之道也。又不能听。

公乃辞，省中上下咸思公，留公使者日以十数往，冠盖相望于道路，而公毅然卒不反也。公既去，奉票果十不当一，踰岁，或有言公将再起者，奉票顿昂。后公不果至，复如初，其信道之笃及其得人心也如此。

东北稍纵即逝的机会与教训

都说张作霖是东北王，其实他还想当更大的王，他根本不珍惜东北，这是最令王永江痛心疾首的地方。

民国初期，东北以其独特的地理环境和历史进程，构建了一个相对稳定的地域单元和独立的经济大区。其独特的地理位置使东北在地缘上自成一体，与关内的联系仅靠西南渤海湾沿岸的辽西走廊。辽西走廊狭窄而山势险峻，山海关在此颇有"一夫当关，万夫难开"之势，关内的战乱难以波及。这种形势正像东汉末年，魏蜀吴三国在中原混战不休，而公孙氏却能在辽东自立为王，独立发展壮大。

张作霖以东北为根据地，手握重兵，扼山海关天险，如同背山猛虎，进可以攻，退可以守，占据着得天独厚的地理优势。

在奉系统治的 1916—1928 年间，东北地区的人口、土地面积和粮食产量持续增长，而且土地面积和粮食产量的增长幅度远超人口增长的比例。在王永江的倡导下，奉系上下也都认识到发展产业、扩充人口才是对抗日本和苏俄的关键所在。

那时的东北农村，日出而作，日落而息，鸡鸭满院叫，牛马遍地跑。这样的田园生活质朴而简单，与关内人稠地少的生活状态完全不同。这也造就出关内外不同的心态和生活习惯，进而形成了独特的关东文化。

东北地区开发较晚，人口密度小，并有大量荒地可供开垦。随着关内人口不断迁入，加之其他各种因素，东北地区的农业近代化起步较早，而且进展快、成就大。东北地区的农业机械化、农场经济、规模经营以及企业化生产，尤其是粮豆的商品化、专业化、区域化生产，自近代以来便形成了强大的地方优势。

在奉系统治时期，东北地区的工业经济与关内各省区相比，发展也较快。美国学者包华德认为："张作霖统治'满洲'的时候，国内军阀混战的物力损失，农业、经济上的瘫痪，人力摧折，这些现象并未在'满洲'出现。"这些优势为奉系军阀的统治提供了经济上的支持。奉系军阀所具备的地理环境上的有利条件和充足的经济支援，是其他军阀所不具备的。这可以说是奉系军阀能够迅速发展壮大的一种决定性因素。

张学良的日本顾问在 1927 年的私人日记中写下这样的片段：

当中国的关内人习惯于每天扛着锄头下地干农活时，东北人已经习惯于每天去工厂上班，然后领取工资了……

很多人误以为，东北的工业是中华人民共和国成立后才开始建设发展的。其实，早在20世纪20年代，东北就已经是东亚地区最为繁华的工业区之一，经济也十分繁荣，后来的伪满洲国经济的繁荣程度更是超过了日本四岛。

在奉系统治东北的十几年里，全国其他各省多被两三个军阀或更多的军阀所占据，而每个军阀的力量又不足以控制全省，因此，军阀间争夺地盘、政权的混战此起彼伏。而奉系统治的东北，却保持着相对的统一和稳定。从1916年到1928年间，除各省小军阀之间的频繁战争外，全国性的大战就有七次，其中由奉系扮演主要角色的有四次。而只有郭军反奉战争是在东北区域内进行的，且时间较短。

凭借地理上的优势及内部统治稳固，奉系得以对本地区实行有效的行政管理。在剿匪治安、保障社会稳定方面，在吸纳外来人口、制定农村经济政策、促进农业生产方面，在开发矿藏、建设铁路、制定民族工业政策、促进工业经济发展方面，在投资兴办教育以及文化事业发展等方面，都取得了令世人瞩目的成果。

张作霖拥有这样好的地理空间和资源优势，却不珍惜，岂不令人惜哉叹哉?

王永江主政奉天省的时间很短暂，即1921年到1926年。但王永江却为奉天省留下了非常深刻的执政印记，以至于今天，我们也无法忘却他做过的一些事情。

美国学者薛龙在他的《王永江与张作霖》一书中说:

> 我相信东三省经济的迅速发展并非真的是张作霖的作用，更不是源自张学良的领导。这应归功于王永江的坚决行动。王永江

是当地受过教育的精英中的一员，且对东三省的未来寄予厚望。他作为一个政府官员，知道一个组织良好的政府应该利用当地的矿产和农业资源。作为一个地方领导人，他具备那种传统的道德，将教导民众作为自己的职责。从1916年到1924年，他的升迁从管理警务开始，负责过税收，当过省长，负责过地区的银行系统。

当王永江作为奉天省政府的高级官员，开始发挥他对东北地区政府和经济带有魔法色彩的作用时，他所取得的成功成为中国其他地方的人们谈论的话题。东北地区所使用的货币非常坚挺，工作岗位很多，有很多人开始进入该地区找工作、经商，并逃离中国内地的混乱局面。无论是国内的，还是国际的观察者们，都对中国东北所发生的转变印象深刻。当北京的中央政府软弱无能、面临破产时，当危险的军事冲突在全国各地频繁爆发时，当中国似乎接近跌入巴尔干化的状态时，东三省却在蓬勃发展。王永江是该地区官员的典型代表，他成功地调集资源，发动大众，为将他们自己的社会建设得更好而工作。

英国人加文·麦考马克曾经写过一本《张作霖传》，由湖南人民出版社出版，在这本书里，他也给予了王永江极高的评价。他也认为"充当了东三省联盟主要建筑师的正是王永江"。

张作霖打进北京的时候，一度十分嚣张，得意扬扬地和军阀们互相斡旋，而且以军阀之首的身份出现在舞台中央，当年北洋系的大佬孙传芳等人都在他的身边捧场。对于马匪出身的张作霖来说，这种感觉很爽，很受用。

1927年2月，张作霖以支援吴佩孚为名，兵入河南，率先抢夺了吴的地盘。王永江在日记中表达了自己的不满："奉军在京势甚危险，各方皆有反感。现又进军河南，军队、土匪皆足为患。张又不明各国情形，只发骄横之语，而其左右，无一人才，各为私谋，见利忘义，未有忠于谋国者，张之能否安然归省？尚不可知。"

在这种情形之下，王永江怎能出山复职呢？他致函张作霖再次表明了难以出山的原因，并劝其"不应穷兵黩武"。

张作霖将信反复看过三四遍后，表示："吾现在已手插磨眼，虽悔亦无可如何。大兵在外，倘一回省，不定又生何种不利之变化，但望取得河南，交于河南人自办，即一概不管，回顾三省。但与岷源相别久，甚为想念，能否请来京一晤且三省之事，岷源如肯担任，即全行交付，亦属放心。"

1927年6月21日，王永江在日记中写道："张雨亭在北京就任中华民国海陆军大元帅，人之将死，强作回光，此之谓也。"

很快，随着南方北伐军的逼近，局势急转直下，张作霖难以维持当前的局面，极度消沉，奉系的官员们也都劝他回去，好好经营东北。他任命的新省长刘尚清上任后，几乎一直守在北京，苦口婆心地劝他回奉天。

无奈之下，老张撤回沈阳，这时，他一定会想起王永江，想到当年王永江的苦谏。但是，人生没有彩排，更没有后悔药。

关于张作霖的评价，现在历史学家也是众说纷纭。不可否认，他能够礼贤下士，广纳人才。他认为马上得天下，但不能马上治天下。所以对他那些老弟兄一方面给予安抚，另一方面也认为他们不可能在治理国家方面会有什么大的突出表现。

如果我们从直奉战争说起，来总结张作霖从称霸东北到迅速走向失败的根源和教训，起码有这样几条：

一是战略选择错误。东北自然条件得天独厚，土地肥沃，劳力充沛，物产、矿产皆丰。同时奉系作强时，日本尚没有做好武力侵占东北的各种准备。加之张作霖聪明机敏，善于吸纳人才，以他为核心，已经形成了稳定的奉系集团。在奉系决策层里，最能干也最受信赖的当然是省长王永江，另一位则是总参议兼东三省兵工厂督办杨宇霆。王主张发展教育，兴办实业，修筑铁路，"专心实修内政，把东北治理好"。杨主张入关争雄，武力夺取北京政权。张作霖野心膨胀，一心想当大总统，所以逐渐采纳了杨宇霆的建议。

那时不仅仅是东北，而是整个中国都处于一种"有军则有权、有枪则有势"的政治局面中。张作霖信奉："王侯将相宁有种乎！"

从1918年开始，奉军先后五次入关，前后断断续续共打了八年内战。也就是说，张作霖在东北执政期间，大多数年份都在打内战；没打仗的年份，也在积极备战。

1923年以前，东北三省每年总收入的80%以上都消耗在军费上了。1923年以后，军费开支竟然大大透支了每年的总收入，达到了入不敷出的境地。怎么办呢？老张想到的办法之一就是发行纸币奉票。

1917年，1元奉票可以兑换1元现大洋，即纸币与银圆等值。到1929年，要60元奉票才能兑换1元现大洋。八年时间，奉票价值仅及当初的1/60。钱毛了，物价飞涨，民不聊生。这样穷兵黩武，怎么能使东北富强呢？

二是拒绝改革，固执己见。多年内战大大激化了奉系的社会矛盾。1925 年冬，爆发了郭松龄反奉事件。郭松龄当时打出的旗号，一方面是反对内战，另一方面是推行资本主义色彩浓厚的民主改革。对郭松龄的理念有一定认同的张学良后来也说，如果郭松龄反奉成功，九一八事变可能就不会发生了。张作霖为了维持封建军阀的统治，当然要拒绝郭松龄那样的激进改革。

始终忠于张作霖的王永江也反对内战，坚持要改革，这是王永江和郭松龄的共同点。

东北曾经有过非常好的改革机会。

第一次直奉战争失败之后，张作霖宣布东三省要闭关自治。在此之前，1922 年 5 月 10 日，北洋政府在直系势力指导下，下令裁撤东三省巡阅使，张作霖被免去本兼各职，听候查办。紧接着，又下令裁撤了其蒙疆经略使之职，并根据直系的意见，任命吴俊升为奉天督军，冯德麟为黑龙江督军，以此来离间奉系的将领。

这种小儿科的把戏怎么可能成功呢？就在同一天，东三省省议会联合会及沈阳各团体通电，坚决否认北京罢免张作霖的"乱命"。

5 月 12 日，张作霖在滦州宣布独立，改称奉军总司令，并发表对外宣言："对于友邦人民生命财产力加保护，所有前清及民国时期所订各项条约一概承认。此后如有交涉事件，请径行照会滦州本总司令行辕。自本月一日起，所有北京订立关于东三省、蒙古、热河、察哈尔之条约，未得本总司令允许者，概不承认。"同日，北京外交部照会各国公使："今后东三省一切事务，非经中央政府核准，概作无效。"两边互不相让，局势陷入僵持，估计各国公使也都摸不着头脑。

就在这次宣布东三省自治的同时，王永江替张作霖草拟了一个

《东三省联省保安规约二十条》，其中就加入了一些改革的想法，旨在加强东三省的内部治理和建设能力。全文如下：

（1）东三省因地理关系及历史关系，联合为一自治区；

（2）东三省自治区，以奉天、吉林、黑龙江等固有区域为限；

（3）东三省自治区内，为公共保安起见，拟定规约，官民共同遵守；

（4）东三省自治权，在宪法未公布以前，由三省人民共主之；

（5）人民应有之权利，在宪法公布以前，仍遵照旧约法；

（6）东三省施政方针，应取一致；

（7）东三省应时势之趋向，实行军民分治；

（8）东三省疆土及一切权利，由三省官民管理之，无论何人，不得侵略；

（9）东三省军务，由保安总司令（张）统辖之，副司令（孙烈臣、吴俊升）协理之；

（10）东三省保安总司令，由省议会的联合会选举之，副司令由总司令任免之；

（11）东三省民政，由各省长治理之；

（12）三省省长，在宪法未成立以前，由本省省议会选举之，但以本省人为限；

（13）东三省官制官规，悉依旧制；

（14）东三省共同立法事宜，由三省省议会联合会行之；

（15）东三省司法，仍依旧制，由各级法院行之；

（16）各省行政立法事宜，仍由各省行政立法机关行之；

（17）东三省有与外国缔结条约合同，关系三省利害之事，其已实施者，仍照旧办理，未实施或新发生者，须征得省议会联合会同意；

（18）东三省财政，除已与外人结约者外，他人不得涉之；

（19）东三省联合事项之经费，由国税支出；

（20）本规约自公布之日实行。

人们都认为，作为这份规约主稿人的王永江在文本措辞上是起了重要作用的。也就是说，在这份规约中，王永江融入了很多他想改革的思路。其中所谓"人民共主""军民分治""官民管理"之类，应该都是他提出的主张。但这些举措后来均未实行，说明这仅仅是王永江的理想化想法而已。

张作霖的精力全在军事整顿方面，根本不在政治体制改革方面，更不在经济建设方面，他的执念是在"自治"招牌下准备和吴佩孚再战的军事实力。

在奉系里，绝大多数人对张作霖的态度，其实常常是揣测"圣意"，然后去迎合。而王永江则是一心想干实事，性格直来直去。这种行事风格也使得他与张作霖分歧逐渐加大，最终两个人渐行渐远。

1925年，郭松龄反奉时，狡猾善变的张作霖先是发"罪己诏"，发誓要改弦更张，同意实行王永江建设东北的战略主张。然而，平息了郭松龄兵变之后，他感觉局势趋于稳定，又出尔反尔。他再次将目光投向关内，继续派奉军入关打仗，拒绝了王永江的改革方案。这一决策不仅让东北错失了一次重要的发展机遇，也使张作霖在穷兵黩武的道路上越走越远，让自己走进了死胡同。

三是上下贪腐，已成痼疾。郭松龄事件平息之后，1926 年 1 月，在奉系讨论战略决策的高层会议上，王永江曾经痛陈财政危机的现状：杨宇霆督办的兵工厂，一年经费为 2300 万元，奉军常年的军费为 1800 万元，张作霖每年个人的"特支费"为 1000 万元，这三项合在一起（官吏薪金、行政、教育等各项经费还没计算在内），已达 5100 万元，而奉天省当时全年收入已经达到了历年最高的水平，也只有 3300 万元。

其中，张作霖除了在军政两署每月都支取高额薪金外，"特支费"是他的一项特别支出。这笔费用主要用来拉拢人心、搞交际和赏赐部下等。试想，奉天省的全年收入最高水平才 3300 万元，老张个人每年就要从中支出 1000 万元，这一项几乎要占总收入的三分之一。这还是符合奉系常规的"正当"支出，张作霖以各种名义的临时紧急支取还不计算在内。

张作霖的家产更是恶性膨胀，据一些资料记载，张作霖在北镇有土地 1100 余垧，在黑山有土地 500 余垧，在通辽西有荒地 12.6 万垧，在辽河岸边有荒地 4.5 万垧，在黑龙江一面坡有地近 2 万垧，总价值超过 1000 万元。

1926 年 10 月 10 日，成都的《民视日报》刊登了一则关于军阀财产的新闻，其中有列表显示，北洋政府时期，71 个官僚、军阀、要人的私产总额达到 6.3 亿元，而张作霖一个人就独占 5000 万元，位居榜首。数据或有夸大成分，但奉系内部的贪污问题是当时军阀统治时期的常见现象。

官场腐败，是中国旧社会的痼疾，北洋政府时期尤甚。当时军阀割据，政治秩序混乱，缺乏有效的监管机制。在这种大环境下，奉系内部的腐败问题更是难以遏制，这也成为奉系走向衰落的重要因素之一。

身为东北王的张作霖，手下兵广将多、谋士如云。他手下有杨宇霆、郭松龄这样的将领，有王永江、袁金铠这样的辅宰，最后却在皇姑屯事件中被炸身亡，落得个身首异处的结局。显然，他并不是能够知人善任的帝王将相，也不善于用好手中的上上牌打出最高分，没有让手下们的天赋都充分发挥出来，也没有使东三省辉煌，使自己的时代伟大。最后，东三省陷入更为艰难的境地，这样的结局不能不让人扼腕叹息。

尽管张作霖初期对王永江言听计从，但还是要说，王永江生不逢时。他的政治抱负与奉系军阀集团的决策者们有着本质的区别。他所推行的"新政"措施与奉系军阀整体利益相一致时，就会得到支持与重用；但其主张有悖于奉系军阀的政治野心时，同样寸步难行。

张作霖最为后人称道的，就是识人有方、用人不疑。但是他最后的失败，也与此有关。

张作霖的一生，充满争议。作为封建军阀，他有落后甚至反动的一面；作为统治者，他的多重性格特征是十分突出的；作为东北边疆大吏，他对东北的经济建设尤其是铁路建设作出了卓越的贡献，他对文化教育的重视与投入更是可圈可点。

在对外关系上，他始终以维护民族利益为重。尤其在对日关系上，他既有抗争也有妥协，其中抗争是主流，是本质。张作霖对日本的妥协，既有政治上相互利用的一面，更与近代中国衰弱的国情有关。因此，不能因为他有妥协的行为，就说他是卖国。

考察张作霖统治时期的对外交涉活动，不仅频繁而且复杂，涉及政治、经济、军事各个领域。在铁路建设、设领设警问题、商租问题以及军事冲突等各项交涉中，张作霖都最大限度地维护了国家主权和民族的根本利益。

张作霖曾经卖过包子，当过货郎，学过木匠，医过牛马。至多可以算作草莽英雄的这个小个子东北人，最后终于当上"安国军"总司令，掌控风雨飘摇的中国北方政权，并在半年之后，在108响礼炮声中登上了他梦寐以求的"大元帅"宝座。然而，此时的张作霖已面临诸多困境，开始江河日下。仅仅一年之后，北伐军的攻势势如破竹，日本因张作霖未完全满足其侵略要求而心生不满。双方关系破裂，1928年6月2日夜，迫于形势，张作霖与众家眷和随从离开北京中南海大元帅府。

6月4日，张作霖乘坐的专列经过京奉、南满铁路交叉处的三孔桥时，被关东军预埋的炸药炸毁，张作霖身负重伤，被紧急送回沈阳后，当日便因伤势过重离世。

一代枭雄走完了他53年的人生历程。张作霖的一生充满传奇色彩，他的成功与失败、抗争与妥协，都成了近代中国历史的一部分，值得后人深入研究与反思。此后，他的离世让东北局势陷入动荡，属于他的时代，就此落幕。

拾

诗词文字见境界见精神

《铁龛诗存》中友人的序言

王永江的内心世界到底是什么样的？这已经不得而知。他留下的一部分日记，据说曾保存在他住在北京的大女儿王慧芬的手里，在那个特殊年代，这些日记被付之一炬，我们无缘得见。

但还是有一些可以反映王永江内心世界的文字被保留了下来，这就是他写的近七百首诗词。

王永江不仅是东北近代史上著名的政治家，更是一位杰出的爱国诗人。他36岁（1907年）步入宦途，经清末、民初至张作霖统治时期，到56岁（1927年）逝世，整整从政二十年。他的一生，由青年时代的儒生，逐步成长为晚年官至奉天省省长的政坛要员，可谓政文并茂。后期，他虽然身居高位，公务缠身，却能惜时如金，不忘读书立说，不仅在诗歌创作上有所成就，还在书法、中医、易理等方面有着浓厚的素养。他留下的著述主要有《易原窥余》共四卷（上经一卷、下经一卷、易说二卷），《学易偶得》一卷；《铁龛诗存》四卷，《铁龛诗余》一卷；此外，还有《医学辑要》《方书选粹》《痼疾蒙谈》《阴符经注》《赫山子》等。著述之多，文采之秀，在奉系军阀诸文武官员中，实属凤毛麟角。

王永江的诗词，"按切时事，直抒胸臆，夺口而出，妙合自然而不屑寻章摘句"。其诗风格多样，或清新刚健，或沉郁顿挫，或针砭时事，具有很高的艺术性和珍贵的史料价值。他在金州的诗友李姜隐即李义田，对王永江的诗词作出了很高的评价：

> 君诗之奇特悲愤颇似谪仙、子美、剑南诸家，然君诗之风调骨力，则又不必与彼诸家尽同也。王永江诗歌兼收并蓄，慷慨激昂，蔚然成一代之风。观王永江之诗，其扪参历井者，李白也；挽河洗甲者，杜甫也；而大散关头，铁马秋风者，则陆游也。但纵观王永江的诗词，受李白诗风影响很大，其负才傲物，不肯谐俗也，则似李白。
>
> 赫山犹在，风景已殊，西海依然，烟波顿改，鸿沟界去，何年消楚汉之争，龙塞归来，谁与靖金元之寇。[①]

李义田认为王永江的诗风受李白的影响最大，可谓一语中的。李白的古风长篇歌行体成就极高，而王永江恰恰也喜欢写古风歌。

---

① 王永江：《铁龛诗存；铁龛诗余》，刘竟校注，沈阳出版社 2020 年版，第 16 页。

"多少游人秦岛上，踏歌闻说谪仙来。"少年英才，积极入世，举荐入朝，寄情山水，王永江与李白相似的经历，促使他对李白的诗歌推崇。王永江推崇李白诗歌的鲜明表现便是他对李白诗歌题材与立意的模仿与借鉴。在王永江创作的诗歌中，有很多诗词的题材、风格都能从李白的诗歌中找到同样或相近的，王永江多借李白的诗歌与立意，来抒发自己的胸襟。

而对李白诗歌题材、立意、风格的推崇使得王永江形成了独特的诗歌风格。现在看来，由于历史的局限性，王永江诗词中也有部分不尽如人意的作品，但若将其放在历史的大背景中去考量，这些瑕疵便微不足道了。

1916年，王永江将自己的诗抄汇集成册，出版了一本《铁龛诗草》。1925年，在奉天省省长任上的王永江，决定将自己多年的诗词重新整理，修订成册，随后出版了《铁龛诗存》，之后又出版了新版的《铁龛诗草》。这两部诗集共收录诗560首、词91首。这些诗词的创作年代大致在1906年到1926年间，记录了他在不同人生阶段的感悟与思考。

王永江写诗，起初是鲜为人知的。例如与其相交二十年、关系至密的僚友张之汉甚至都不知道，张之汉在王永江诗集序言中曾经讲过，一次他与王永江讲起诗词，王永江才从自己的箱子里拿出一本诗册让他观看。张之汉惊问何人所作，王永江笑而不答，张之汉大吃一惊，没想到王永江已经写了这么多诗词。王永江拿给张之汉看的就是初名为《铁龛诗草》的诗册。

从王永江的作品内容中，我们不仅能够体会到王永江忧国忧民、感时怀古的心境，还能从中梳理出许多与东北人文历史有关的内容，为我们研究那段历史提供了独特视角和丰富素材。

我们先来看看《铁龛诗存》中的几篇序言。首先是王永江在1925年出版的《铁龛诗存》中的自序：

书曰：诗言志，歌永言。盖言为心声，凡以发抒胸臆遣兴陶情也。顾工于诗者，辄于诗之源流宗派区分类别，性或稍近则心摹，力追格律，声韵必薪合于其人，而后当所谓专门名家尚已。人皆谓作诗须揣摩专家，余独以为不然。夫诗之最古者莫如三百篇，其所以重辂轩之采者，为其有关于国政之治乱兴衰，风化之贞媱浇淳，可以鉴得失而禅时事，非徒草木鸟兽、清词丽句争妍斗巧而已也。后世忌讳日深，风气日薄，渐失古诗本义。赵清藜解孟子，诗亡然后春秋，作一语曰：诗与春秋相表里，皆人心之精爽也。故余亦谓诗所以抒写性灵，性灵之道自然，若必欲搜肠翻笥，诸态并作，以薪合乎古人何家何派，是不啻取己之性灵而人人之躯壳，并以人之躯壳泊己之性灵也。虽清词丽句争妍斗巧，又何禅于国政治乱兴衰之鉴，风化之贞媱浇淳之规哉。昔之为诗者，未必不苦心憔思以揣摩古人，而汉魏也、六朝也、唐宋元明清也，终不能不囿于一代之风气而不可相蒙，岂其揣摩之不工欤，抑性灵之不同欤，此中当有自然之道存，非可袭而取之也。性灵不存而唯词华工巧之，是求所谓摩曼之容，难欺冰玉之洁。淫哇之响不中黄钟之声又何乐，此烦恼呻吟为哉。夫余非弁髦，古人标新领异，好为一家言，薄专家而不为也。特余本劳人，不欲刻意搜索以自苦，又不欲附炎仰息依傍门户，以标榜其声气，偶有所得，吮毫伸纸，不复点窜，兴尽则止，亦唯自适其适而已。是诗非诗固不自知，又安知夫汉魏六朝唐宋元明诸家之派别支分哉。生逢乱世，其声也衰，固有不自知其然而然者。阳明昔倡良知之学，当时儒者犹掊击不已。见吾诗者更当叽而哇之。

乙丑春三月金县王永江自序

《铁龛诗存》的自序之后，第二篇序言出自一位蒙古族诗友世荣之手。

世荣，号仁甫，出身蒙古镶白旗，土默特氏，为清代著名的蒙古族诗人、名儒。金毓黻在《辽海书征》中称赞说："世荣世仁甫太史，尤称一时大师云。先生夤得科第，入词林，员一方之望，文辞尔雅，而行谊尤高。"寥寥数语，便勾勒出世荣在当时文坛的崇高地位。

1898 年，世荣三十九岁，授翰林院编修。后来他曾经出任《奉天通志》总纂。从这个职务来看，可知世荣在文史界的地位。他为王永江《铁龛诗存》作序，可谓文坛盛事，也为这部诗集增添了独特的价值：

囊者，余官京师，尝耳岷源，与其介弟海尌昆季名。吾奉人士，咸以为晋之机云、宋之坡颍，为钦迟者久之。其后乃缘李君芳园以识海尌，又因袁君洁珊以识岷源。芳园、洁珊皆余平生道义交，而又深佩岷源昆季者。声气之通，苔岑之契，有由然已。乃海尌于京师一面，遽赴玉楼。而岷源又以仕禄为养亲计，官辙劳劳，终岁无暇，竟不得赏奇析疑，乐数晨夕，无如何也。客冬张君仙舫忽递到岷源诗稿一册，属为点定。余于此道毫无心得，奚足以辩其得失，顾以问声相思，倾盖如旧之人，一日捧其集而快读之，不啻造其堂而聆其声，欤乐何如也。此余所为自忘其陋而不顾信口之雌黄也。乃岷源不以为谬，且属为之弁言。嗟乎！不文如余乌足以序岷源之诗。然以相知之深如岷源，又岂可以无言乎哉。今夫士之所以特立独行，而能迥超流俗者，不能不效乎古人，亦何能尽肖乎古人。使为仕者，举凡一言一动、一笑一颦，一唯古人成法之是遵，而毫无从容自得之趣，其不见哂于方家也几何。今观岷源之诗，其古音古节，清丽芊绵，纵横变化，惟先民之是程，谓其非汉魏、非六朝、非唐宋元明不得也。然观其古音古节，清丽芊绵，纵横变化，唯匠心之独运，谓其即汉魏、即六朝、即唐宋元明而亦不得也。盖其人既有矫然独立之操，故其诗亦有翘然独精之诣耳。不然值风雅衰歇之时，前不见古人，后不见来者，何以冥心独造，方驾前人而能卓荦不群如此哉。往者袁君洁珊尝谓岷源，为诗须有专攻方成家数，斯言也，诚学诗之准绳也。

《铁盒诗存》是张之汉寄给当时正在北京为官的世荣的，收到诗集后，他欣然写下了这篇序言。序言中世荣说，他先认识了王永江弟弟王永潮，之后通过李义田和袁金铠才认识的王永江，对他们兄弟俩非常欣赏。世荣把他们兄弟比作晋时的陆机、陆云，还比作宋代的苏轼、苏辙，以此来盛赞王永江兄弟两人的才华与风采。

除了王永江的自序和世荣的序言外，《铁盒诗存》还有张之汉和李义田写的序言，这里不再详述。

嘤其鸣矣，求其友声

王永江在奉天省省长任上之时，实事求是地说，和金州老家这边的人联系得不多，包括一些亲朋好友如金州的望族大户邵家、霍家、曹家等等，也就是正常的礼尚往来而已。在亲戚往来上，王永江有一点"声音颜色千里拒人，无人向其请托"的态度，给人感觉他和金州的亲戚们并不是很熟络。但换一个角度，如果他是一个金州熟人圈里的性情中人，也许也成为不了后来的王永江了。

但是，金州诗人李义田却属于特例，翻开《铁龛诗存》你会发现，王永江和李义田之间的诗词唱和是最多的。

李义田，字在游，号姜隐，1866 年生于营城子双台沟村。在也是金州饱学之士的父亲李傅颖的教导下，他 20 岁便考取秀才，获得贡生学位；1889 年，23 岁的李义田赴奉天应考，中恩科举人。

李义田能诗善写，曾在日本关东都督府挂名嘱托（特约顾问），他又是中日辽东诗坛的成员，是清末著名的爱国诗人、大连诗坛执牛耳者。他创作了许多爱国诗篇，正因为如此，日本殖民者对他很忌恨。后来有人说他佯狂，实际是以此自保。此外，他还曾经与曹世科等人一起主持编写过《金州志纂修稿》的手稿本。

王永江辞职回归故里不久，李义田闻讯来看望他，回去之后，写了一篇小文和三首诗并发表在《泰东日报》上：

吾友王岷源，官奉且代理省长。将近十年，今正初归里省亲，继又闻已辞职，不复返奉矣。旧雨久违，亟欲一访，人事多阻，迟迟吾行。日昨星期日，乘大连午前十一钟车抵金，甫入城，访岷源于其旧邸。

岷源精神健旺，气度雍容，一望而知其胸次坦荡，毫无忧郁不豫之色。坐定，余首询及此次归隐之意，所言与告诸其他访客者略同，兹不复赘。余又询及归隐而后，高卧山城，凭何消遣。岷源恬然曰，以前十年，为我做官之日；往后十年，则我著书之日也。又云，归里殆盈一月，得闲注阴符经，今已告竣，其中兴趣，较劳形案牍，奚止判若天渊。语时神态恬适，殊不类久经政海中人也。

归途口占三绝

其一

柳未青时杏未红，出城一路纸鸢风。

凭君莫问春迟早，我已皤然成老翁。

其二

洋场楼阁矗云霄，往迹何须溯旧朝。

斗大孤城春孰主，风光淡荡水西桥。

其三

车行不厌故迟迟，一路窗栏纵眺宜。

海色山光都入目，故乡风景系人思。

其实，王永江写给李义田的诗更多一些：

在旃（李义田）以山居诗见寄依韵答之

静观世界眼生花，国事蜩螗莫问家。

君试闲披明远赋，应知自古有分瓜。

苍天已死黄天生，谣语讹闻辨不清。

都督竟歌满地走，人妖更觉破天惊。

节旄都带金银气，匣剑空镌干镆名。

独爱谪仙诗一卷，静中抄录自酬赓。

答李在旃二首（之一）

海上传书问铁龛，书中多半解颐谈。

不如意事常七八，能契心人只二三。

世态但知分冷暖，英雄大抵是痴憨。

劝君莫问升沈事，一点冰心印月潭。

再答李在旃

子陵矶畔惠佳音，误视闲云作雨霖。

忘蜀刘禅宁解乐，入秦王猛岂初心。

朝三暮四狙公喜，尺短寸长詹尹箴。

我已独居深念久，何尝朝市异山林。

依韵答李姜隐见寄（之一）

漫说砺山与带河，而今破碎已无多。

十年厌看人间事，面壁真思效达摩。

王永江除了和金州李义田的诗词唱和频繁外，和三多六桥先生的唱和也十分密切。

三多（1871—1941），蒙古族钟木依氏，全名三多戈，汉姓张，号六桥，隶属蒙古正白旗，祖籍抚顺。研究红学的人应该都很熟悉他，因为传说中的三六桥本，指的就是这位大家的藏书。他早年就读于杭州旗营内的梅清书院，光绪十年（1884），承"世叔父"荫袭三等轻车都尉之职，食三品俸。

1908年，三多任归化城副都统，任职期间推行改革，重视教育。次年，他任库伦办事大臣。1912年，他又赴沈阳负责管理故宫和清朝关外三陵（清永陵、福陵、昭陵），随后又任盛京副都统兼金州副都统。

实际上，三多的金州副都统就是挂名而已，他并没有真正到金州上任履职。但是他和王永江的关系却很亲近，两人常常有诗词上的往来。

在王永江的《铁龛诗存》中，可以看到《夜饮六桥斋归途即事即用六桥杜郎歌叠韵》《叠前韵再和六桥作》《再叠前韵咏昭陵并笺六桥》《四叠前韵和六桥》等诗。令人惊叹的是，王永江竟然一口气写了七首与三多六桥唱和的长诗，这在王永江的诗集中是极为罕见的。

赠三六桥都护

前朝陵殿尚峥嵘，回首沧桑百感生。

八载驹光知已少，一官鸡肋有人争。

寄情风月诗千首，话兴弦歌酒数行。

贝锦菲菱随在是，不关心处转心清。

三多还曾经写过一些有关大连和金州的诗词。

如《大连湾》：

宁海几曾宁，南关久莫扃。

春从墙外望，潮在枕边听。

宦海沉人黑，他山夺主青。

且寻游宴乐，何处不新亭。

当时的大连文坛，有一个日本人田冈正树主持创办的《辽东诗坛》杂志。这本《辽东诗坛》虽然由日本人创办，却以刊登中国古体诗词为主，日本人将这类诗词称为汉诗。也许有人不了解，当时很多日本人的汉诗从格律的角度来说写得还真挺棒，例如乃木希典那句"金州城外立斜阳"，便是广为人知的。

《辽东诗坛》刊发了大量中日诗人的诗篇，对于了解当时在日本侵占下的旅大地区乃至整个中日诗坛的交流情况都有重要价值。《辽东诗坛》以促进中日"两国文人学士接近"为宗旨，广泛刊发两国诗人的诗作。通过呈现两国关系密切的著名学者、诗人间的交流，为两国政界、学界及诗坛重要人物举办迎送雅集唱和，以及报道在大连诗社的雅集唱和活动，成为中日诗歌交流的重要平台。

　　不可忽略的是，《辽东诗坛》从创刊伊始，就存在日本对中国东北进行文化侵略的背景。田冈本人具有典型的"东亚一体"思想，作为资深的汉学家，被日本在日俄战争后设立的侵华机构——南满洲铁道株式会社聘为顾问，而《辽东诗坛》背后的浩然诗社成员，有很大一部分来自"满铁调查部"。考察《辽东诗坛》上的中日古典诗歌交流，若脱离这些复杂的背景，便难以有清楚的认知了。

　　在《辽东诗坛》上，也常常会看到王永江的佳作。

塞上杂题

　　几载烽烟城郭荒，中原戎马尚仓皇。

　　运移梅福难求隐，势重淮阴敢请王。

　　塞外骠姚狂纵酒，关中萧相苦筹粮。

　　荆湘又见羽书至，辽海征兵向武昌。

　　这首诗清晰地展现出张作霖向中原进军的历史场景，同时也写出了奉天省后方为了筹备军饷而费尽苦心的艰难处境。

　　田冈正树在出版自己的汉诗诗集时，特意邀请王永江为其作序。田冈的诗集书名由罗振玉题写，是苍劲的老隶体。此外，还请了郑孝胥题写联语："剑匣之中有龙气，酒杯以外皆鸿毛。"虽然多位重量级的人物都为田冈诗集写了序，但王永江的序言是排在第一篇的，足见其在田冈心中的分量以及他在当时文坛的影响力。

淮海诗抄序

人之情也，感物而动境之会也。适志则愉，而托物以写情，因情以言志者，惟诗为畅。诗者，情志之符，不可以时代求，不可从他人贷者也。自秦汉以降，忌讳日深，为诗者，相率而避入山水花鸟风云月露之纤丽，后之君子蜚声艺圃，奋翼词场，虽近轧宋唐，逊陆魏晋而拘拘焉。注虻准鹄，情志不符焉者，拗捩之深，反累真气。韶缶不并鸣，胡越之人不以通语也。今有田冈淮海者，日本名下士也，工为诗。去夏，余于大连宴座中会一晤，今春复以淮海诗抄见赠，并以索序。余读其杭楚汴洛诸游草，咏古以风今，感时而采俗，凡悲歌慷慨，凭吊唏嘘，皆发乎情志之真，引之神明之际，盖范而不失乎正者也。嗟乎！今之声，诗庞矣，俗呕俚唱，音韵都非。君独拔出乎流俗之外，而跻之于风雅之林，劀情吐藻，抗志高吟，岂非豪杰之士哉！若夫规摹体格，较量分寸，殚思于山川花鸟、风云月露，以是为擅名一代之具，是则隘而自小者而。[①]

丁卯春（1927年）辽东王永江序于海上宁静庐

同年年末，王永江突然病逝后，田冈正树也写了一篇悼文，发表在《辽东诗坛》上。

1927年12月9日，田冈还前往金州参加了王永江的葬礼。他认为，那是金州从未有过的盛大庄严仪式。在田冈眼中，王永江是东三省当代的名贤，才华和见识出众，为东三省发展出力颇多。如今王永

① 参见1928年《辽东诗坛》第26—30号。

江逝世，田冈深深为之哀悼。

写家乡的诗词与家国情怀

王永江的诗篇中，既有忧国忧民的情怀，也有不破骄胡誓不还的民族气节。但笔者最喜欢的还是他描绘大连和金州的诗词。其中，关于大连的诗词，主要是他后期创作的多。

1927 年春，王永江在满铁医院养病期间，有七律一首：

欲从海岛觅仙丹，那识长桑再世难。
仙佛心情空色相，山河风景易悲欢。
千家榆柳更新主，一片帆樯卧旧滩。
曲水横飞惊梦起，高楼无语倚阑干。

住院期间，有友人请他出来吃饭，他还写了两首诗词。

又·友人招饮老虎滩遇雨

老虎滩头千胜馆。俯瞰沧流，四面青松短。
凭几观潮潮拍岸，涛声雨韵清杯盏。
对面山坳荷荡晚。三两渔舟，带雨蒙蒙转。
我亦倾尊辞锦宴，淋淳湿透青罗伞。

在星浦望海

茫茫沧海逆潮流，楼橹金戈竞上游。

三十六天风力霸，四千万棹浪花浮。

岸穿蝼蚁堤将溃，水沸蛟龙帆不收。

眼看狂澜胥及溺，空余杜宇泣神州。

虽然都说身边无风景，但王永江关于金州古城的诗词在他的诗集里还是不少的。

送客出城即景

懒散风情笑铁龛，今朝送客出城南。

郊原远带新秋色，几点丹枫插翠岚。

秋日登城

独上城楼景气幽，山环海抱旧金州。

潮声远送秋林外，日嫩风和不似秋。

这是两首王永江赞美古城秋天景色的七言。诗中所描绘的悠然、惬意的境界已经无处寻觅。但读来仍能让人思绪静静地回溯，仿佛眼前真的是一片黄花红叶层绕的密林，一派古色古香的韵味。好似真能看到古城墙，听到城墙里的叫卖声、马车碾过街道的吱呀声、人声、马嘶声、风声、水声，感受那充满生活气息的嘈杂。

丁卯九日乡人觞余于西海龙王庙席上有作

抱病因循两月余，出游顿觉眼心舒。

高凭龙岛观潮至，俯瞰鲸台待钓初。

世运难逢东海老，岩灵漫笑北山书。

座中我欲推杯起，似听钱塘吼子胥。[①]

　　这一首诗是金州的名人乡绅请王永江出来散心，几人一起到西海龙王庙吃酒时，王永江所作。龙王庙景色极佳，但是王永江还是忘不掉奉天的发展和民生，因此才有了"座中我欲推杯起，似听钱塘吼子胥"这样的悲愤之句。

　　有一次，王永江登上古城城楼，向东望去即是大黑山，他又开始忧心时局，于是写作：

卧病里门忧心时局偶成四章

城上东望见翠岿，唐王古殿夕阳隤。

看天兀兀真如醉，阅世茫茫剧可哀。

未卖痴呆安我拙，妙无富贵逼人来。

古今同此悲秋感，满地顽云拨不开。

　　关于亲情和家人，王永江早年在外地为官时曾有一首：

---

① 政协大连市金州区文史资料委员会、大连市文物管理委员会编：《王永江纪念文集》，大连出版社1993年版，第175页。

岁暮寄内

客里光阴爆竹声，蛮笺珍重发边城。

官清如水无他赠，两字平安寄予卿。

从诗意推断，这是王永江在辽阳牛海等地任职时，除夕夜思念金州古城的妻子儿女和老父所作。全诗不着一"思"字，却写出了无限的眷念之情。

还有一件趣事。王永江在奉天担任财政厅厅长时，友人劝王永江在奉天纳个小妾，以解除远离古城和家人的寂寞。那时官场三妻四妾早已蔚然成风，王永江不以为然，于是又写了一首诗来表达情怀：

酒酣君莫慰王郎，十载风尘鬓有霜。

漫说桃根与桃叶，更无心事到红装。

1921 年，王永江五十岁生日之时，他已经是代理省长兼财政厅厅长了，于是写了一首《五十自述》，对自己的半生作了一个总结：

吾年三十六，始与尘网撄。

四稔巡辽郡，一官铁岭城。

沧桑忽易势，卓荦负虚名。

浮笺东南道，兼辖镇守营。

世衰纲纪坠，官滥节义轻。

兴言击笏愤，掉首挂冠行。

负疴卧故里，束帛采虚声。

重下冯妇车，还愧王阳情。

纡徐策劣驷，崎岖挈长鲸。

岂不惮艰险，深怀国士盟。

白驹忽云逝，黑首霸易盈。

省身过未寡，知命年已迎。

椿庭耸高荫，梓树垂繁荣。

天麻民已足，世事复何争。

倦游屡思返，维絷迭相赓。

人寿虽无几，且俟黄河清！

这首五言长诗，回顾了他自 36 岁开始，在奉天省各地辗转，一路坎坷，直到成为奉天省省长的历程。诗中既有对世事的感怀、对时局的忧患，也有对自己抱负和理想的咏叹，实际是他的一次人生回望和总结。从中能看出，他虽然已经登上了省长的高位，但仍能保持清醒、冷静。尤其是"人寿虽无几，且俟黄河清！"颇有鞠躬尽瘁、死而后已的味道。

诗如其人，人如其诗。

附录 1

王永江大事年表 [①]

1872 年（清同治十一年）1 岁

2 月 17 日寅时，生于金州城南门内路西。祖父作霖，父克谦，母邵氏。

1873 年（清同治十二年）2 岁

祖父王作霖逝世。祖母许氏对其钟爱，不令早读。

1881 年（清光绪七年）10 岁

3 月，入蒙塾。8 月，塾师杨朴去世，仅得从读六个月。

1885 年（清光绪十一年）14 岁

祖母许氏在金州去世。

1887 年（清光绪十三年）16 岁

试应南金书院月课，稍有知名度。

① 资料来源：
王永江 1872 年至 1913 年间的"自述"；
张松石：《王永江纪念文集·王岷源先生年表》，大连出版社 1993 年版；
韩信夫等编：《中华民国大事记》（第一、二册），中国文史出版社 1997 年版。

1888 年（清光绪十四年）17 岁

正值县试，同试者二百余人，阅卷者进士杨澍力（慰三）力主取其为县试案首，而金州厅海防同知马宗武以"年幼尚有待"定为第二名。

1891 年（清光绪十七年）20 岁

参加厅学考试，金州厅海防同知谈广庆（云浦）亲自校卷，定其为案首。

冬，伯母麻氏去世。

1892 年（清光绪十八年）21 岁

入泮。科试又取第一。及秋，得补廪食饩。

11 月，娶本城曹氏第五女为妻。

1893 年（清光绪十九年）22 岁

进京应癸巳恩科乡试落第。同年 8 月，伯父克让公辞世。

1894 年（清光绪二十年）23 岁

应甲午正科乡试落第归里。7 月，甲午中日战争爆发。11 月 6 日，日军攻占金州城。随后，日军于金州设立军政署，对金州实行军事统治。率家眷避居青岛。冬，长女嫦云（王蕙芬）出生。

1895 年（清光绪二十一年）24 岁

秋，率眷避难于山东烟台，后移居于北京东四牌楼门楼胡同。

同年，甲午中日战争结束，《马关条约》签订。俄、德、法"三国干涉还辽"。

12 月，清廷谕令"迅复旧制"，随后金州厅与金州协领衙门建制逐步恢复。

1896 年（清光绪二十二年）25 岁

2 月，随父克谦携眷归故里。与弟永潮赴省就试。夏，弟永潮以府案入泮。冬，赴省城应丁酉拔贡试，自己因被人诬告行为不端而落第。

1897 年（清光绪二十三年）26 岁

入省赴考不第。12 月，沙俄派舰队进驻旅顺口，开始了对旅大地区的占领。次女彩云（王芷芬）出生。

1898 年（清光绪二十四年）27 岁

3 月，沙俄强迫清政府签订《中俄旅大租地条约》，将旅顺口和大连湾及其附近水域以 25 年期限租借给沙俄。条约附加条款规定，金州城由清政府自行治理，但实际控权受限。

在金州城里设童子塾。

9 月，慈禧太后"训政"囚禁光绪皇帝，杀害谭嗣同等"六君子"，"戊戌变法"失败。

1899 年（清光绪二十五年）28 岁

与弟永潮同举优行，弃塾师业。

1900 年（清光绪二十六年）29 岁

7 月，俄军突袭并占领了金州城，至此，旅大地区完全落入沙俄之手。8 月，八国联军攻陷北京。

与弟永潮同赴省秋闱。永潮获优贡，永江仅被注册教职。义和团运动兴起，10 月，俄军侵占奉天省城。与弟永潮从省城步行 19 天才回到金州。

1901 年（清光绪二十七年）30 岁

有感于"不为良相必为良医"之语，广购医书，潜心研究中医。

9 月 7 日，清政府与各国议和，签订《辛丑条约》。

1902 年（清光绪二十八年）31 岁

弟永潮优贡朝考一等，以知县用签分直隶。为不拂弟意，称贷戚友以资之行。

1903 年（清光绪二十九年）32 岁

弟永潮就官直隶，决计家居奉亲。

设"采真堂"药房于旅顺口。

8 月，子贤泌（嗣源）出生。

1904 年（清光绪三十年）33 岁

时疫流行，设病院于旅顺孙家沟山上，任时疫病院院长。入其病院者十活六七。

2 月，日俄战争爆发，清政府竟然宣布"严守中立"。

"采真堂"药房毁于兵乱。

9 月，日军在金州设立辽东守备司令部及军政署。

冬，由金州士绅集资重建"南金书院民立小学堂"，被公推为监理。

1905 年（清光绪三十一年）34 岁

10 月，"关东州公学堂南金书院"成立，岩间德也出任院长。

4 月，赵尔巽任盛京将军。日俄两军在奉天大会战。9 月，日俄双方签订了《朴次茅斯条约》，战败的俄军将旅大的租借权转让给日本，并将中东铁路南段及其支线，划为日本的势力范围。随后，日本政府便与清政府进行谈判，并于 12 月签订了《中日会议东三省事宜条约》正约和附约。它的签订使日本政府进一步扩大了在中国东北的侵略权益，实际上将东三省南部纳入其独占的势力范围。

冬，次子贤潍（幼源）出生。

1906 年（清光绪三十二年）35 岁

继续义务为"金州公学堂南金书院"服务。

日本成立"南满洲铁道株式会社"，又设立"关东都督府"，对大连等地实行殖民统治。

1907 年（清光绪三十三年）36 岁

承母命，往保定府探望弟永潮，旋赴京贷三百金予弟。劝弟弃官归里，未果。乃独自归奉天。4 月，东三省改制，三个将军辖区改为奉天、吉林、黑龙江行省，各设巡抚，盛京将军改为东三省总督。徐世昌任东三省总督。5 月，应辽阳袁金铠邀，为辽阳警务学堂教习。9 月，弟永潮卒于保定府，遂赴保定料理丧事，载枢归里，途中备尝艰辛。

1908 年（清光绪三十四年）37 岁

被委以辽阳警务局局长之职。就职不到两个月，因知州欧阳焘贪暴，愤而辞职归里。4 月，三子贤澋（少源）出生。

光绪皇帝和慈禧太后先后死去，醇亲王载沣摄政，溥仪即帝位。

1909 年（清宣统元年）38 岁

锡良任东三省总督。欧阳焘因贪暴而被褫职。洪汝冲任辽阳知州，邀其襄办警政。再任辽阳警务局局长职。

1910 年（清宣统二年）39 岁

由奉天民政使张元奇改委辽阳警务长。

12 月，上陈办理辽阳警务办法三条：专责任、明赏罚、慎用人。

1911 年（清宣统三年）40 岁

1 月，清廷以东三省鼠疫流行，命在山海关一带设局严防，毋任染内地。

2 月，长春以北鼠疫蔓延数十州县，死者近万人，东三省总督锡良奏请饬大清、交通两银行各拨 50 万以应急需，清廷允之。

因明了医学，被委以防疫委员长。亲率医生二十多名、巡警一百八十多名，进驻鼠疫最为严重的辽阳西门外杨林子村，封闭全村，组织抗疫。

防疫鼠疫事毕，因靡资甚少而成效最大，拟保以知县，但须向主政官劝业道管凤龢（洛笙）缴纳"部费"百元，以"耻于此次奖案"而谢之。

4 月，东三省总督锡良保奏，破格以知县分省补用，获批准。遵照新规定，以优贡在部注册，补用知县候补府经历，被委任以整顿营口警务。

4 月 20 日，赵尔巽接任东三省总督。6 月，被委以调查奉府新政。赵尔巽电奏破格录用知府存记，并加五品衔。又命其招募新兵三营。

8 月，被派充奉天省西南路考察使，考察宪政事宜。

10 月，保安会成立，委以内政部副部长未就，又调以军械局总办，亦坚辞。旋改委民政科参事兼秘书厅秘书员。

10 月，武昌起义爆发，辛亥革命事起。

1912 年（民国元年）41 岁

1 月，铁岭被革命党占领，奉檄以南路巡防管带收复。革命党闻声宵遁，遂代理知县三日。旋回民政科任参事。中华民国成立。

2 月，清帝退位。袁世凯就任临时大总统职务，窃取了辛亥革命成果，北洋军阀开始统治中国。赵尔巽任奉天都督。

4月，四子贤澔（小源）出生。

6月2日，临时大总统袁世凯任命王永江署奉天民政使，坚辞未就，假归修墓。

9月，赵尔巽复委以署理兴凤道尹。

11月，辞职挂冠，径回故里。被人笑为"百余年，官场无此行径"，自号"老铁山人"。

袁世凯任命张作霖为民国陆军第二十七师师长，至此，张作霖逐步掌握了奉天省的军事大权。

1913年（民国二年）42岁

2月，与袁金铠同赴青岛考察德人在青经营情况，并问候赵尔巽。赵力劝其出山，并写了推荐书。同月，由青岛归里。被奉天省推荐为人才，大总统袁世凯召见问话，袁特令为"记名内务部存记道尹，着国务院备案"。

1914年（民国三年）43岁

历任辽阳、康平、海城、牛庄等地的税捐局长。

1915年（民国四年）44岁

任奉天省城税捐局长兼官地清丈局长、屯垦局长等职，始以"干练"知名。

1月，日本向袁世凯政府提出"二十一条"要求。中日交涉开始。全国人民掀起反对"二十一条"、抵制日货运动。

12月，袁世凯宣布恢复帝制，改1916年为洪宪元年，并在元旦登基。蔡锷在云南组织护国军，讨伐袁世凯。

1916年（民国五年）45岁

3月22日，在全国的一片声讨中，袁世凯被迫宣布取消帝制。6

月，袁世凯病死。黎元洪就任大总统，段祺瑞为国务总理。日本寺内正毅组阁，提出"利用张氏"的东北政策。

4月，张作霖被任命为奉天督军兼巡按使，同年6月改称奉天督军兼省长。

5月，被任命为全省官地清丈局局长。

任奉天督军署高级顾问，获张作霖的信任。

11月，任奉天全省警务处处长兼警察厅厅长。厘定规章，严督部下，按章办事，雷厉风行。因逮捕贪图不义之财的汤玉麟部下宋某，引发了军警两界的冲突，成了张作霖与冯德麟朋党之争的导火索。为避免汤的加害，亦为试探张支持其改革警政的决心，托病留下辞呈，回到金州。

1917年（民国六年）46岁

张作霖平息了冯德麟和汤玉麟联合倒张事件，恢复了王永江的职务。当时的奉天省，金融秩序紊乱，开支全靠外债，已经窘困到极点。

2月，准时销假复任。

4月，因张汤事件，再次向张作霖提出辞职，未允。

5月，因王树翰辞职，转任奉天省财政厅厅长兼烟酒公卖局局长。就任后，发表就职演说。

同月，被委任兼东三省官银号督办。

1918年（民国七年）47岁

北洋政府任命张作霖为东三省巡阅使。

奉军在秦皇岛截留直系从日本购买的军械。

与日本朝鲜银行签订300万日元官银钱局整理借款合同，这笔资金用以整顿东三省官银号，稳定奉票发行，改善奉天金融秩序。

10月，徐世昌正式就任北洋政府总统。

12月，北洋政府授予其五等嘉禾章。

1919 年（民国八年）48 岁

在奉天省财政厅厅长任上，坚定推行各项改革措施。

3月，决定由官银号发行两种铜元票，这是两种"铜元纸币"，一种等值于"铜元100枚"，另一种等值于"铜元50枚"。当时，这种小面额的"铜元票"是市场上商家和小商贩们最喜欢使用的纸币。它们比铜元轻、易于携带、易于收纳。

5月，邀东三省官银号总办及各银行行长商议整顿金融办法：①救济殖边、华富两行之纸币兑换方法；②发行大洋券之流通方法；③平定现洋市价，不受外币影响。

11月，北洋政府授予其二等大绶嘉禾章。

1920 年（民国九年）49 岁

奉天省财政状况大有好转，不仅偿还了一千多万元的外债、弥补了每年二三百万元的财政亏空，还有一千余万元的结余。

代理奉天省省长兼财政厅厅长。从整顿吏治入手，兴利除弊，大胆改革。对县知事进行培训，编写《县知事学》，亲自讲授；振兴职业教育；完善基层政权机构；提倡兴办实业，发展交通等。于是，奉天省很快出现了"金融稳、仓廪足、治安宁"的局面。

10月，北洋政府授予其二等文虎章。

12月，左眼因在火灾中被灼伤而近乎失明，开始戴墨镜保护视力。

1921 年（民国十年）50 岁

与张作霖政见开始产生分歧。

7 月，中国共产党在上海成立。

1922 年（民国十一年）51 岁

春，开始筹办东北大学。

6 月，总统黎元洪公布任命王永江为奉天省省长的决定，王永江 6 月 20 日和 26 日分别回电，以示拒绝。7 月，张作霖再次任命其为奉天省省长，然只允代行。

6 月 22 日，因眼疾加重，住进红十字会医院治疗。

6 月 26 日，奉天省议会选举王永江为奉天省省长。

6 月 30 日晚，离开沈阳返回金州。

7 月，致函杨宇霆，极力主张缩减军备，共图文化，认为中国人与中国人斗，胜者不足荣，败者不足辱。

7 月，东北大学筹委会设立，任主任委员。12 月，被公推为校长。

8 月 6 日，王永江返回沈阳，在奉天火车站受到七十多位杰出人士的欢迎。

10 月，公布实施《奉天省区村制大纲》及《附则》，建立村公所，实行保甲制度。

12 月，主持制定《奉省新学制大纲》，规定小学、中学均为六年制，大学为四至六年制。

1923 年（民国十二年）52 岁

1 月，为节省开支，下令"大幅度压缩县区行政经费"。

2 月，回金州过春节时，对家乡父老言：金州本地属民国之奉省，租期二十五年已到，外长要求日本政府交还"关东州"，至今不果，我这个省长的家乡却在日本的殖民统治下，实感惭愧。

4月26日，东北大学正式成立，任首任校长。任命大学文、法、理、工四科学长和总务长。亲自主持聘请教授、遴选职员，拟定课程标准，草订办事细则和招生等工作。招考预科学生共310名。

6月，主持召开财经会议。决定停办银圆奉票交易所。他指出：有交易所钱法先遭絮乱，奉票变为日本人在交易中的一种投机商品，为害兹甚。为统一东北金融机构，将东三省银行、兴业银行与东三省官银号合并，仍称东三省官银号，资本总额为奉大洋两千万元。自此以后，奉大洋币值稳定。

7月，顶着日本政府的高压，在沈阳投资450万元，设立奉天纺织厂，此为奉天最大规模的民族工业企业，当年即获纯利奉大洋30万元。

8月，为甄试知事派员亲赴辽沈密查24个县官员情况。同月，发布命令，严督各地警甲查禁鸦片。

10月，参加东北大学开学典礼，题写了"知行合一"匾额。

10月，个人募款，在奉天小西边门外设立奉天公立医院，任总裁。

12月，为整顿钱法，决定：1.由奉天省政府和各银行支出大洋2500万元，鼓铸2角、5角之大洋补助货币；2.明年起以大洋为本位；3.限定各银行纸币发行额度；4.各银行长期贷款，须在已收资本的五分之一以内；5.非实有资本300万元以上者，不准设立银行；6.非实有一万元以上资本者，不准开钱铺；7.由省公署等部门选派人员组成调查会，随时监督调查等。上述办法在奉、吉、黑三省一律实行。

聘请岩间德也为其私人顾问。

1924 年（民国十三年）53 岁

1 月，在王永江筹划策动下，张作霖召集东三省军政官员，举行发展经济实业会议。会议决定三个月内三省集资 2000 万元，一年内，用以设立 10 处官办工厂、20 处采矿场。并增加资本 200 万元，扩充呼兰糖业工厂、沈阳棉花厂、鸭绿江木材公司、本溪湖煤矿场。自行开采鹤岗、烟台（非山东烟台）、穆棱等煤矿，并利用英国资本开采阜新、北漂等煤矿。

同月，为维持金融稳定，再饬各县查禁私帖。

2 月，由于旅大转租日本的期限已到，而日本拒不归还，故以个人名义照会日本总领事，要求收回"关东州"，被无理拒绝。

5 月，为了与日本"满铁"竞争，开始筹建东北铁路网，创办奉海（奉天—海龙）铁路。成立东三省交通委员会，任委员长。同时，对东北铁路、交通、电信等事业进行统一管理。

5 月，写信给杨宇霆，反对召开"三省乡老会议"。

7 月，以目疾回金州省亲治病。

9 月，"江浙战争"爆发。张作霖通电援助卢永祥，反对直系军阀。张作霖再次恢复"镇威军"建制，自任总司令。奉军分别向山海关、朝阳等地进发，与直系军队展开激战。

10 月，冯玉祥发动"北京政变"，囚禁了曹锟，成立了由黄郛任国务总理的临时摄政内阁。王永江被委任为内务总长，未就。

1925 年（民国十四年）54 岁

3 月，孙中山在北京逝世。是月，《铁龛诗存》四卷本结集。28

日，通令各县知事转饬各该管区村会，将本年春季应行条陈书之意见，限时报省，以便采纳。

4月，为禁烟，饬东边道尹，将境内罂粟严行铲除，并准人民举发给赏。同月，在《东三省古迹遗闻》一书序言中，主张发扬国光，为山河增色。

5月，官商合办的"奉海铁路公司"成立，委任王镜寰为总经理，公司资本为奉大洋2000万元，股份官商各半。30日，上海发生"五卅惨案"。

6月，全国各地掀起反帝反军阀的爱国运动。

9月，为及时查办枉法殃民、营私舞弊的恶霸乡绅、道尹、知县、税捐局长及各机关人员，在奉天省公署门前设"密状匦"。同月，为积谷备荒，通令各地建立义仓。

11月，奉军将领郭松龄，在滦州前线倒戈反对奉张。为挽救败局，张作霖与日本达成了"日张密约"。主要内容为，承认日本人在东北享有土地商租权和自由居住权；默许日本在间岛（延边）增设警察机构；日本在重要城市可设立领事馆等。作为交换条件，日本出兵援张。王永江事后得知密约内容，惊愕之余，找到省议会长张成箕，指使其召集议员开会反对密约，并向新闻媒体披露。嗣后，借口政界反对，与日本人周旋。经过艰苦努力，挫败了日本的阴谋，终未兑现日本提出的条件。

12月，张作霖在日本军队的支持下，在巨流河击败了郭军。郭松龄夫妇被毙。

是年，奉天纺纱厂获纯利奉大洋143万元。

1926 年（民国十五年）55 岁

2 月，告假回金州探亲。

3 月 1 日，为抗议张作霖穷兵黩武、欲称霸中原而不顾人民死活，向张作霖提出辞去本兼各职，仍保留东北大学校长以及奉天公立医院总裁职。是日派子携辞呈致张作霖。

辞呈通过新闻媒体发表，国人争相传诵。同月，段祺瑞执政府卫队镇压北京爱国请愿活动，造成了"三一八惨案"。是月，为金州北屏山佛爷洞重修碑记。张作霖委督办吴兴权赴金州劝其复出。

4 月 7 日，张作霖准免王永江奉天省省长之职，命莫德惠接任奉天财政厅厅长兼代理省长职。

7 月，东北大学工科设立采冶学系。18 日，张作霖赴旅大。在访问日本关东厅儿玉长官等以后，欲与晤面，促其出山。然其不肯趋谒，张作霖在金州站停车久候不至，怅然归奉。

秋，日本学者安冈正笃赴金州晤谈。

同年，国民革命军誓师北伐。北伐军节节胜利，攻占了武汉。张作霖在天津就任安国军总司令，并控制了北京政府。

1927 年（民国十六年）56 岁

春，张学良受张作霖的委派，以探病的名义，亲赴金州，婉言劝其出山。与张学良坐语移晷，也使张学良对东北政局有了新的认识。

2 月，张作霖正式通告南下"讨赤"。此前，张作霖发表"讨赤宣言"。在王永江 15 日的日记中，对张作霖的"讨赤宣言"予以痛斥。

3 月 11 日，奉票大幅度暴落。21 日，所著《易原窥余》出版发行。28 日，张作霖在北京遣官银号总办彭贤（相亭）到金州，促其出山相助，或在北京组阁，或为奉天省省长，听任自择。以"政见完全不同"，出山"绝谈不到"拒绝。

4 月 23 日，彭贤再次受张作霖之命，从北京赴金州，恳请其出山，被拒之。28 日，张作霖向王永江发电，盼其进京一晤，遂以"政见不改，碍难相助"以辞之。是日，张作霖在北京下令绞杀共产党人李大钊等革命志士。

6 月，蒋介石向张作霖提出讲和条件：要张信奉"三民主义"，将"安国军"改为国民军，被张拒绝。孙传芳拥戴张作霖为大元帅，组织安国军政府。15 日，所著《铁龛词》付梓。18 日，张作霖就任中华民国海陆军大元帅，任命潘复为国务总理，并发表通电，称愿联蒋反赤，停止内战，共同对外。在王永江 21 日的日记中，对张作霖的行径表示极度的轻蔑，并指出其行将覆亡云："张雨亭就任大元帅职。人之将死，强作回光，此之谓也。"

7 月，与段祺瑞在大连会晤。同月，为了制定对华政策，日本召开"东方会议"，其主要内容为：1.东三省为特别区，有扰乱者，日本愿以武力维持治安；2.东三省当局须承认与日本有特殊关系；3.东三省须承认日本有特殊权利并公诸中外。其后，日本驻华公使要求张作霖解决"满蒙悬案"，并向张索要特权。东北各地民众集会，反对日本侵略东北的野心和行动。

9 月 17 日，彭贤再受张作霖之命恳请出山，王永江复信拒之。同月，黄炎培来金州与其晤见。

11 月 1 日，病重。满铁派来日本医生治疗，遂去世。张作霖追赠其"勋三位"并颁五千洋元治丧费。

12 月 7 日，葬于金州东肖金山南麓之祖阡。

王永江墓志铭

王永江先生的墓志铭石刻出土于 1991 年 11 月，现存于大连市金州博物馆。

志石呈为正方形，边长 75 厘米，厚 26 厘米，保存完好无损。志石有盖，其盖以篆体书"特任内务总长奉天省长王公墓志铭"。墓志竖 31 行，行 31 字，楷书。墓志原文如下：

特任内务总长奉天省长王公墓志铭

胶州柯劭忞撰文　金华金兆丰书丹　满洲金梁篆盖

公姓王氏，讳永江，字岷源，号铁龛。先世蓬莱县人，后迁奉天金县，遂占籍。祖作霖，妣许氏。父克谦，公正明爽，领袖商界。母邱氏有懿行，生二子，公其长也。生而岐嶷，弱冠与弟永潮并以文学有声庠序，补博士弟子，食饩贡成均起家。候选府经历、辽阳警务学堂监督警务长、累保知县、知府。署奉天民政司使，兴凤道。历管奉天官地清丈局、东三省屯垦局、省垣、牛、海、辽、康税捐征收局。署警务处处长兼警察厅厅长，调财政厅厅长兼代奉天省长，施实授特任内务部总长，辞不就。民国十六年丁卯十月八日卒，距生于同治十一年正九日，年五十有六。前后赉二等大绶宝光嘉禾章，一等大绶嘉禾章，一等文虎章，追赠勋三位，尤为异数云。公才谓天授，而博古达今，明于治体。故扬历剧要，俱著声绩。尤长于理财，为一时所推重。武昌兵事起，奉天俶扰，不逞之徒袭铁岭陷之，远近为之震撼。总督赵公尔巽雅知公，乃檄公往平铁岭之乱。不及浃旬，县城复，乱党熸。而当事者，咸服公之干略，以为非速藏其事，且蔓延全省矣。公遂由知府超署民政司使。民国改建，旋署兴凤道。未久，辞归。项城总统招公入都，交内务部存记道尹。今大元帅张公，以督军兼省长。倚公整顿财赋，凡榷务税捐，清丈屯垦诸要政，一畀公领之。洊擢财政厅长。公亦慨然以理烦治剧为己任，不辞劳怨也。奉天财政，向有积欠，公莅任不及数年，宿负既偿，赢余巨万，综核之才中外第一。迨公以财政厅长兼省长，益得发舒所蕴，吏治蒸蒸，大法小廉，令行而吏不敢欺，款集而事靡弗举。于是创大学、造铁路、建纺纱厂，规模宏远，非徒为一时之利也。至于帷幄之谋，密勿之计，凡公所造膝而陈者，或因势而为转移，或据理而争可否。一时鱼水，片言针芥，固不能窥其涯涘矣。然公刚毅自持，力矫诡随之习，难进易退，遽赋遂初。大元帅复念勋劳，敦促再出，卒不起。未几，竟卒于私第焉。公管财政久，厘剔尤严，乡人或议公损下以益上。及公以政见龃龉，解组而归，始信公挚于爱民，忠于谋国，同声悲悼，不复存瑕疵之见矣。呜呼贤哉！公配曹夫人。子四、贤泌、贤漳、贤灐，贤澔。女二，长适霍，次适倪。孙二。以本年十一月十六日，葬于金县祖茔。介袁君洁珊金铠来请铭。劻忝素稔公，不敢以不文辞。

铭曰：

　　辽海之滨，挺生伟人。揿厥才能，以济艰屯。为国为民，其志无他。刚坚之操，不磷不磨。百蕴一施，藏于幽宅。永表勋庸，勒铭窀石。中华民国十六年岁次丁卯季冬之月。

穆振溪刊石

主要参考文献

图书、期刊

崔世浩:《辽南碑刻》,大连出版社 2007 年版。

大连市政协文史资料研究委员会办公室编:《大连文史资料》(第三辑)(内部发行),1987 年版。

顾明义等:《日本侵占旅大四十年史》,辽宁人民出版社 1991 年版。

韩信夫等编:《中华民国大事记》(第一、二册),中国文史出版社 1997 年版。

胡杨:《一看就停不下的北洋军阀史》,辽宁人民出版社 2019 年版。

胡玉海、里蓉主编:《奉系军阀大事记》,辽宁民族出版社 2005 年版。

黄世明:《大帅府》,长江文艺出版社 2011 年版。

具本景主编：《张作霖·奉系军事集团》，载辽宁省政协学习宣传和文史委员会编：《辽宁文史资料精粹》（第一卷），辽宁人民出版社1999年版。

辽宁省档案馆编：《奉系军阀档案史料汇编》（第2、3、4、5、6册），香港地平线出版社、江苏古籍出版社1990年版。

辽宁省档案馆编：《中华民国史资料丛稿·奉系军阀密信》，中华书局1985年版。

辽宁省人民政府参事室、辽宁省文史研究馆编印：《文史资料·1985年号》（内部资料）。

辽阳市志编纂委员会：《辽阳史志》1985年第3、4期。

刘宏林、李春雷主编：《东北大学的历程　1923—2023》，东北大学出版社2023年版。

刘寿林：《辛亥以后十七年职官年表》，中华书局1966年版。

吕凌等：《清代辽宁中医药文化遗产拾珍》，中国中医药出版社2019年版。

钱公来：《辽海小记》，长春市东北生产管理局长春分局印刷工厂1946年版。

任继愈主编：《中国藏书楼》，辽宁人民出版社2001年版。

孙宝田编著：《旅大文献征存》，大连出版社2008年版。

王成科：《辽阳近现代人物录》，辽宁民族出版社2010年版。

王凤杰：《王永江与奉天省早期现代化研究》，吉林大学出版社2010年版。

王永江、高毓衡等：《奉天省赋课章则丛编》，奉天省财政厅1917年版。

武育文：《东北近代史研究》，社会科学文献出版社 2013 年版。

锡良：《锡清弼制军奏稿》，载沈云龙主编：《近代中国史料丛刊续辑》，文海出版社 1974 年版。

杨佩祯等主编：《东北大学八十年》，东北大学出版社 2003 年版。

杨佩祯主编：《东北大学教授名典》，东北大学出版社 1999 年版。

章开沅等：《辛亥革命史资料新编》（第三册），湖北人民出版社 2006 年版。

政协大连市金州区文史资料委员会、大连市文物管理委员会编：《王永江纪念文集》，大连出版社 1993 年版。

政协沈阳市委员会文史资料委员会编：《沈阳文史资料·第二十一辑·北洋时期东北四省区军政首脑》（内部发行），1994 年版。

中国人民政治协商会议吉林省委员会文史资料研究委员会编：《吉林文史资料选辑·第四辑·张作霖等奉系军阀人物资料专辑》，吉林人民出版社 1983 年版。

中国政协辽宁省委员会文史资料研究委员会编：《辽宁省文史资料》（第四、十二、十五、二十五辑），辽宁人民出版社 1986 年、1988 年版。

《国立东北大学二十周年纪念册》，文海出版社 1937 年版。

《金州博物馆馆刊》，1990 年第 1 期。

《天津市历史博物馆藏北洋军阀史料》（徐世昌卷）（吴景濂卷），天津古籍出版社 1996 年版。

［美］薛龙：《张作霖和王永江：北洋军阀时代的奉天政府》，徐有威、杨军译，中央编译出版社 2012 年版。

［日］安冈正笃：《政治家之实践哲学》，朝日印刷株式会社 1983

年版。

　　［日］田边种治郎编辑兼发行：《东三省官绅录》，东三省官绅录刊行局 1924 年版。

　　［日］田岛富穗：《王永江》，"满洲公论社" 1944 年版。

　　［英］加文·麦考马克：《张作霖传》，毕万闻译，湖南人民出版社 2014 年版。

文章

　　楚尊麓：《运用中国近现代史料进行论文写作——以王永江为例》，《散文百家》2021 年第 30 期。

　　高乐才：《王永江评传》，《黄淮学刊（社会科学版）》1990 年第 1 期。

　　葛洪源、吕健：《论王永江的霸王思想》，《辽宁师范大学学报（社会科学版）》2002 年第 1 期。

　　耿丽华：《王永江与东北大学》，《教师博览》1997 年第 4 期。

　　郭建平：《王永江代省长治理奉天》，《兰台世界》1993 年第 10 期。

　　继英：《王永江与奉海铁路》，《中国地名》2004 年第 6 期。

　　蒋立文：《王永江与奉系"新政"》，《长白学刊》2007 年第 4 期。

　　刘俊良：《王永江与东北金融业的发展》，《长江丛刊·理论研究》2017 年第 14 期。

　　刘志超、耿丽华：《试论王永江的理财思想》，《辽宁大学学报（哲学社会科学版）》1989 年第 5 期。

鲁岩：《论王永江的治奉思想》，《辽宁师范大学学报（社会科学版）》2001 年第 2 期。

曲晓范：《区域现代化史研究的新成果——王凤杰专著〈王永江与奉天省早期现代化研究〉序》，《东北史地》2011 年第 5 期。

孙又文：《论王永江的诗歌对李白诗歌的接受》，《辽宁经济职业技术学院学报》2019 年第 2 期。

王凤杰、于春英：《"存储"理论视阈下王永江新政之探析》，《历史教学（下半月）》2008 年第 10 期。

王凤杰：《王永江筹建东北大学述略》，《渤海大学学报（哲学社会科学版）》2011 年第 5 期。

王凤杰：《王永江与奉天省警政早期现代化》，《北方文物》2014 年第 3 期。

王莉：《论王永江财政金融改革对奉系军政发展的影响》，《浙江工商职业技术学院学报》2019 年第 18 卷第 2 期。

徐萌：《王永江书法艺术探微》，《美与时代（中）》2020 年第 12 期。

杨卫东：《奉天省长王永江的吏治思想探析》，《兰台世界》2010 年第 19 期。

杨小红、陈崇桥：《王永江与日本》，《日本研究》1993 年第 2 期。

杨小红：《历史档案中的王永江》，《兰台世界》1993 年第 9 期。

杨宗鸣：《从墓志铭与神道碑考察王永江的政绩》，《兰台世界》2015 年第 S2 期。

杨宗鸣：《王永江以东三省兴利公司的创办积累治奉经验》，《兰台世界》2015 年第 19 期。

杨宗鸣:《王永江与梁启超关于奉省印花税款的交涉》,《兰台世界》2015 年第 22 期。

佚名:《起用王永江振兴经济》,《东北之窗》2008 年第 20 期。

张松石:《王岷源先生年表》, 大连出版社 1993 年版。

赵守仁:《王永江与东北大学》,《辽宁师范大学学报（社会科学版）》1986 年第 3 期。

［美］薛龙:《王永江与东三省官银号的重组》, 姜宁译,《史学集刊》2003 年第 1 期。

［日］涩谷由里:《張作霖政権下の奉天省民政と社会：王永江を中心として（张作霖政权下的奉天民政与社会——以王永江为中心）》,《东洋史研究》1993 年第 1 卷。

后记

　　金州是我的第二故乡，我在这里已经生活了 30 余年。我从小即喜欢历史，而金州地区的历史人物尤其让我感兴趣，常常听周围的人绘声绘色地讲他们的故事。所以渐渐地我有了一个想法，以文学纪实的手法为金州人物写一些传记。

　　在这个过程中，我了解到民国时期金州文人王永江，并且被他的事迹所折服，于是写了一些简短的文字发表在博客上，后来王永江的曾外孙霍忠钦先生通过微信和我联系。我们一见如故，越聊越多，越聊越感觉到应该写出来，于是有分有合，齐心协力开始做这件事，当然，这期间也有很多波折和故事，一言难尽。

　　王永江波澜壮阔的一生，其实何止这本书中的几个方面，纵使我们再增加一倍的篇幅，也还是会遗漏很多。所以我们只能选择他在奉天省当省长、或者说从他进入奉系核心圈的这十年来展开，本书不能像一般的传记那样面面俱到，而是抓住重心，突出特点，在关键处和历史的节点上来记录王永江。

关于王永江的图书和资料现在能找到的非常少，但是关于奉系军阀张作霖、张学良的有关资料很多，这些浩如烟海的论著和文章也给了我们一些支撑和帮助，提供了一些便利，在这里表示感谢。

本书出版之际，霍忠钦特别提到要感谢王云英女士，王女士是王永江三子王贤澋之女，也是霍忠钦的表姑；要感谢沈阳市档案馆前党组书记、馆长荆绍福；沈阳市档案馆前副馆长许光明；沈阳市沈河区文旅局前局长爱新觉罗·毓峰；辽宁省图书馆王爽、王卓杰、张玉文、刘竟；沈阳市文物收藏家詹洪阁；沈阳大帅府研究员王莉；以及《王永江与奉天省早期现代化研究》一书的作者王凤杰教授……

在这里我们还要特别感谢大连历史文化圈里的一些友人和网友，如热心助人的"铭鸿"、高深莫测的"高说大连"、勤奋钻研的"小虫"、独行侠似的"Amin"等的大力支持。

王国栋

2024 年深冬